AF607575

SAN BLAS

SAN BLAS

RICARDO MÁRQUEZ

Temporae

1.ª edición: 2015
2.ª edición: 2018
3.ª edición: 2024

C/ Mayor, 80
28013 Madrid
Telf.: 91 541 71 70
E-mail: info@temporae.es
http://www.temporae.es

Diseño de cubierta: Javier Fernández Lizán
Cartografía: Rafael Sanz
Maquetación: Pura Portero Azorín

ISBN: 978-84-15801-74-0
Depósito Legal: M-23559-2024

Impreso en España/*Printed in Spain*

ÍNDICE

AGRADECIMIENTOS

A José Manuel Seseña, mi compañero del blog *Historias Matritenses*, por su ayuda en esta obra, muy especialmente en el tema de transporte público.

A la Plataforma Vecinal San Blas-Simancas, por la aportación de información y fotos, a todos ellos en general y muy especialmente a Agustina.

A Luis Cubillo, por la cesión de las fotos de su archivo y los libros de su biblioteca.

A Luis Moya, por la cesión de las fotos de su tesis.

Al Colegio Oficial de Arquitectos de Madrid (COAM), por la cesión de las imágenes del informe del Gran San Blas y otras documentaciones.

Al Club Gimnástico San Blas, por la cesión de fotografías.

Al Archivo Regional de la Comunidad de Madrid, por las facilidades dadas para consultar sus fondos.

A David Miguel Sánchez Fernández, por la cesión de fotos y el asesoramiento en temas de cines.

A los colegios Valle Inclán y República de Chile, por la información aportada.

A César Mohedas, por la cesión de fotos del Metro de Madrid.

A Manuel Cayola, por la cesión de fotos de autobuses.

A Jaume Ribera de la Fundación Foto Colectania, por su ayuda para consultar el Fondo de Paco Gómez.

A Guillermo Deike Rivas, de la Asociación de Amigos de la EMT y del Autobús, por la información facilitada sobre las líneas de autobuses.

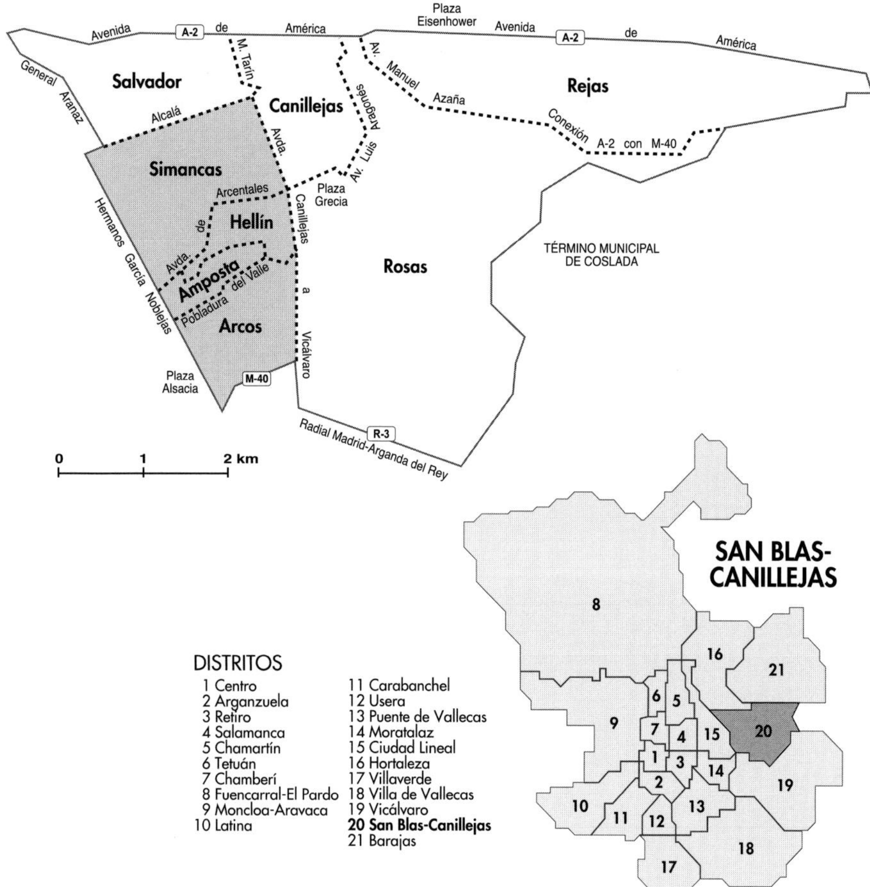
Plaza
Eisenhower
Avenida
A-2
de
América
Avenida
A-2
de
América
General
Aranaz
Salvador
M. Tarín
Canillejas
Aragones
Av. Luis
Av.
Manuel
Azaña
Rejas
Conexión
A-2 con M-40
Alcalá
Simancas
Avda.
Arcentales
Plaza
Grecia
Canillejas
Hellín
de
Avda.
Amposta
del Valle
Pobladura
Arcos
a
Vicálvaro
Hermanos
García
Noblejas
Rosas
TÉRMINO MUNICIPAL
DE COSLADA
Plaza
Alsacia
M-40
R-3
Radial Madrid-Arganda del Rey
0
1
2 km
SAN BLAS-
CANILLEJAS
8
16
21
6
5
9
7
4
15
20
1
3
14
19
2
10
11
12
13
18
17
DISTRITOS
1 Centro
2 Arganzuela
3 Retiro
4 Salamanca
5 Chamartín
6 Tetuán
7 Chamberí
8 Fuencarral-El Pardo
9 Moncloa-Aravaca
10 Latina
11 Carabanchel
12 Usera
13 Puente de Vallecas
14 Moratalaz
15 Ciudad Lineal
16 Hortaleza
17 Villaverde
18 Villa de Vallecas
19 Vicálvaro
20 San Blas-Canillejas
21 Barajas

ANTECEDENTES

Para describir lo que era la zona donde se levanta el barrio de San Blas hasta el siglo XIX, nos vamos a permitir parafrasear a Joaquín Sabina: «Allá donde se cruzan los caminos, donde el mar no se puede concebir...». Y es que literalmente era un cruce de caminos entre la capital, Vicálvaro, Canillejas y Coslada.

El principal de ellos era el camino de la Cuerda junto con la carretera de Madrid a Vicálvaro. El camino de la Cuerda era una circunvalación que empleaban los arrieros para no tener que entrar a Madrid y evitar así impuestos, además obtenían posada y sustentos más asequibles que en la capital. Partiendo de Fuencarral pasaba por Hortaleza, Canillejas, Vicálvaro, Vallecas..., y en nuestra zona estaría prácticamente en paralelo a las calles Arturo Soria y Hermanos García Noblejas, es decir, por la parte más alta de la divisoria de las cuencas del arroyo Abroñigal y del río Jarama.

Por el sur trascurría otro buen camino, la carretera de Madrid a Vicálvaro o carretera del Este –avenida de Daroca–, que fue reforzada y ensanchada con el fin de tener un acceso digno al cementerio de la Almudena, el cual fue inaugurado en 1884 después de que la Casa de la Villa comprara los terrenos de «La Lipa» (La Elipa) a Vicálvaro, para hacer allí la gran necrópolis madrileña.

Pero había muchos más caminos que transcurrían por la zona: el camino de Madrid a Coslada; la carretera de Ajalvir a Vicálvaro (hoy la avenida de Canillejas a Vicálvaro), siendo esta de gran importancia y el límite oriental del barrio; el camino del Pozuelo; el camino de Ambroz..., para hacernos una idea en la actual avenida de Guadalajara, un poco antes de llegar a la carretera de Canillejas a Vicálvaro, había un cruce donde confluían hasta siete caminos. Por supuesto que no debemos de olvidar la carretera de Aragón al norte, hoy calle de Alcalá, que era la más grande de todas y la de mayor tránsito.

El arroyo más importante era el de La Viña que nacía en el parque de Ajofrín, a la altura de la calle Hermanos García Noblejas, e iba en paralelo a la avenida de Arcentales –por el trazado del parque de El Paraíso–, camino de Canillejas buscando el río Jarama. Otro arroyo, mucho más modesto, nacía en Hermanos García Noblejas en el barrio de Simancas,

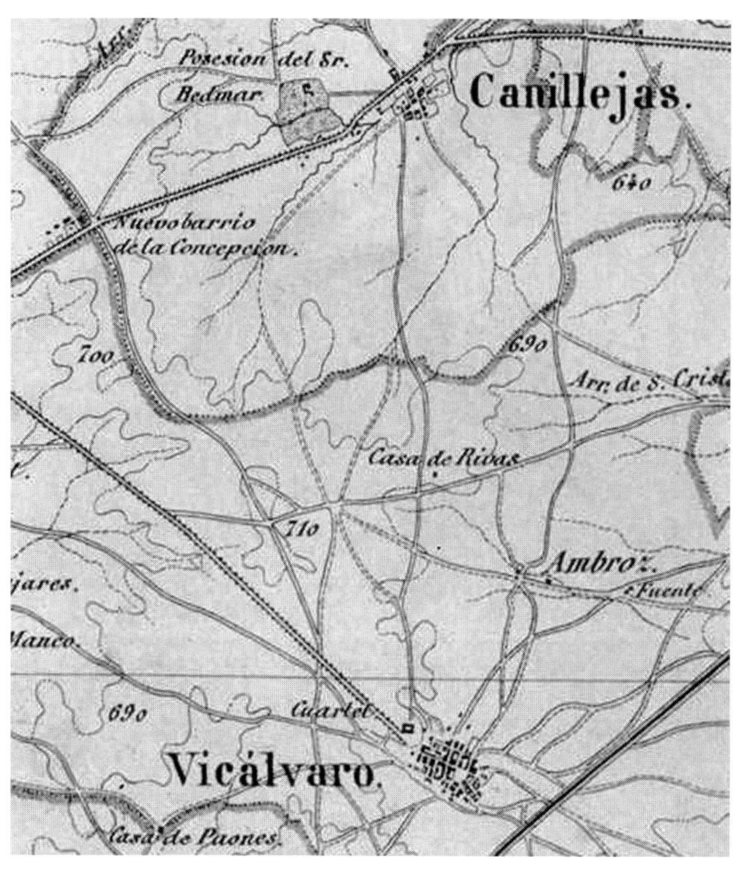

Plano del catastro, aproximadamente del año 1880. El límite suroeste de San Blas –cruce avenida de Guadalajara con Hermanos García Noblejas–, corresponde al camino de arriba del número 710, que es la altitud.

y marchaba a unirse con el de La Viña en el casco de Canillejas. Ambos arroyos eran poco caudalosos.

En el entorno había tres cerros: el de la Vaca, a occidente de la calle Hermanos García Noblejas, en el cruce de las calles José Arcones Gil y Eduardo Morales; el Cerro Negro, donde está el depósito de agua; y el del Moro, aproximadamente en el cruce de las calles Castillo de Simancas con Castillo de Madrigal de las Altas Torres, teniendo todos ellos una altitud de 700 metros sobre el nivel del mar, aproximadamente.

Los terrenos administrativamente pertenecían a Canillejas hasta la calle Castillo de Madrigal de las Altas Torres, y de esta hacia el sur a Vicálvaro.

A finales del siglo XIX el núcleo de población más cercano era el barrio de la Concepción a la sombra de la carretera de Aragón, lo que hoy conocemos como Pueblo Nuevo, y una incipiente Ciudad Lineal, el sueño de don Arturo Soria.

La Compañía Madrileña de Urbanización –CMU, constructora de la Ciudad Lineal–, empezó la urbanización de la zona junto a la carretera de Canillejas a Vicálvaro en septiembre de 1904 con la venta de 24 parcelas, y de otras 10 parcelas en el camino del Pozuelo, detrás del cerro del Moro (barrio de Simancas), teniendo cada parcela entre 400 y 500 metros cuadrados de superficie. Estas fincas fueron adjudicadas en diciembre de 1903 en la subasta por la insolvencia de la Sociedad «La Peninsular». Según decía la CMU en su propaganda los terrenos eran ideales para: «corraleros o jornaleros de Vicálvaro o Canillejas, pues con solo pagar una peseta o poca más al mes se hacen propietarios de un terreno». Los lotes se marcaron mediante zanjas y aseguraban tener agua de pozo a medio pie de profundidad. Evidentemente estos terrenos no tenían ninguna servidumbre en cuanto a: situación de la vivienda, metros construidos o tipo de vallado; como ocurría con la Ciudad Lineal. Sin duda estos fueron los primeros asentamientos dentro del futuro barrio de San Blas.

Cumpliendo el proyecto presentado al Ministerio de Obras Públicas el 22 de enero de 1904, a principios de 1907 la CMU comenzó a comprar terrenos para su segunda barriada junto al Cerro de la Vaca y al Cerro del Moro, llegando a adquirir 22 fanegas en apenas seis meses. Así, a inicios de 1910 se estaba trabajando activamente en la prolongación de la Ciudad Lineal, alcanzando ya las explanaciones el Cerro de la Vaca, siendo con mucho el lugar más complicado para nivelar del nuevo tramo de la Ciudad Lineal.

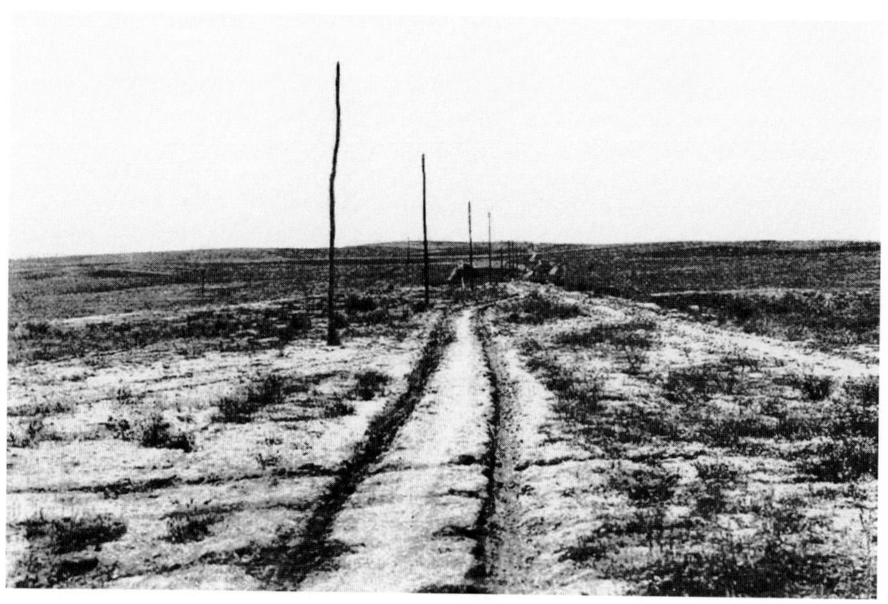

Las obras de explanación del terreno de la segunda barriada de la Ciudad Lineal, con el tendido de la red eléctrica. Todos los servicios (agua, luz, alcantarillado...,) eran instalados por la CMU. Revista *Ciudad Lineal.* Año 1914.

Este proyecto era conocido como «La segunda barriada de la Ciudad Lineal» y preveía unir Pueblo Nuevo con Vallecas pasando por Vicálvaro, con un trazado total de ocho kilómetros por terrenos agrícolas, totalmente despoblados y sin apenas árboles.

La parte más habitada de esta segunda barriada de la Ciudad Lineal fue la contigua a la calle Alcalá, destacando desde 1915 el Campo de Tiro de Pichón, que contaba con merendero para pasar un agradable día de campo, y la escuela de la Asociación de la Virgen de la Caridad del Cobre destinada a acoger a una treintena de niños pobres que se abrió en el año 1927. El resto quedó nivelado pero sin urbanizar, en parte debido a que la suspensión de pagos de la CMU –agosto de 1914–, supuso una interrupción casi definitiva a todo el crecimiento de la Ciudad Lineal.

No obstante, en la intersección del camino de la Cuerda con la segunda barriada de la Ciudad Lineal, es decir, junto al Cerro del Moro, la CMU vendió unas 75 parcelas en tres calles perpendiculares a la principal –entonces calle Arturo Soria, hoy Hermanos García Noblejas– que iban más allá de la calle Posterior Oriental (calle paralela a la principal), aplicándose el mismo urbanismo que en el resto de la Ciudad Lineal.

En años posteriores algunas parcelas fueron divididas, en otras se levantaron

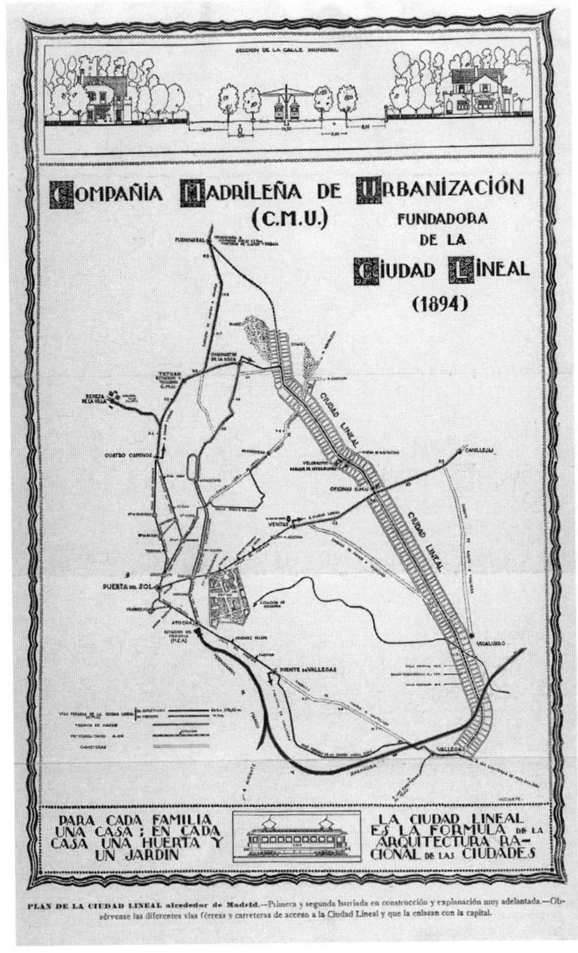

Plano del proyecto de la primera y segunda barriada de la Ciudad Lineal. CMU, año 1925.

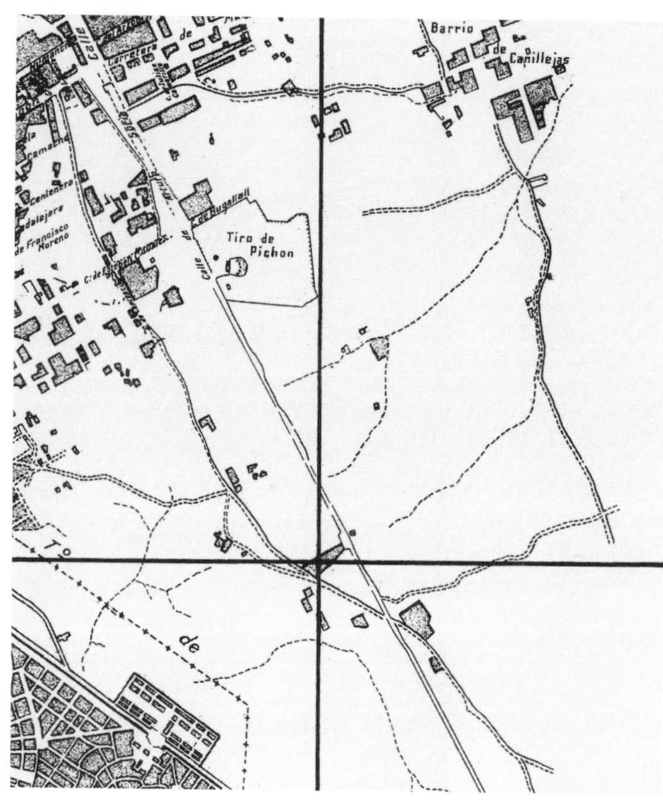

Plano del año 1934. En diagonal, de izquierda a derecha, la entonces llamada calle Arturo Soria –hoy Hermanos García Noblejas–, y a la izquierda en paralelo el camino de la Cuerda que finalmente cruzaba la segunda barriada de la Ciudad Lineal donde se levantó el barrio del Cerro de la Vaca. Los arroyos son las líneas discontinuas de izquierda a derecha que nacían cercanos a la calle principal.

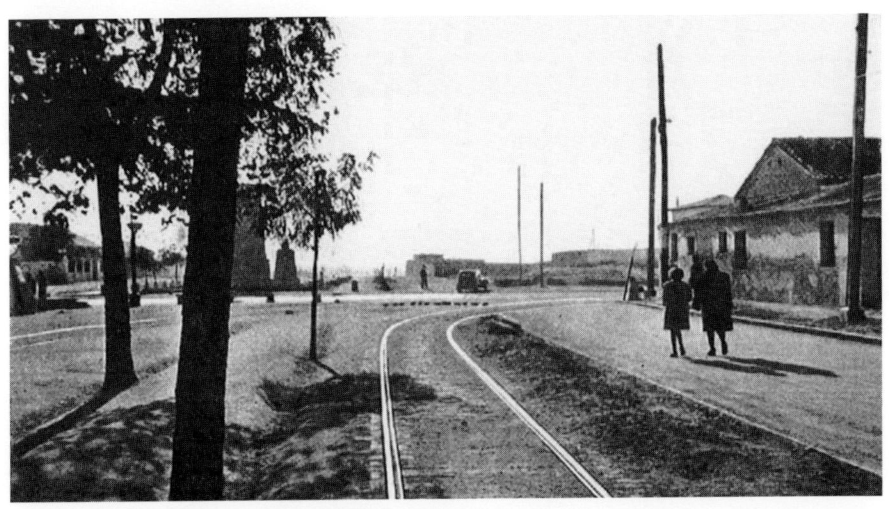

Calle Arturo Soria en su cruce con la calle de Alcalá, al fondo a la izquierda el monumento de La Cruz de los Caídos donde empezaba la segunda barriada de Ciudad Lineal. Año 1945. Foto: Juanjo de Urabanity.

varias viviendas alrededor de un pequeño patio de vecindad, o se construyeron íntegramente las parcelas con varías casas a lo largo de un estrecho pasillo; en definitiva, eran viviendas muy modestas y en algunos casos infraviviendas de apenas 20 metros cuadrados. Los nombres de las calles eran: José de Blas, Esculano, Isandro Gutiérrez Díaz, Edipo y Mariano Aballón. El barrio era conocido como el «Cerro de la Vaca» y llegó a contar con una pequeña escuela para niñas en lo alto del Cerro del Moro al menos hasta 1954.

Los habitantes eran muy humildes siendo traperos la mayoría de las familias, un trabajo muy laborioso pero necesario en aquellos años para una ciudad como Madrid. El lugar fue elegido, además de por lo barato de los terrenos, por estar equidistante de Vicálvaro y Canillejas y contar con numerosos caminos que facilitaban el ajetreo con los carros para hacer «la busca». Aunque la prolongación de la Ciudad Lineal no estaba del todo pavimentada, sí que permitía con sus 40 metros de anchura un buen tránsito hasta la carretera de Aragón que ya estaba totalmente adoquinada. Los tendidos de cables eléctricos hechos por la CMU, o el futuro proyecto del canal del este del Canal de Isabel II, lo convertían en un lugar con muy buen futuro.

El origen del nombre de San Blas

Alrededor de 1947, cuando el Cerro de la Vaca pertenecía a la iglesia de Nuestra Señora de la Concepción (la que está en el cruce de Arturo Soria con Alcalá, plaza de la Ciudad Lineal), y siendo el párroco de la misma don Crescencio Gutiérrez Caridad, se daba misa los domingos en el colegio que estaba sobre el Cerro del Moro. Resulta que el escultor Jenaro Lázaro Gumiel donó una imagen de San Blas realizada en madera a la modesta escuela del barrio del Cerro de la Vaca.

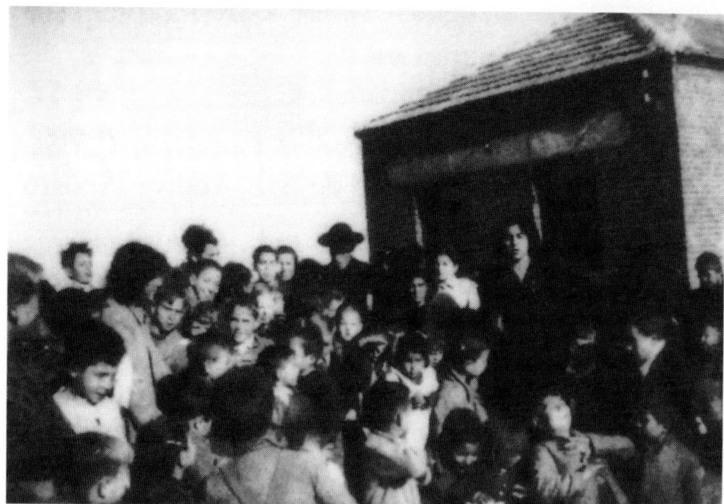

Escuela del Cerro de la Vaca, hacia 1949. Foto del libro de Crescencio Gutiérrez.

Fue precisamente en una de las reuniones sobre el planteamiento del barrio, en 1952, en la que intervino el párroco y la Comisaría de Urbanismo cuando se decidió dar un nombre más digno al proyecto que el «Cerro de la Vaca» y acordaron llamarlo «Cerro de San Blas», comenzando a perder desde entonces protagonismo el primigenio nombre del barrio. Con el pasar de los años se dejó de usar la primera palabra del nuevo nombre: cerro, aunque como veremos posteriormente algunas de las promociones sí que se llegaron a llamar Cerro de San Blas.

Comienza el desarrollo

Tras la Guerra Civil Madrid acogió a cantidades ingentes de emigrantes de otras provincias que llegaban a la capital en busca de mejores condiciones de vida. Entre 1949 y 1954 fueron anexionados todos los pueblos limítrofes al Ayuntamiento de Madrid –Aravaca, Ba-

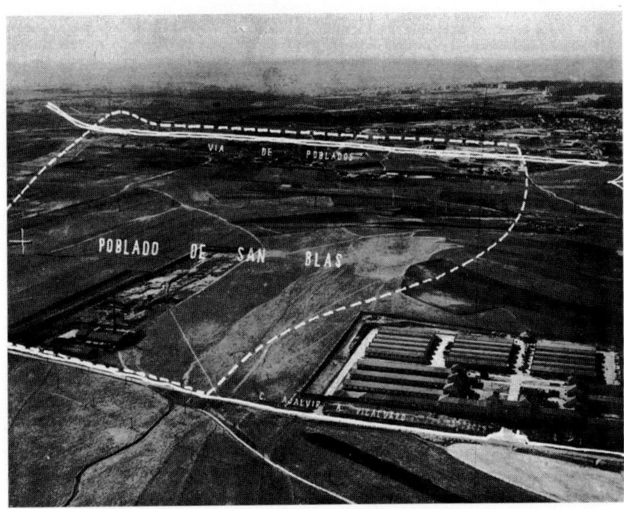

Vista aérea de los terrenos donde se debía de construir el barrio. Abajo en horizontal la carretera de Canillejas a Vicálvaro, y arriba, con el nombre Vía de Poblados, la calle Hermanos García Noblejas. Año 1950, aproximadamente. Foto: Juanjo de Urbanity.

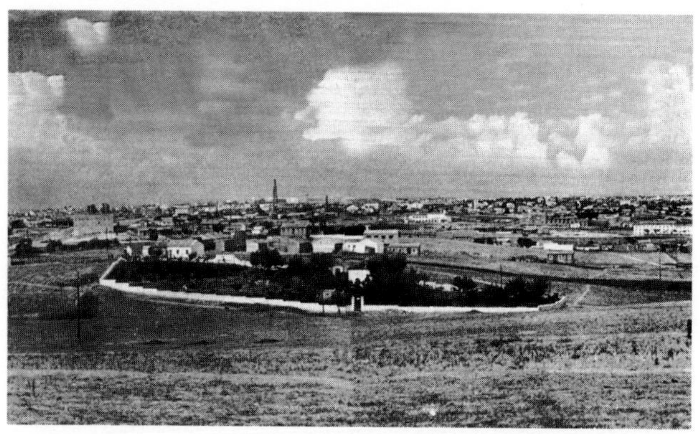

Extremo noreste del futuro barrio de San Blas. Este era el punto más bajo del contorno, aproximadamente en la manzana de las calles Miguel Yuste, Emilio Muñoz y avenida de Arcentales. Hacia el año 1950. Foto: Juanjo de Urbanity.

rajas, Canillas, Canillejas, los Carabancheles, Chamartín, El Pardo, Fuencarral, Hortaleza, Vallecas, Vicálvaro y Villaverde–. La zona del barrio de San Blas quedó englobada dentro del mega distrito de Ventas. En 1951 la Comisaría de Urbanismo empezó a desarrollar el plan de viviendas en el que se contempló por primera vez el barrio de San Blas.

Mientras, la antigua barriada del Cerro de la Vaca contaba con algo menos de 300 familias hacia finales de 1952. Tan solo había una fuente pública para todos ellos y muy pocos hogares tenían electricidad. Debido a la alta demanda que había de vivienda en Madrid se producían abusos en los alquileres, siendo en muchos casos realmente penosas las condiciones de habitabilidad.

La calle Hermanos García Noblejas iba creciendo, así en la acera de los pares se inauguró en diciembre de 1954 el colegio Santo Domingo Savio, y junto a él, el colegio Jesús de María, heredero del colegio Nuestra Señora del Cobre que estaba en la segunda barriada de la Ciudad Lineal, a la altura de la calle Argos. Ambos colegios darían escuela a muchos niños de la zona en años venideros.

En la acera de los impares crecía el Polígono Industrial de Canillejas, con importantes industrias como: Femsa, Moto Vespa, Cetme...

Barrio de Simancas

A finales de 1950 el Ministerio de Gobernación publicó el Decreto para la expropiación urgente del Cerro de San Blas, y posteriormente, el 30 de mayo de 1952, la Comisaría General para la Ordenación Urbana de Madrid y sus Alrededores, sacó a pública subasta los terrenos del Cerro de San Blas, cediendo oficialmente dicha Comisaría el resto de las tierras al Instituto Nacional de la Vivienda en marzo de 1955, es decir, la superficie donde se levantó el barrio de Simancas.

La Colonia Benéfica Belén

Anteriormente en marzo de 1949, la «Real Congregación de Arquitectos de Nuestra Señora de Belén» se unió a la iglesia de la Concepción –la de La Cruz de los Caídos– para hacer dos pequeñas promociones de viviendas: una junto a la iglesia, en la calle Benéfica Belén, y la otra en el barrio de San Blas destinadas a obreros de la construcción. La Comisaría de Urbanismo facilitó los terrenos, los arquitectos de la Real Congregación hicieron los planos y los constructores facilitaron los aparejos y el material a precio de coste.

Por su parte los futuros propietarios, todos ellos albañiles, aportaron su trabajo para levantar sus propias viviendas. Fueron conocidos como «domingueros», ya que era cuando iban a trabajar allí, habiendo obtenido una dispensa especial de la Iglesia y de la Delegación Provincial de Trabajo para poder trabajar en días festivos. Estas casas corresponden con las actuales calles de: Valdecanillas, Egipto, Portal, Hogar de Belén, Natividad, Patriarca San José, Pastores, Virgen de la Oliva, Zaldívar y Epifanía, y plaza del Mesías.

En el BOE del día 24 de febrero de 1955 fue publicada la enajenación de los solares para una nueva ampliación de la colonia Belén hacia el este desde la calle Epifanía, siendo unas 300 las viviendas totales que se construyeron.

A semejanza de su colonia hermana de «La Cruz», se trata de viviendas unifamiliares pareadas con dos alturas de 54 metros cuadrados construidos, con un pequeño patio en la parte posterior. Las calles son sumamente estrechas y apenas entra un vehículo por ellas, lo que le da un aire de pueblo manchego que mediante la proximidad de las casas busca generar sombras. Esta misma tipología fue empleada posteriormente en los poblados de absorción en otros barrios de Madrid, como Canillas, Fuencarral, etc.

A la vez que se construía la colonia Belén, entre las calles Laviana e Infiesto se levantó un bloque de dos alturas con patio interior que utilizaba la distribución de las clásicas corralas madrileñas. Se trataba de 75 viviendas con apenas 45 metros cuadrados. Según parece estas viviendas estaban destinadas a los desalojados de forma urgente de las infraviviendas del arroyo Abroñigal.

Junto a la colonia Belén, en las calles Castillo de Coca y Castillo de Peñafiel, se levantaron casi al mismo tiempo siete bloques de tres alturas, en total 432 viviendas de unos 50 metros cuadrados. Ya en 1956 eran conocidos como «Colonia San Blas». Por su baja altura y el tipo construcción, estos bloques no llegan a encajar con el resto del barrio que se edificó posteriormente, aunque se encuentran en pleno corazón del mismo y fueron la segunda oleada de viviendas construidas.

Grupo de viviendas Francisco Franco

El 27 de octubre de 1955, tras dos años de obras, Franco visitó el grupo «Francisco Franco» o poblado de San Blas –este último nombre apenas utilizado salvo en los primeros días–, donde se habían construido 1981 viviendas, todas ellas en renta mensual promovidas por la Obra Sindical del Hogar. Este barrio lo delimitan las calles Hermanos García Noblejas, Castillo de Arévalo, Castillo de Madrigal de las Altas Torres y Castillo de Uclés, y estaba formado por bloques de 4, 10 y 15 alturas. La intersección de las calles Castillo de Madrigal de las Altas Torres y Castillo de Uclés fue el lugar más cosmopolita del barrio debido a que allí se encontraba el cine Simancas y después una de las bocas del metro del barrio, aunque como es lógico no debemos de olvidar el otro extremo de Castillo de Uclés, en la confluencia con Hermanos García Noblejas, donde estaba el cine San Blas y la cabecera del tranvía.

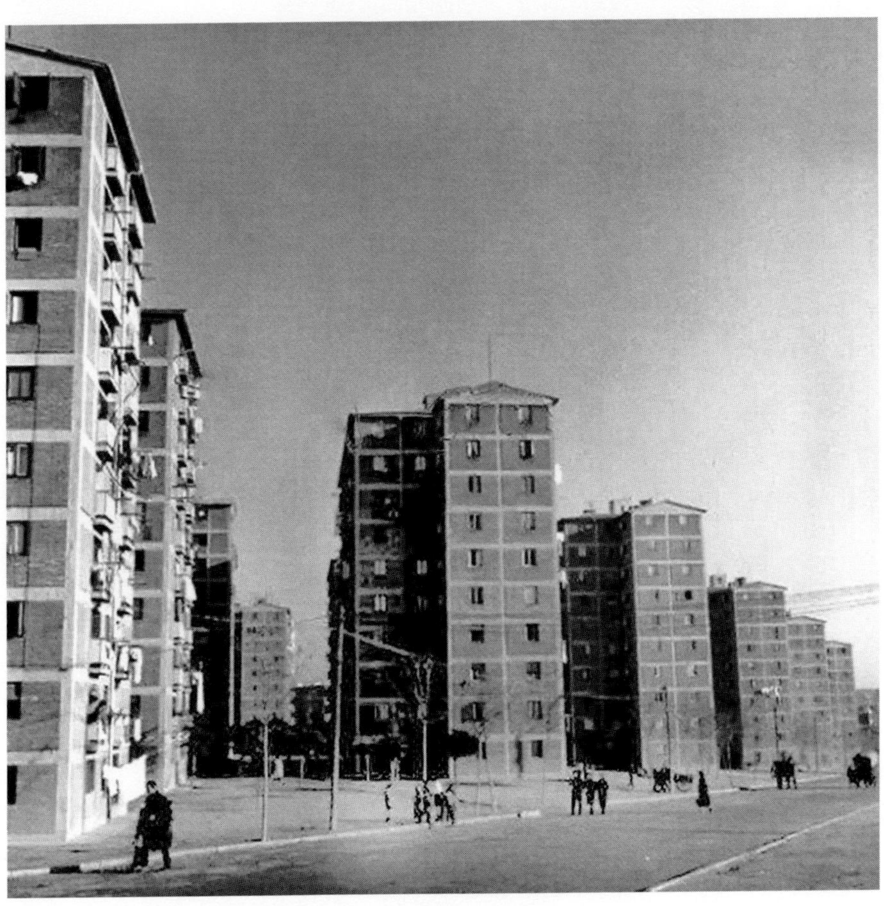

Calle Castillo de Uclés en su confluencia con Hermanos García Noblejas.

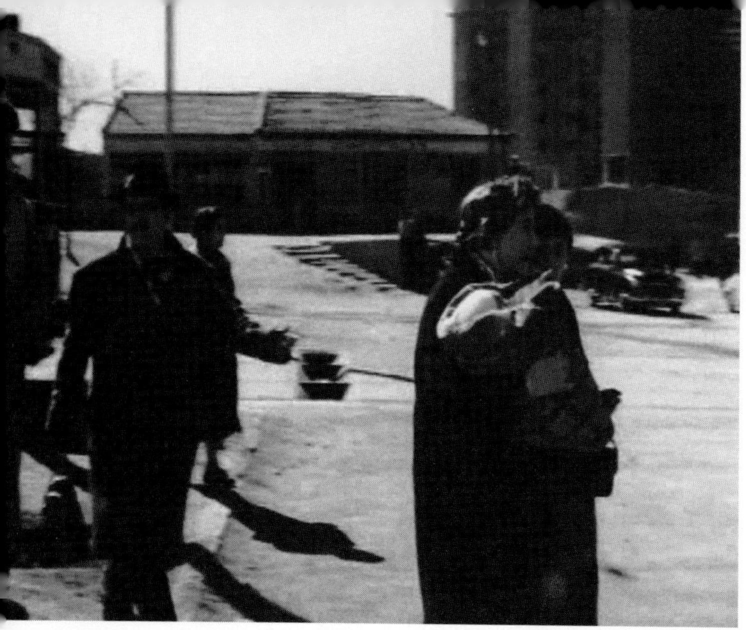

Dos escenas de la película *El Pisito*, donde vemos lo que era la calle Hermanos García Noblejas en la acera de los pares. Año 1959.

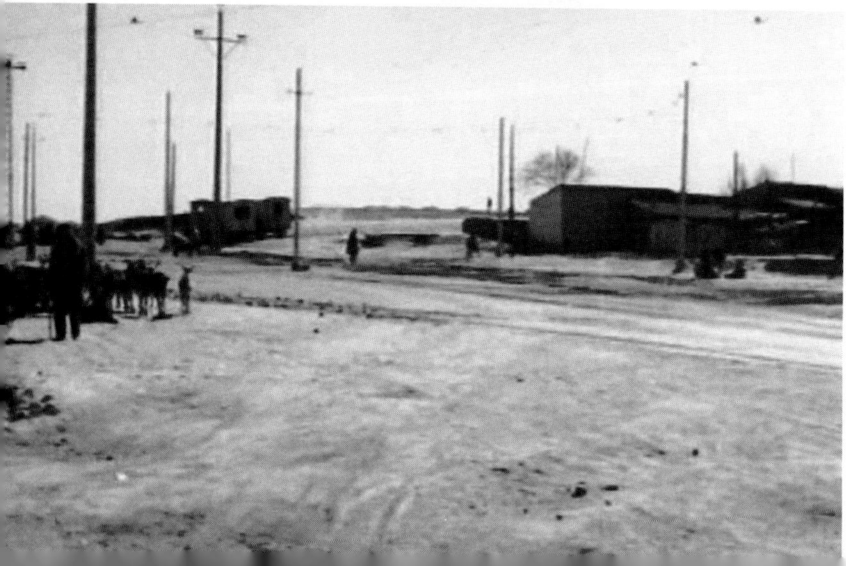

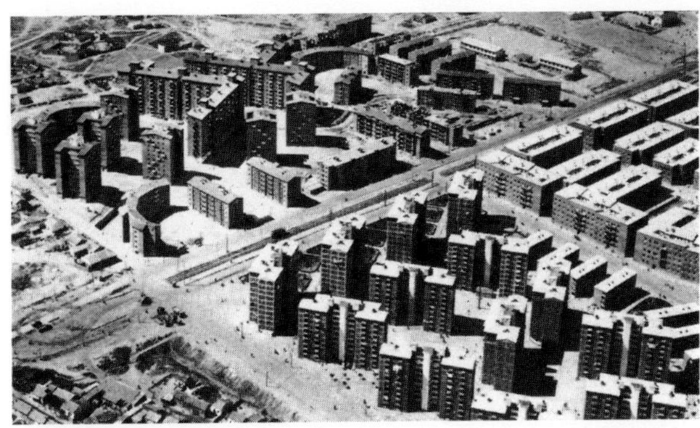

◄ Vista aérea del Grupo Francisco Franco. Todavía se observan al sur las casas bajas y la nueva urbanización del otro lado de Hermanos García Noblejas.

▼ El primer día que el tranvía llegó a San Blas, 29 de julio de 1956, detrás los bloques del Grupo Francisco Franco. Fondo Santos Yubero. Archivo Regional Comunidad de Madrid.

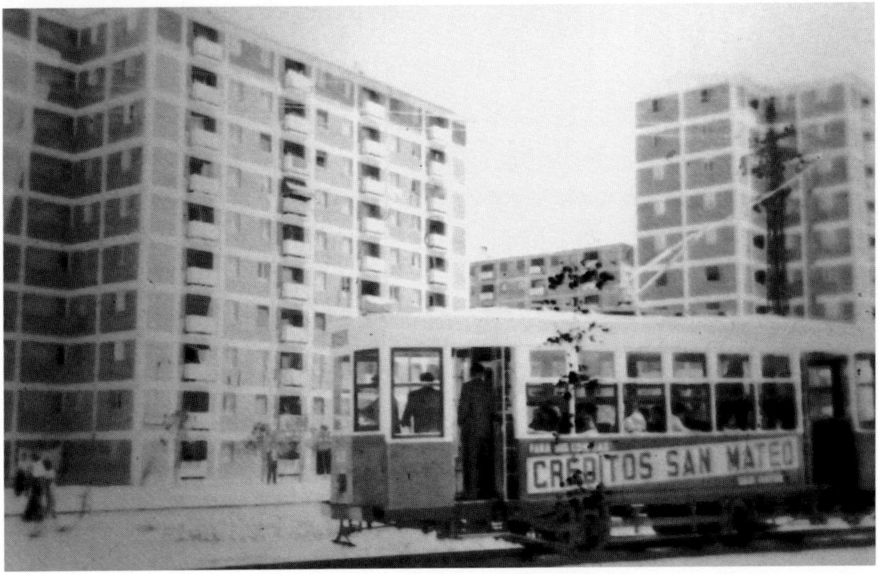

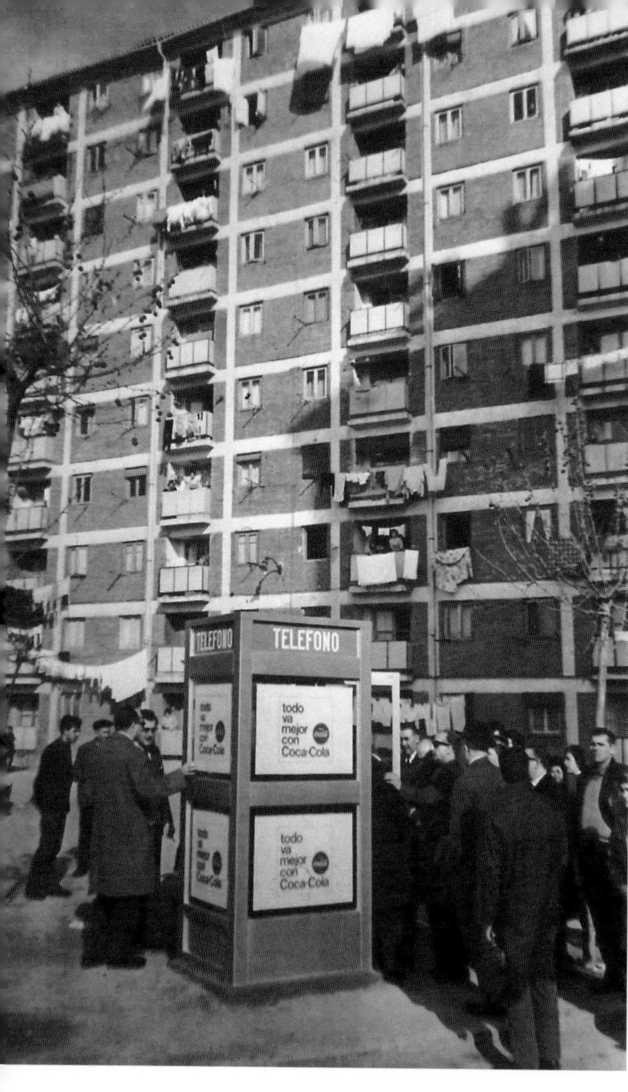

Cabina recién instalada en la esquina de la calle Castillo de Uclés con Hermanos García Noblejas. 28 de enero de 1966. Fondo Portillo. Archivo Regional Comunidad de Madrid.

Grupo de viviendas García Noblejas o Simancas

La prensa informaba en mayo de 1957 de la gran actividad constructora que se estaba llevando a cabo en la zona. Así se decían que se estaban levantando 3260 viviendas, en el llamado grupo García Noblejas, noticia que sin duda englobaba los barrios de las dos aceras de la calle Hermanos García Noblejas. Fue una promoción conjunta de la Obra Sindical del Hogar y del Instituto Nacional de la Vivienda.

El día 20 de octubre de 1960, doña Carmen Polo, la esposa de Franco, hizo la entrega de 124 viviendas en la calle Valdecanillas, en lo que entonces llamaba la prensa «Poblado Dirigido del Cerro de San Blas». El promotor fue la Organización de Poblados Dirigidos y el proyecto contemplaba la construcción de 610 viviendas, que finalmente fueron 736 levantadas durante los dos años posteriores.

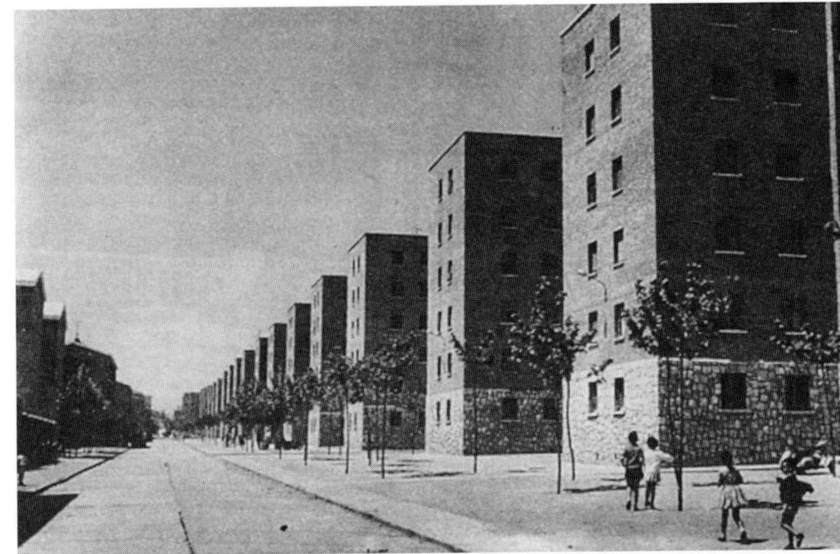

Calle Valdecanillas perteneciente al llamado Cerro de San Blas. Revista *Triunfo*. Año 1963.

Según la nota de prensa los pisos tenían una superficie de 60 metros cuadrados, tres dormitorios y un amplio comedor-estar, cocina, aseo y terraza. En los semisótanos tenían un pequeño cuarto trastero. Los arquitectos fueron Gómez Mesa y Ruiz de la Prada. La urbanización se distribuye a lo largo de la calle Emilio Muñoz, entre Hermanos García Noblejas y Castillo de Uclés, y se conserva perfectamente, destacando en sus fachadas la piedra blanca de Colmenar empleadas en sus zócalos

Justo al sur del grupo anterior, entre las calles Valdecanillas, Castillo de Uclés, Emilio Muñoz, Hermanos García Noblejas y Castillo de Arévalo, se levantó el conocido como Barrio I de San Blas o Albergue de San Blas –esta última denominación menos conocida–, con fachadas muy similares en piedra blanca, pero siendo bloques cerrados con pequeños patios interiores, a diferencia de los anteriores que eran bloques con planta en C o T. En total el barrio tenía 958 viviendas, aproximadamente. Las calles Cangas de Onís y Castillo

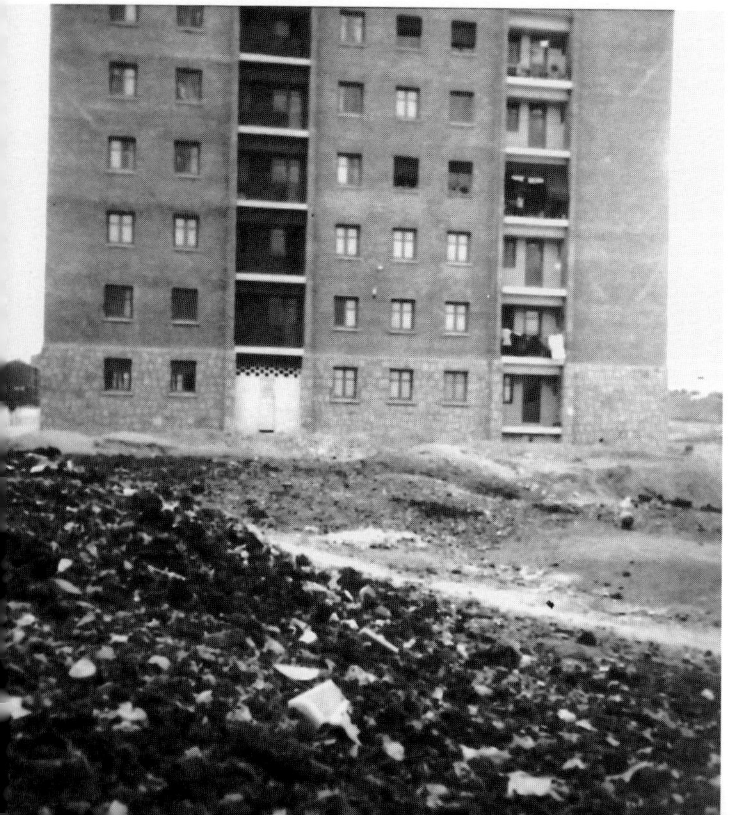

El final del barrio en su parte este, en el cruce de Castillo de Uclés con Emilio Muñoz, convertido en un vertedero. Año 1961. Fondo Portillo. Archivo Regional Comunidad de Madrid.

de Arévalo se ciñeron a la topología del terreno teniendo un trazado curvo en su parte sur que cierra el barrio aprovechando la línea de nivel. En la parte oeste el barrio se trazó en cuadrícula siguiendo el eje de la calle Hermanos García Noblejas. Entre las calles Castropol, Mieres y Cangas de Onís se instaló una pequeña zona comercial de locales con viseras en sus fachadas construidas en hormigón. También se equipó el barrio desde sus inicios con el colegio público Carmen Cabezuelo que pertenecía a la Sección Femenina y cuyo diseño arquitectónico es muy acorde con el barrio.

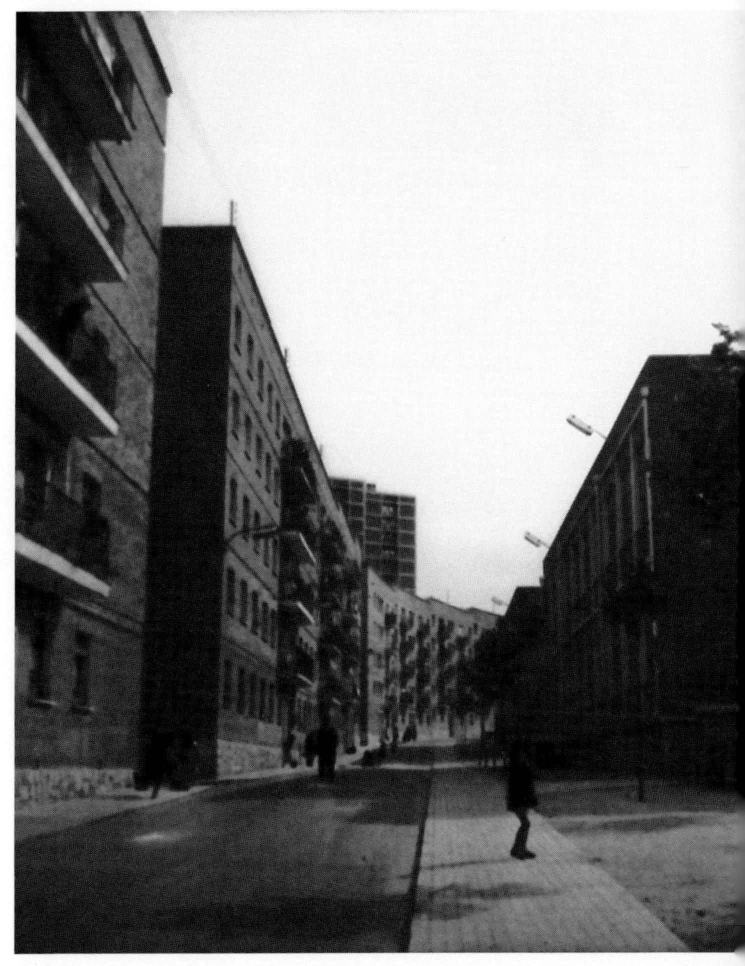

Calle Cangas de Onís esquina a Castropol. Los bloques envuelven totalmente el barrio en su parte sur. Año 1961. Fondo Portillo. Archivo Regional Comunidad de Madrid.

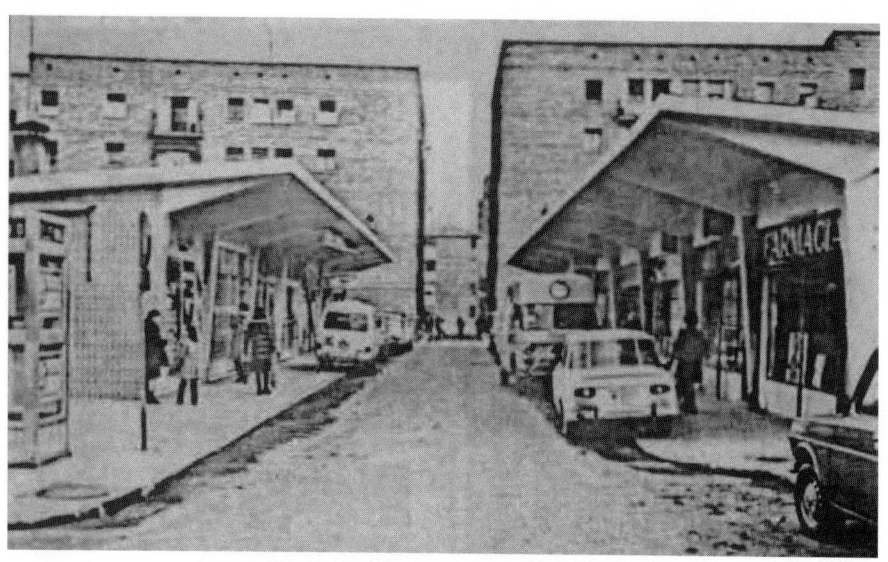

Los comercios de la calle Mieres. Año 1975. Foto: Luis Moya.

Debido a los nombres predominantes de las calles esta zona es conocida por los vecinos como «el barrio de los castillos».

José Banús puso a la venta 1902 viviendas en el barrio de Simancas en marzo de 1959, en el polígono formado por Castillo de Simancas, Castillo de Madrigal de las Altas Torres y Castillo de Uclés. La urbanización contaba con uno de los cines del barrio, el cine Simancas; y como dato curioso todas sus calles se corresponden con nombres de pueblos de España que empiezan por «z» o «y», como: Zurgena, Zúmel, Zubia..., o Yuncos, Yeste y Yecla, por lo que era conocido como «el barrio de las Z». En la calle Zaratán abrió sus puertas el Instituto de Enseñanza Media Barrio Simancas en el año 1966, que en la actualidad da clase a 350 alumnos.

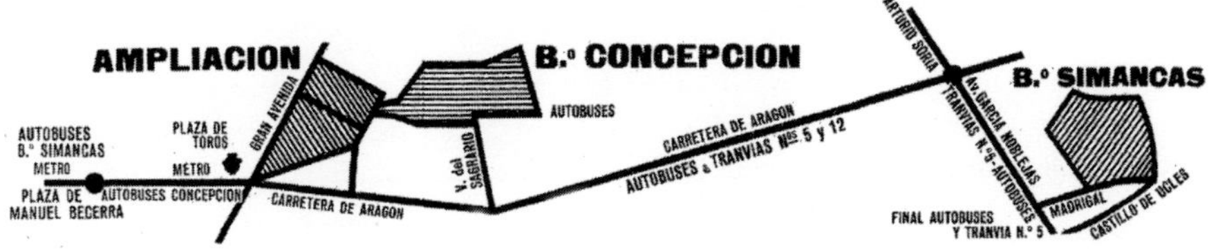

Plano de situación empleado en los anuncios de José Banús. Año 1959.

En 1961, a la vez que se construía el barrio de Simancas, fue inaugurada la parroquia de la Encarnación del Señor, en la calle Hermanos García Noblejas esquina a Emilio Muñoz. Guarda una total armonía con la construcción de Simancas, ladrillo visto con zócalo de piedra blanca de Colmenar. Destaca en su interior el Vía Crucis tallado en bajo relieve en las columnas de los tragaluces laterales, obra del escultor Gerardo Zaragoza, así como el impresionante mural que cubre la pared entera del altar.

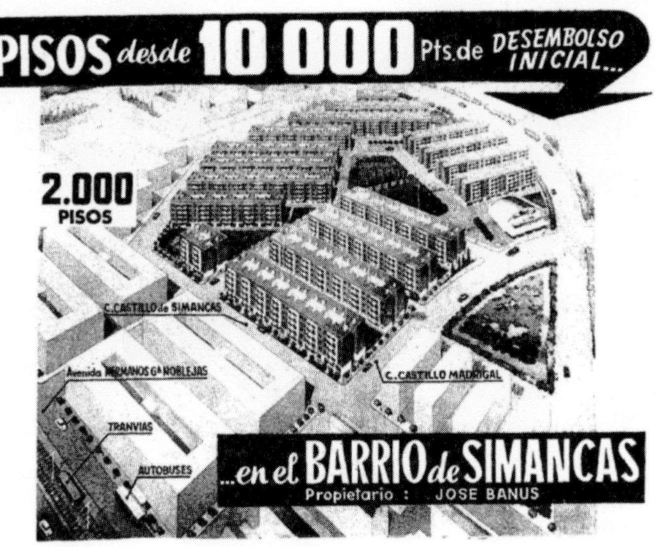

Anuncio en la prensa del barrio de Simancas de José Banús. Enero de 1960.

Poblado de Absorción I, o San Blas 1

El antiguo Poblado de Absorción I estaba en la manzana formada por las calles: Castillo de Simancas, Virgen de la Oliva y Castillo de Uclés. Se trataba de 1120 viviendas cuya construcción salió a subasta en enero de 1957. Las viviendas fueron entregadas a principios de 1961.

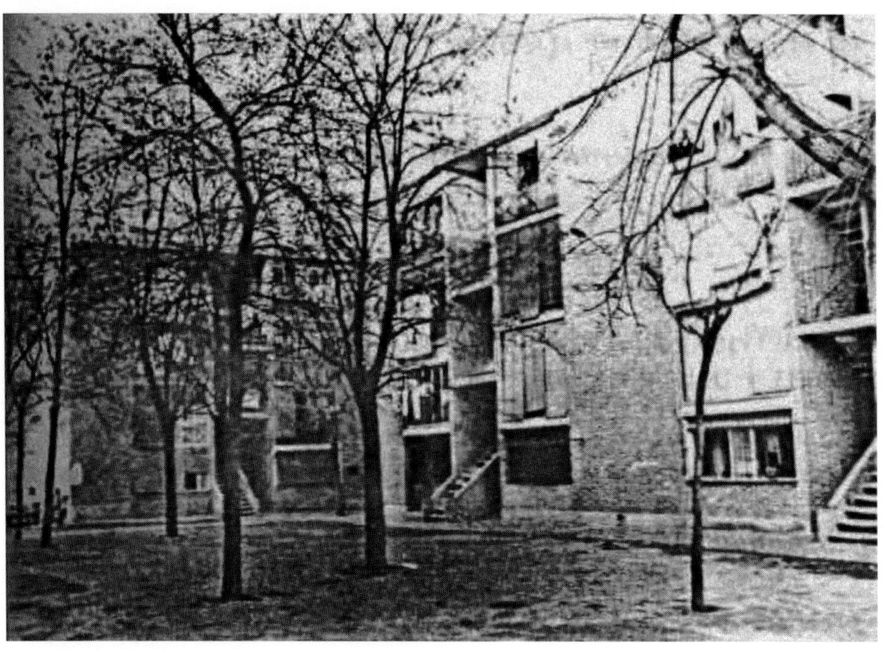

Los bloques del Poblado de Absorción I, o San Blas 1. Una de las características del barrio eran las escaleras abiertas. Año 1975. Foto: Luis Moya.

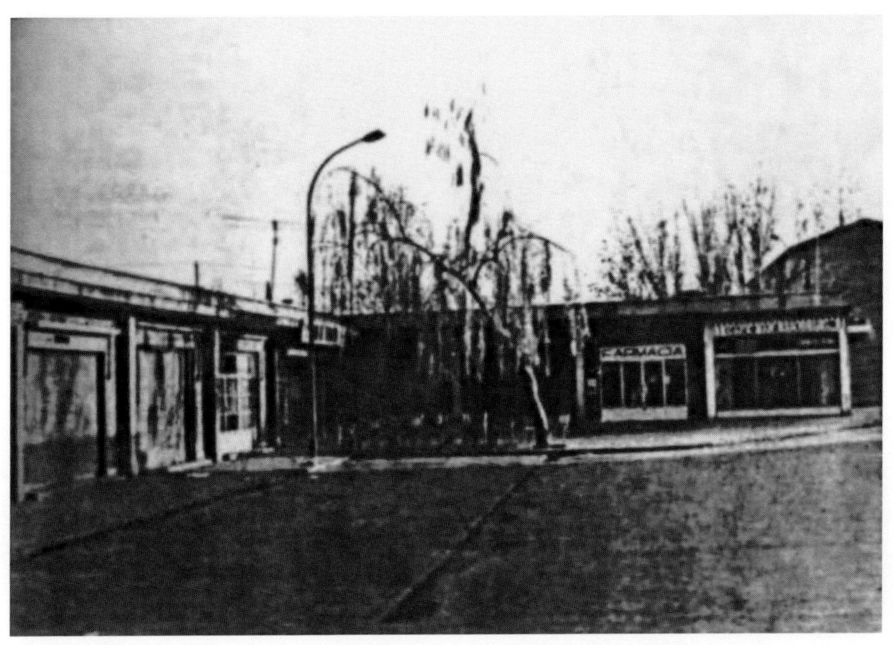

La pequeña zona comercial de San Blas 1, que estaba en el centro de la urbanización. Año 1975. Foto: Luis Moya.

En enero de 1976 se acometieron las obras por el estado defectuoso de 250 viviendas (ya desalojadas en aquel entonces), por el problema de «las arcillas expansivas» y el pivotaje sobre zanja corrida de hormigón, lo que ocasionaba la elevación de los bloques cuando había humedad y se hacían grandes grietas en la estructura de los edificios.

Tras casi 10 años de obras, debido a que se iban realojando a los vecinos según se demolían los edificios, se levantaron en su lugar 925 viviendas nuevas entre los años 1981 a 1992. Los otros casi 200 vecinos fueron realojados en los bloques de la avenida de Gua-

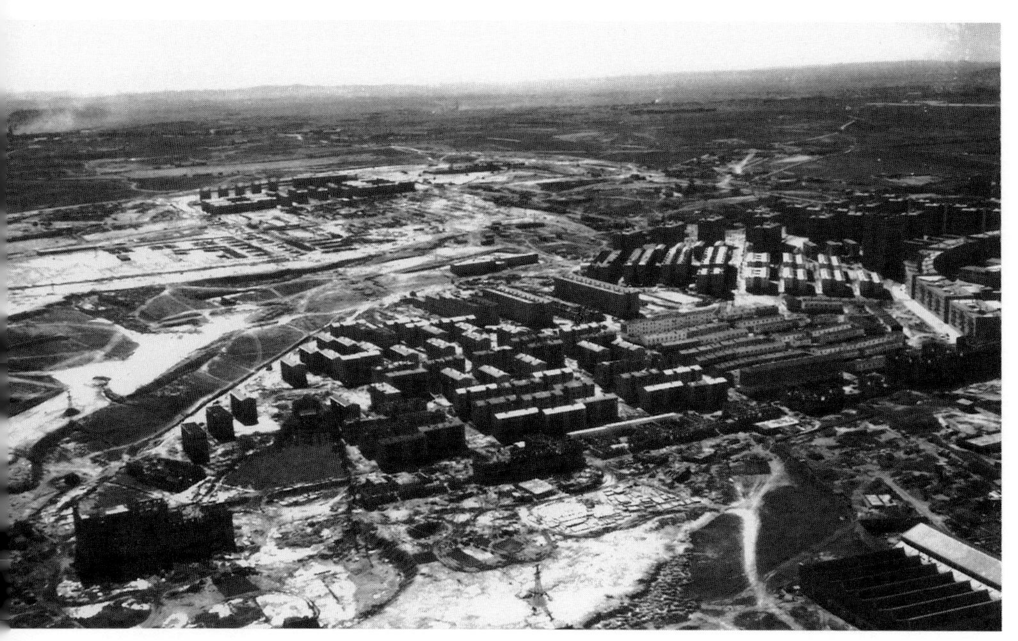

Octubre de 1959. Foto aérea donde vemos de derecha a izquierda la calle Emilio Muñoz con los bloques del Cerro de San Blas en construcción. San Blas 1 detrás casi ya construido y a su derecha las casitas blancas de la Colonia Benéfica Belén envueltas al sur por el barrio de José Banús. Hacia la derecha los bloques del Grupo Francisco Franco. Octubre de 1959.

dalajara. Según el diseño de Javier Corazón se hizo la nueva urbanización con bloques de ocho alturas en forma envolvente y con plazas interiores donde existían jardines para paliar la falta de zonas verdes de la zona. La única edificación original del antiguo poblado que queda en pie es el ex-colegio Agustín de Foxá, actual Centro de Acogida de la Cruz

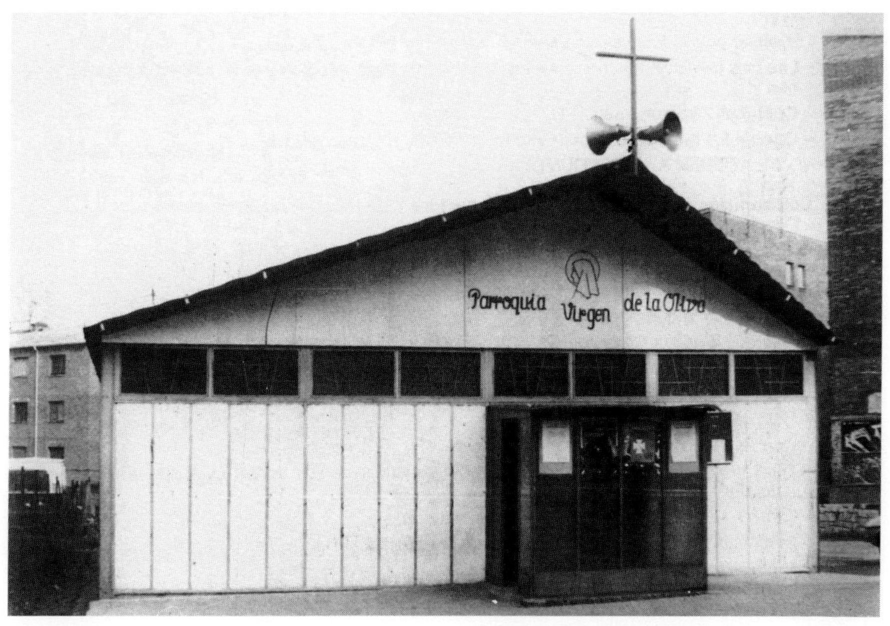

Virgen de la Oliva en sus inicios. Finales de los años setenta. Foto del libro: *Madrid Alcalá - Una diócesis en construcción.*

Roja, en la esquina de Castillo de Uclés con Valdecanillas. En la calle Zaldívar se encuentra la Parroquia Virgen de la Oliva, bendecida en septiembre de 1966.

En la parte sur del barrio, en la calle Castillo de Uclés, se reservó un pequeño espacio de la plaza para instalar la fuente llamada «Poliedros Maclados en el Cubo», según el diseño del escultor Enrique Salamanca, realizado en 1989. La fuente la compone un pilón redondo y unos surtidores que esparcen su agua sobre los cubos que se elevan en el centro del pilón.

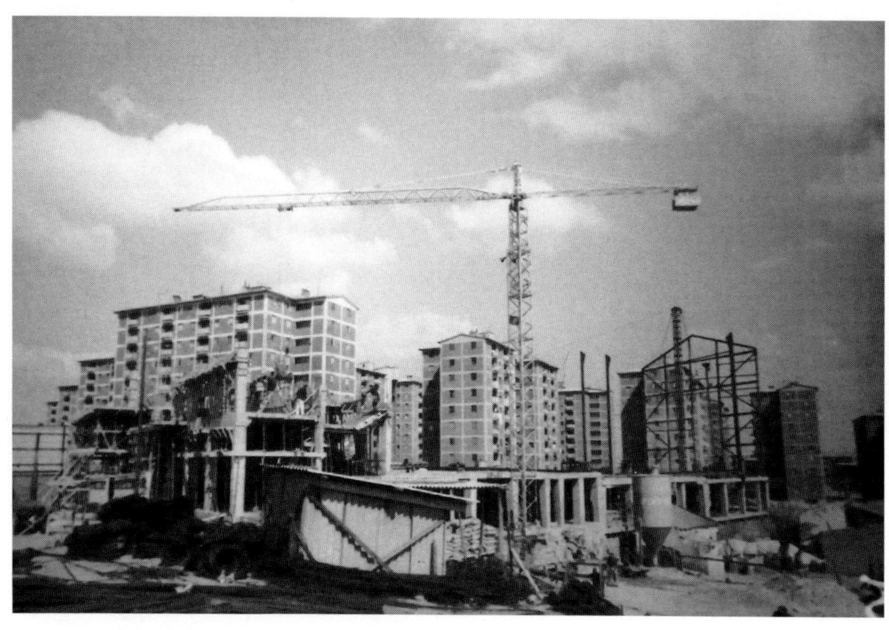

Construcción del cine San Blas, año 1962, a cargo de Jotsa en promoción privada. De fondo los bloques del Grupo Francisco Franco. Fondo Portillo. Archivo Regional Comunidad de Madrid.

Página siguiente:
La carbonería chatarrería de la calle José de Blas. Año 1961.
Fondo Portillo. Archivo Regional Comunidad de Madrid.

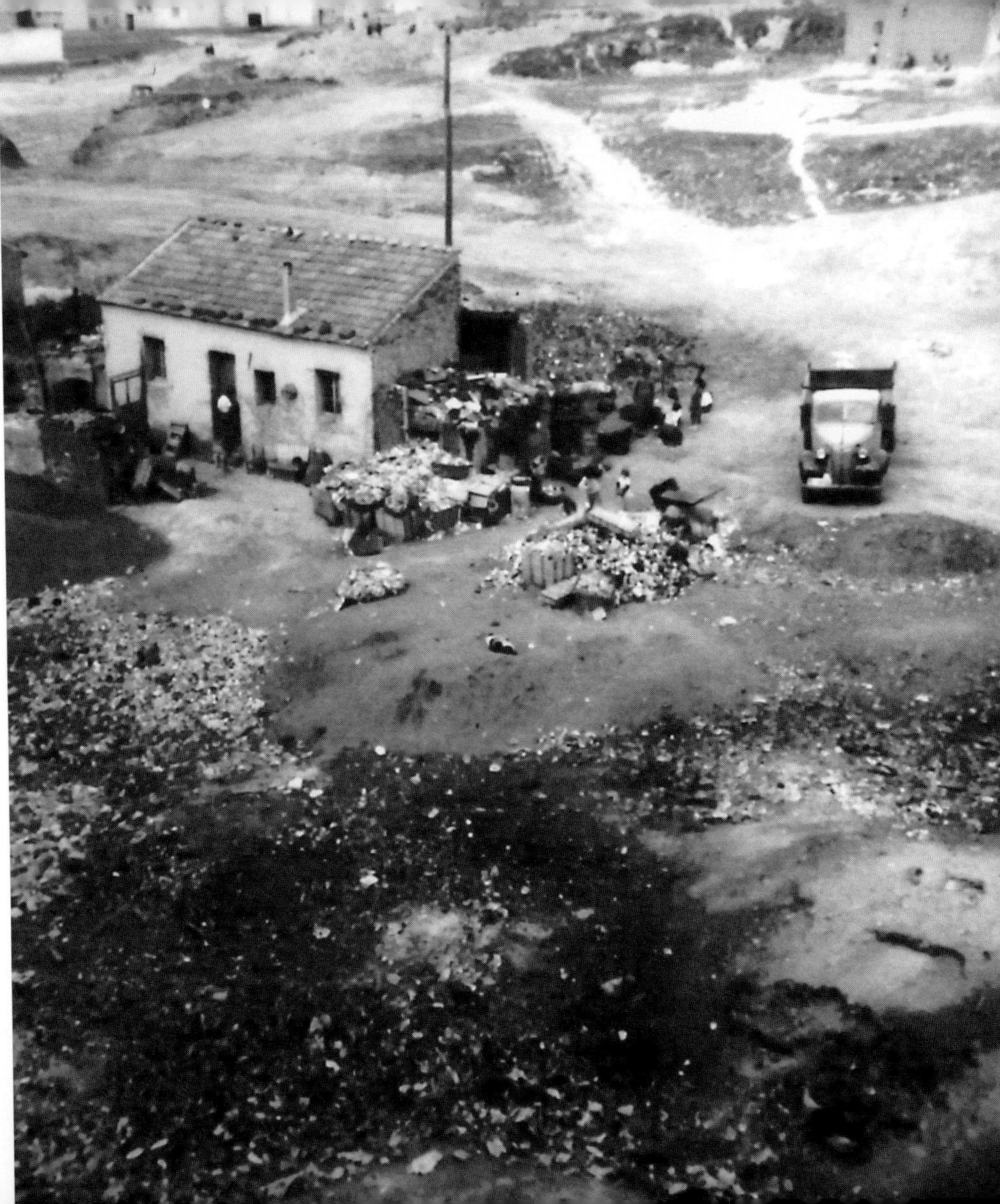

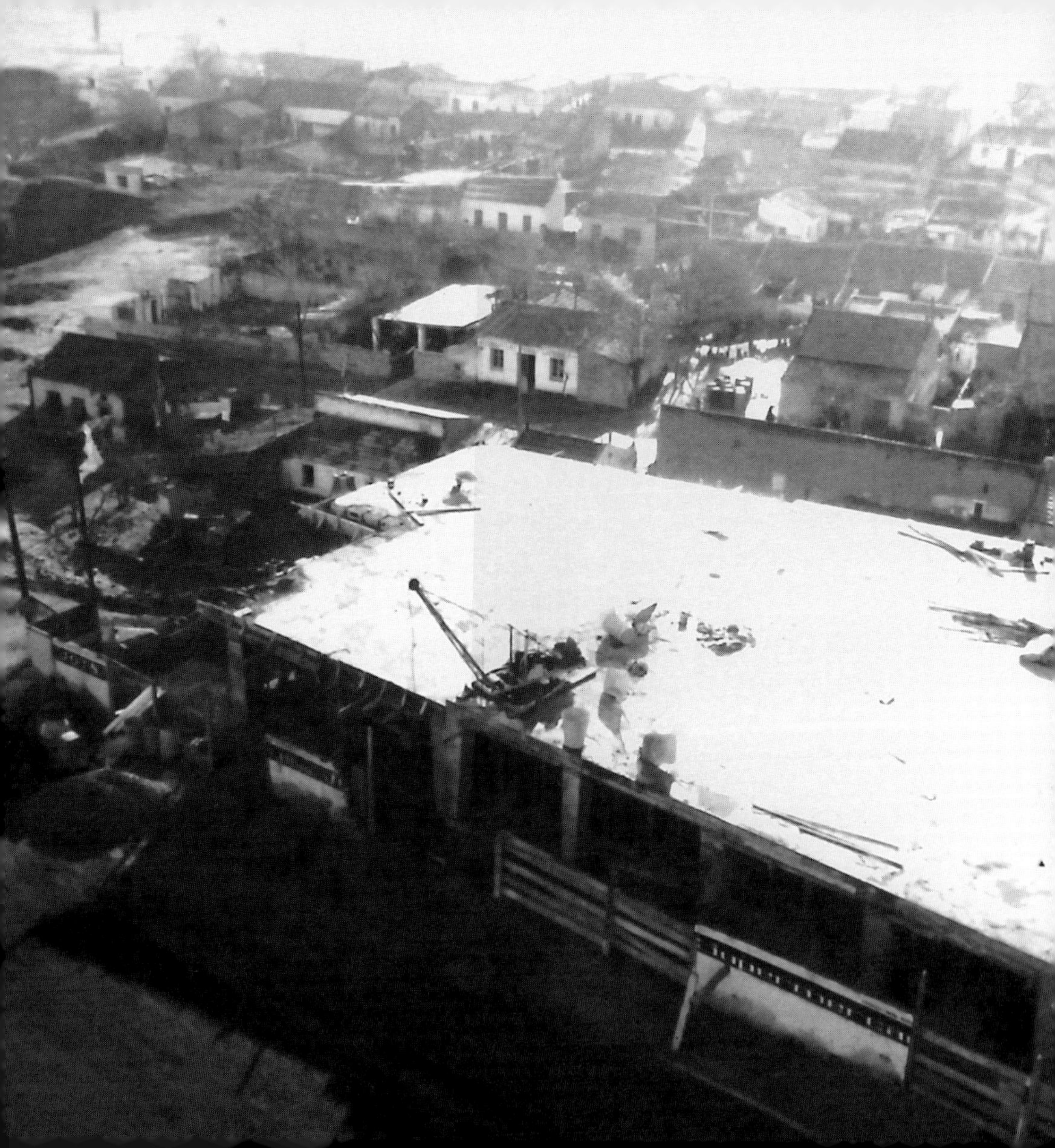

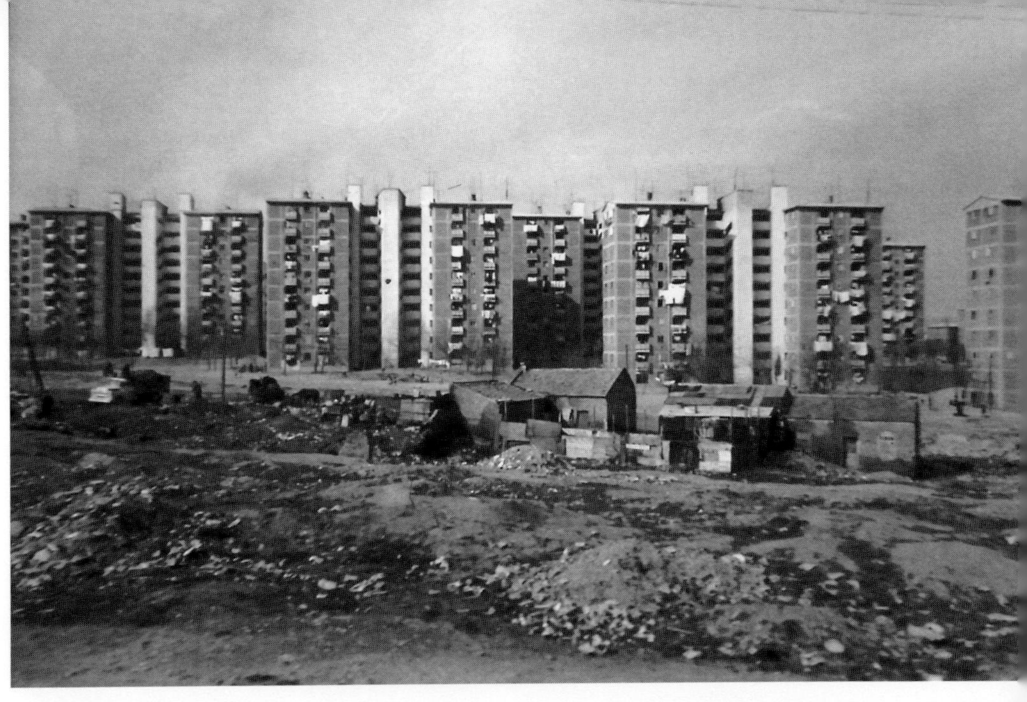

Vista de la calle Castillo de Uclés desde la avenida de Arcentales, antes de hacer el parque de El Paraíso. 28 de enero de 1966. Fondo Portillo. Archivo Regional Comunidad de Madrid.

Página anterior:
Vista de las viviendas que estaban contiguas al cine San Blas durante su construcción, parte del antiguo barrio del Cerro de la Vaca. Año 1962. Fondo Portillo. Archivo Regional Comunidad de Madrid.

A principios de 1970 el Consejo de la Gerencia Municipal de Urbanismo hizo la cesión de una parcela al Arzobispado, y tres años después abrió sus puertas la parroquia Jesús Divino Obrero, en la calle Castillo de Uclés, 26. Es un edificio de ladrillo visto, muy sencillo y funcional, y adaptado a las directrices del Concilio Vaticano II, según las cuales se evita la ornamentación excesiva y se intenta igualar a la curia con los parroquianos con altares bajos y bancos alrededor del mismo para dar sensación de recogimiento. Fue una de las parroquias que más ayuda prestó a los trabajadores durante sus reivindicaciones en los años setenta, cediendo sus locales para reuniones. A principios de los años 90 cerraron la guardería que estaba en el piso superior. Actualmente está encomendada a los frailes Dominicos de la Provincia de Filipinas.

GRAN SAN BLAS

Primera Fase del Gran San Blas

El Gran San Blas fue el barrio más importante de Madrid construido dentro del Plan de Urgencia Social redactado en 1958 por encargo del Ministerio de la Vivienda a la Obra Sindical del Hogar y Arquitectura –OSH–. El proyecto en su etapa inicial contaba con un total de 7484 viviendas, y en la primera fase se construyeron las parcelas C (centro de las parcelas), D, E, F y G, aunque el plan contemplaba las parcelas desde la A a la K, prolongándose hasta 1975 la construcción del resto de las viviendas de las otras parcelas.

A diferencia de los otros poblados de absorción y dirigidos del resto de Madrid, en los que los servicios eran dados en otros sitios cercanos ya existentes a la zona en la que se implantaban, la administración preveía para el Gran San Blas unas edificaciones complementarias propias para dar servicio al vecindario y abordó el urbanismo de un barrio totalmente nuevo y autosuficiente, sin ninguna limitación, desde la calle Hermanos García Noblejas hasta la carretera de Canillejas a Vicálvaro.

La parcela H fue un Poblado Dirigido promovido por el Instituto Nacional de la Vivienda –INV–, en la que los pisos eran en propiedad y podían colaborar en su construcción los futuros vecinos para que la casa les resultara más barata (hasta un máximo del 20%), aunque en la parcela H no hubo aportación de trabajo de los vecinos en sus viviendas.

También promovido por INV se hizo el llamado San Blas 2, pero como Poblado de Absorción. Esta modalidad consistía en poner un alquiler mínimo a los vecinos, y normalmente sus habitantes procedían de desalojos o casos especiales en los que el Estado se hacía cargo de dar techo a las familias.

El resto de las parcelas fueron una promoción de la Obra Sindical del Hogar (OSH). Las viviendas tenían un alquiler mensual y por tanto, y en teoría, los habitantes no podían hacer reformas ni cambios en sus casas sin la autorización del OSH. Con estas rentas mensuales que pagaban, el OSH debía de mantener los elementos comunes, como jardines, aceras, viseras entre bloques..., pero la mayor parte de estos elementos no fueron hechos, o bien el mantenimiento brilló por su ausencia.

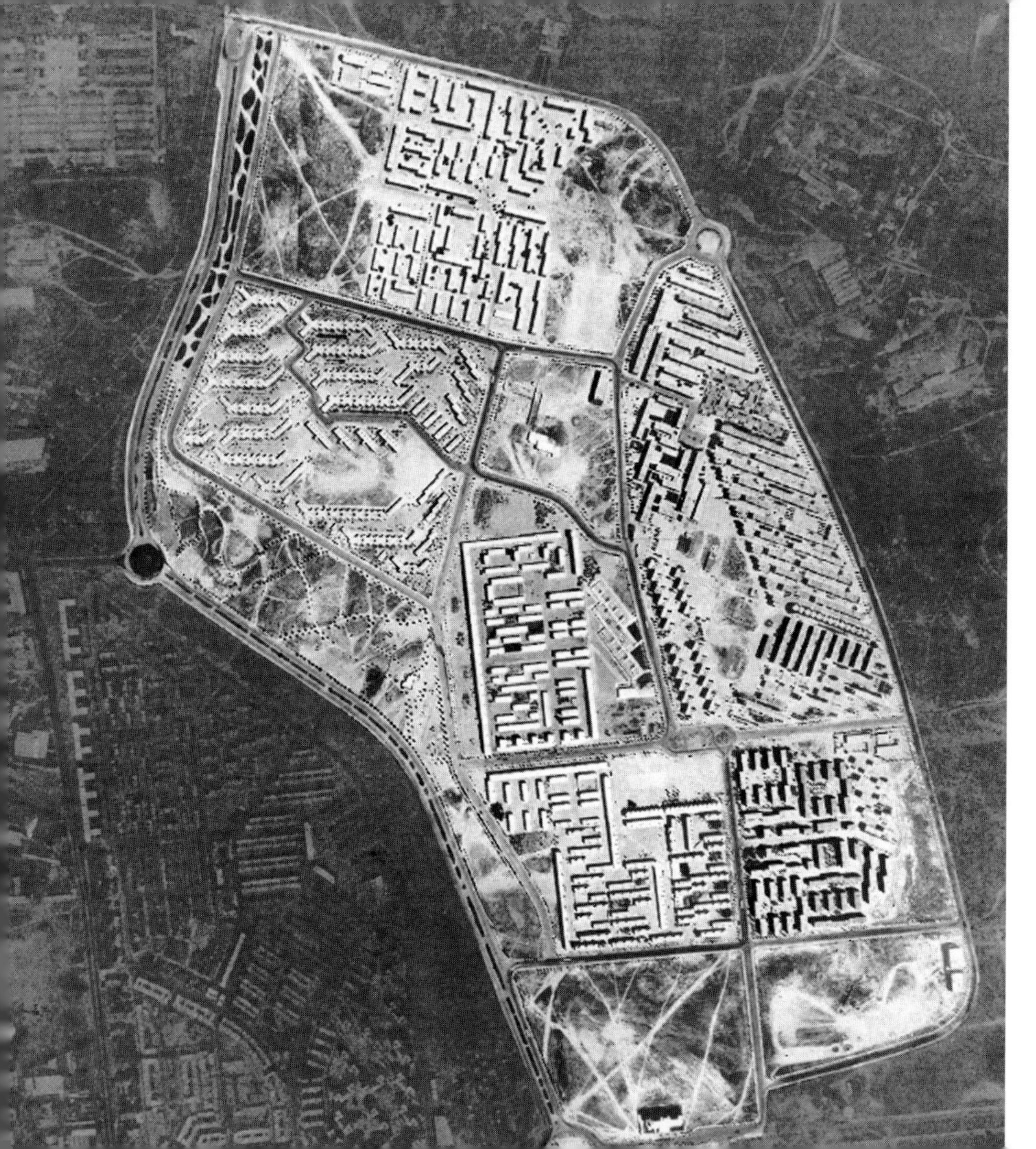

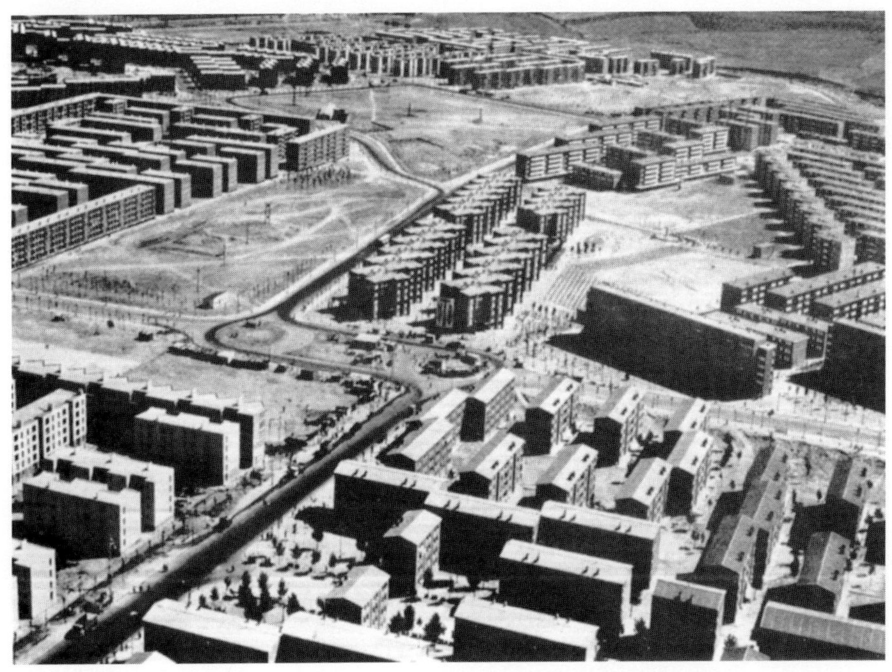

Toma de oeste a este. En primer término a la derecha San Blas 2, y al otro lado de la calle Pobladura del Valle la parcela D. La calle Amposta de izquierda a derecha, con la parcela F a la derecha y la E enfrente de esta. Arriba a la izquierda la parcela G y a su derecha la H.

Página anterior:
Fotografía cenital de la primera fase del Gran San Blas. A la izquierda la avenida de Arcentales, arriba la carretera de Canillejas a Vicálvaro, a la derecha la calle Arcos de Jalón y abajo Hermanos García Noblejas. Foto: *Análisis Sociourbanístico de un Barrio Nuevo Español*.

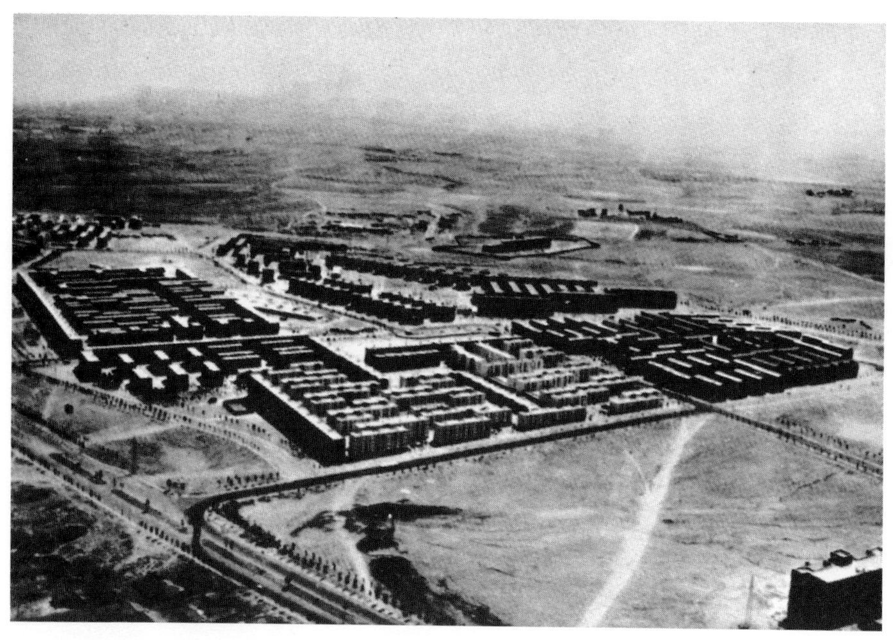

Vista de conjunto del Gran San Blas. En primer término en diagonal la avenida de Arcentales, en la esquina inferior derecha el ambulatorio de Hermanos García Noblejas.

El día 10 de marzo de 1959 el Ministerio de la Vivienda publicó en el Boletín Oficial del Estado el Decreto por el que se declaraba de urgente realización el «Proyecto de movimiento de tierras de las parcelas del poblado Gran San Blas», así como la urbanización urgente del mismo.

Ante notario se celebró el día 26 de abril de 1962, el sorteo de las viviendas de los siguientes sindicatos: Agua, Gas y Electricidad; Alimentación; Azúcar; Banca y Bolsa; Frutos y Productos Hortícolas; Ganadería; Olivo; Pesca; Vid, Cervezas y Bebidas. En total se sortearon 1217 viviendas de renta social (cuota más bajas), y 593 de renta limitada.

Así, tras casi tres años de obras, el día 17 de julio de 1962 Franco hizo la entrega de las 7485 viviendas del barrio de Gran San Blas, con una propaganda desmesurada por parte del Gobierno y un amplio despliegue en toda la prensa, convirtiéndose de inmediato el barrio en el buque insignia del desarrollo español. La inauguración oficial se realizó mediante un mitin celebrado en el centro de la parcela G.

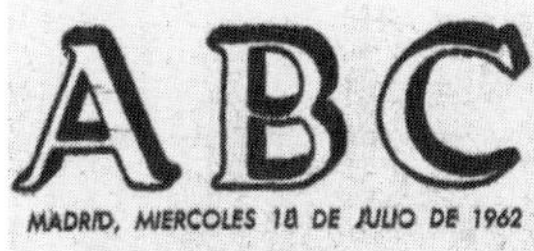

EL GRAN SAN BLAS, INAUGURADO POR EL CAUDILLO

Coincidiendo con el vigésimo sexto aniversario del «18 de Julio», que hoy conmemoramos, Francisco Franco, cuyo nombre está para siempre unido a esa gloriosa fecha, entregó ayer las 7.485 viviendas, en el barrio madrileño del Gran San Blas, construidas por la Obra Sindical del Hogar y por el Instituto Nacional de la Vivienda, dentro del Plan de Urgencia Social de Madrid. Con este motivo, se celebró allí una impresionante concentración de trabajadores y empresarios, que aclamaron entusiásticamente al Caudillo, para testimoniarle, una vez más, su afecto y adhesión en este día tan profundamente grabado en la Historia de España. A esta fecha dedica hoy A B C sus páginas de huecograbado. (Foto Sanz Bermejo.)

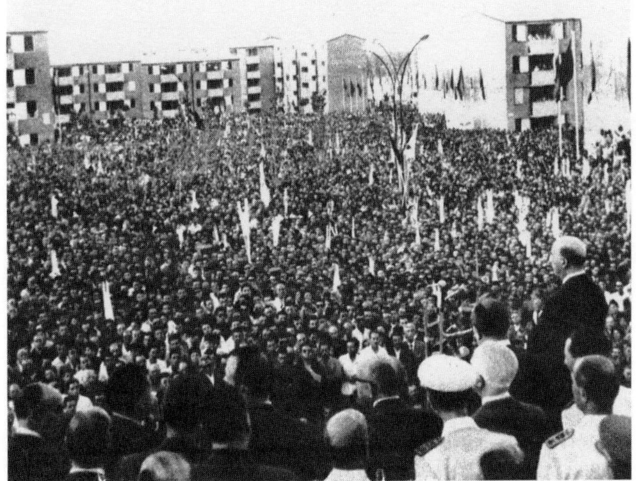

Portada del diario *ABC* recogiendo la inauguración del Gran San Blas.

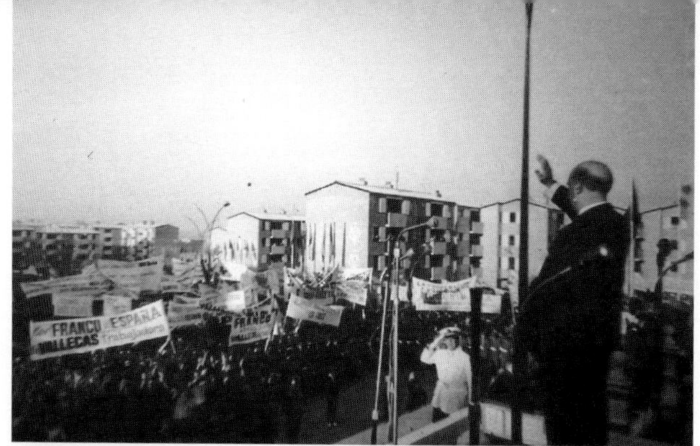

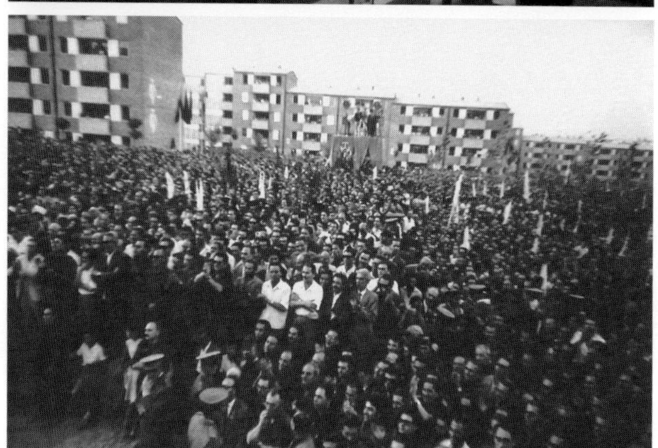

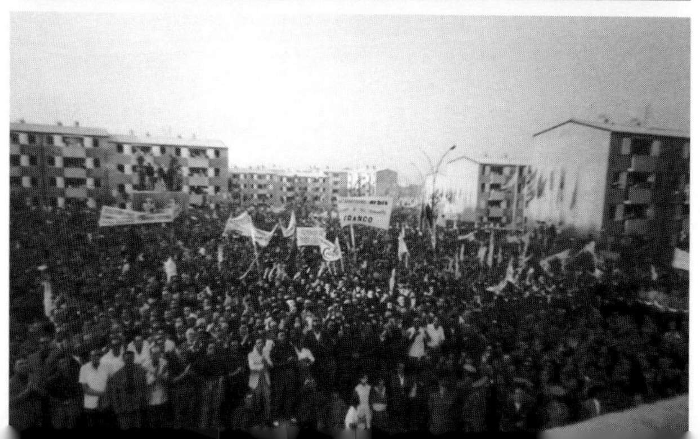

Aspecto del centro de la parcela G durante el discurso que dio Franco. Fondo Portillo. Archivo Regional Comunidad de Madrid.

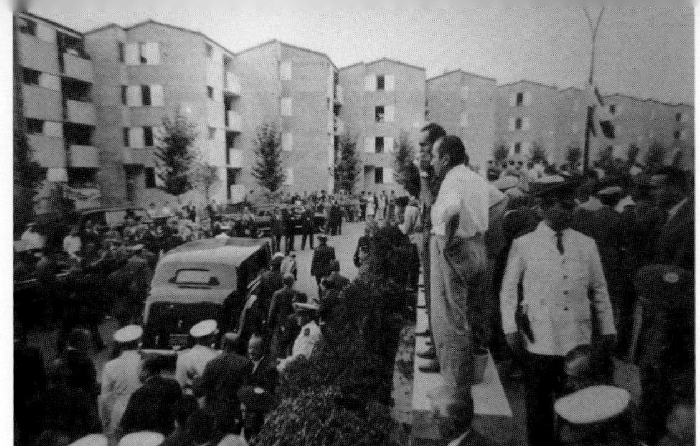

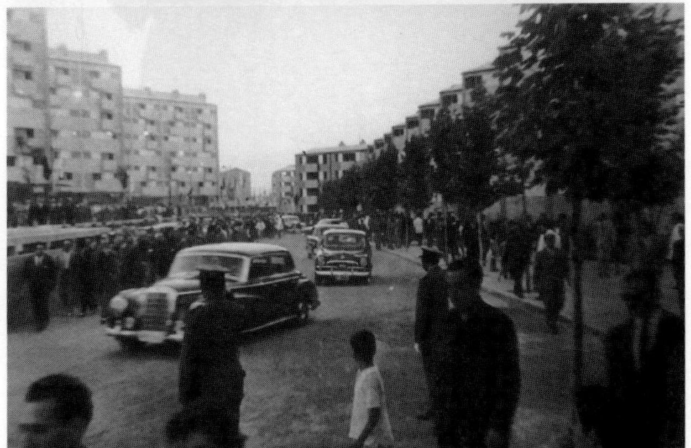

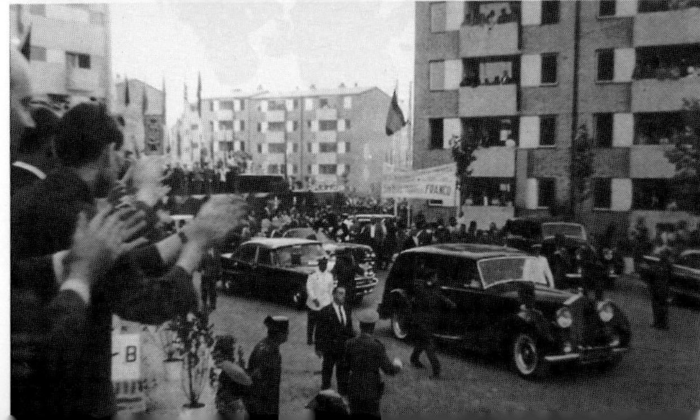

El paso de la comitiva por la calle Alconera. Fondo Portillo. Archivo Regional Comunidad de Madrid.

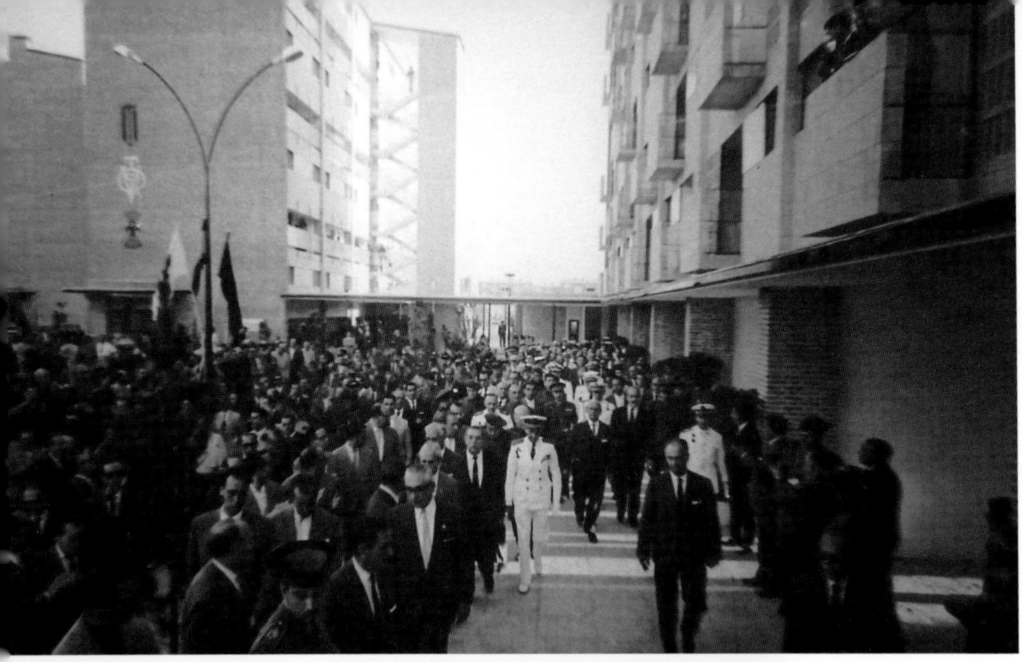

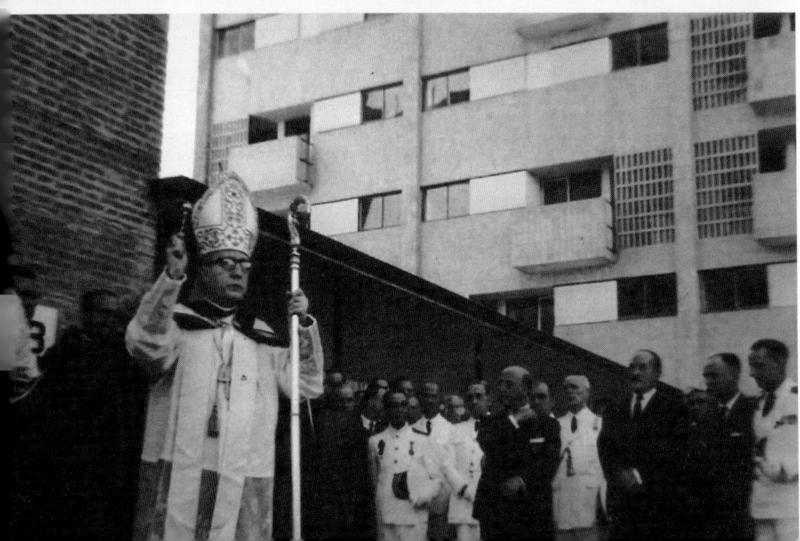

▲ El breve paseo a pie se hizo por los soportales de los «sube y baja» de la parcela G. Fondo Portillo. Archivo Regional Comunidad de Madrid.

◄ La bendición también fue en los soportales de Alconera. Fondo Portillo. Archivo Regional Comunidad de Madrid.

Las viviendas

La Obra Sindical del Hogar dictó en el proyecto para el Gran San Blas las características a las que debían de ceñirse las viviendas, así no debían de haber bloques cerrados con patios interiores, debían de haber jardines en las parcelas con bocas de riego (cosa que no se llegó a conseguir), los edificios tenían que adaptarse al desnivel del terreno con el fin de evitar el movimiento de tierras y ahorrar en costes.

En las parcelas D y E las escaleras eran vistas, sin ninguna protección (en la mayor parte de los casos), es decir el hueco entre peldaños estaba abierto. Casi todas las viviendas carecían de entrada y pasillo de distribución, dando la puerta de la calle directamente al salón, y en algunas la cocina estaba unida al salón utilizando como división una estantería de madera. En la parcela G y en San Blas 2 había una gran cantidad de terrazas que se incorporaron al salón por ser muy fácil hacerlo y así poder ganar algo de amplitud en las viviendas.

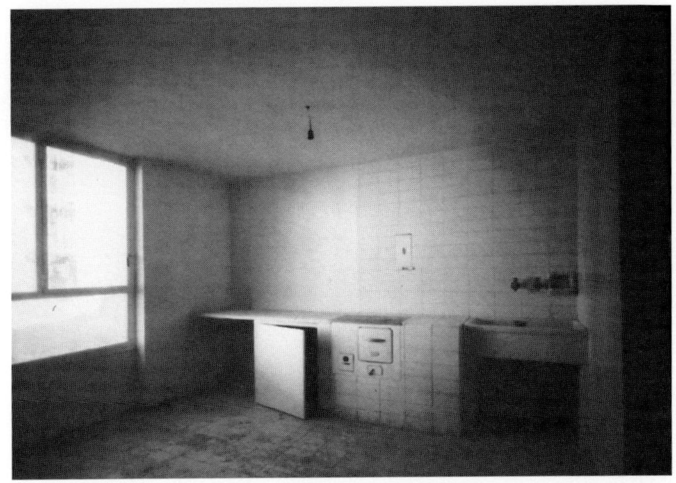

Cocina de una de las viviendas de la calle Carpintería, de la parcela D. Fondo Portillo. Archivo Regional Comunidad de Madrid.

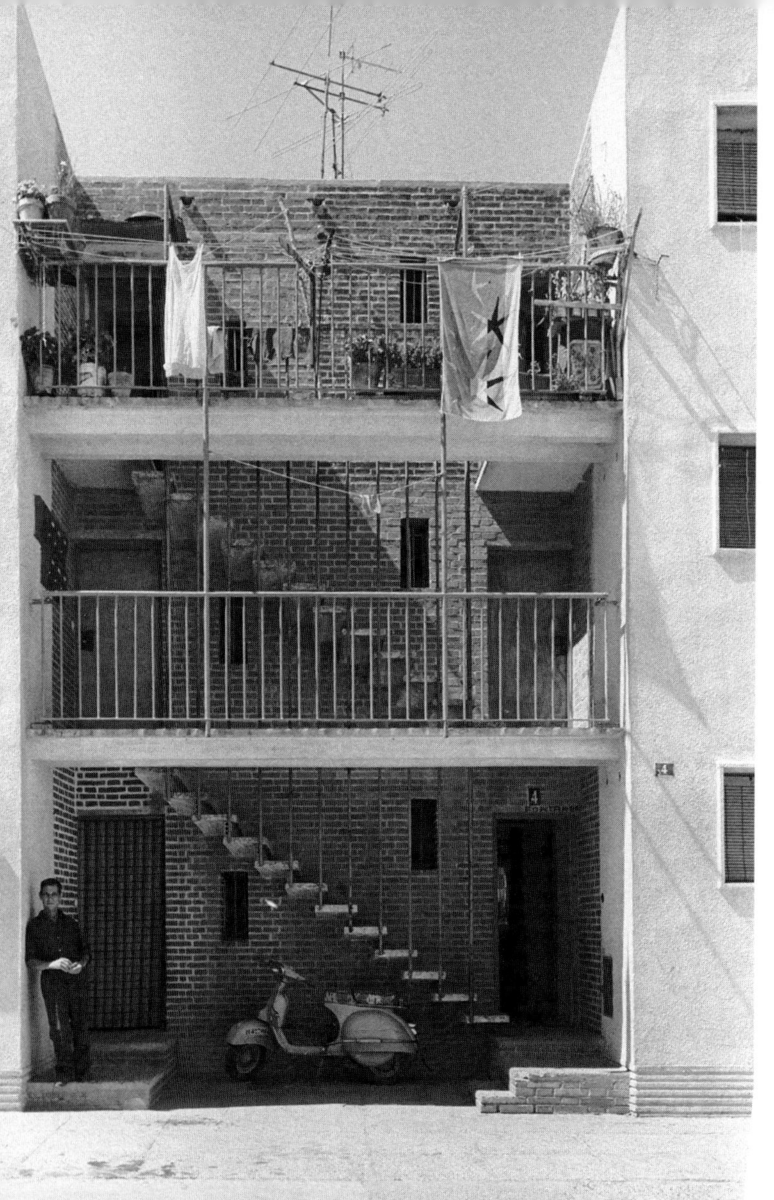

Escaleras al aire de las viviendas de la calle Joyería número 18, en la parcela D. Foto: © Paco Gómez / Fundación Foto Colectania.

Las viviendas las entregaron con cocinas de carbón, armarios empotrados y tendederos separados –no todas las parcelas–. Todos estos elementos fueron eliminados a los pocos años de ser entregadas las llaves. Así en la mayoría de las casas se derribaron los armarios empotrados, sobre todo en las viviendas que eran muchos de familia, para añadirlos a otras estancias de la casa; y las cocinas de carbón fueron sustituidas por el gas o la electricidad.

El mal estado de las fachadas y la falta

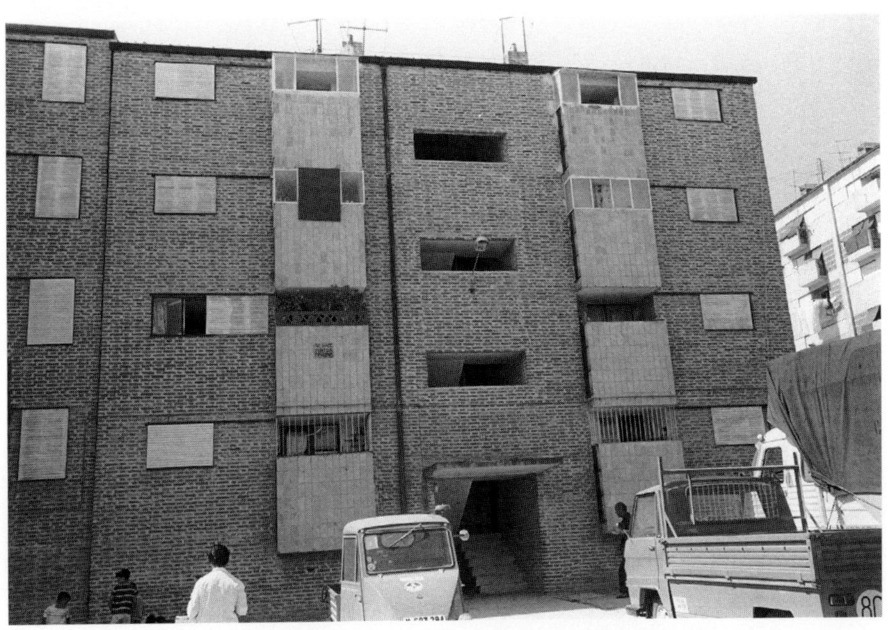

Portal de la calle Alconera, 34; esquina a la calle Labradores, parcela G. Carecía de puerta y barandillas, y las ventanas de las escaleras no tenían cristales. Foto: © Paco Gómez / Fundación Foto Colectania.

de aislamiento térmico han hecho que hoy en día casi todos los bloques hayan sido revestidos con sistemas de mortero monocapa.

En muchos casos el diseño de las viviendas se vio influenciado por corrientes extranjeras nórdicas, así algunos interiores se dejaron en ladrillo visto, o la cocina se integraba con el salón para suplir la falta de calefacción; siendo todas estas características poco eficaces para unas viviendas pequeñas y con poco aislamiento. Casi todos los vecinos en los primeros años dividieron el comedor de la cocina y dieron de llana las paredes.

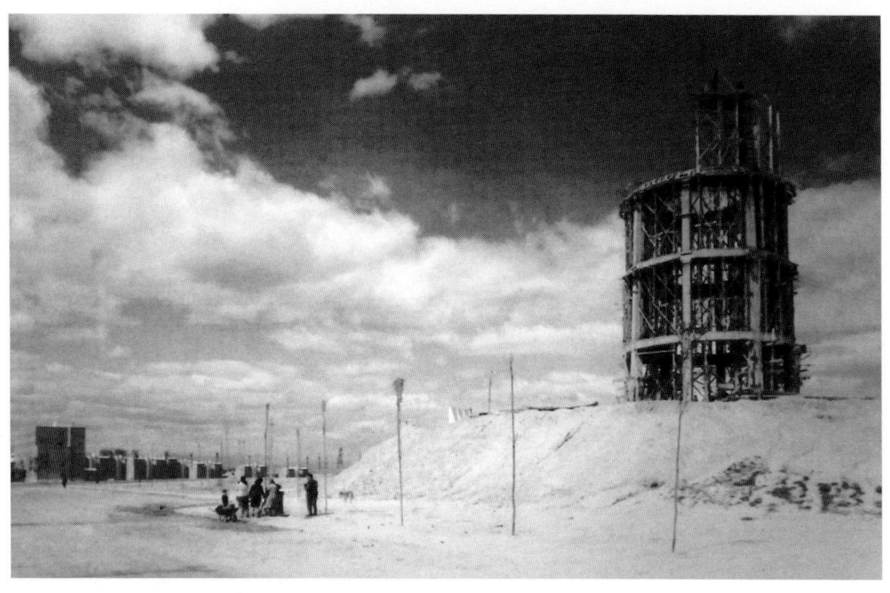

Construcción del depósito de agua de la calle Hermanos García Noblejas. Abril de 1964. Fondo Portillo. Archivo Regional Comunidad de Madrid.

También había quejas por falta de ventilación de las viviendas, lo que ocasionaba mucha condensación y olores. Como curiosidad citaremos el caso de una señora que hacía en su casa caramelos para su venta y tenía puesta todo el día una gran olla cociendo en el fogón, con lo que se producía mucho vapor y humedades.

Página siguiente:
Casi finalizado el depósito. 4 de octubre de 1965. Fondo Portillo. Archivo Regional Comunidad de Madrid.

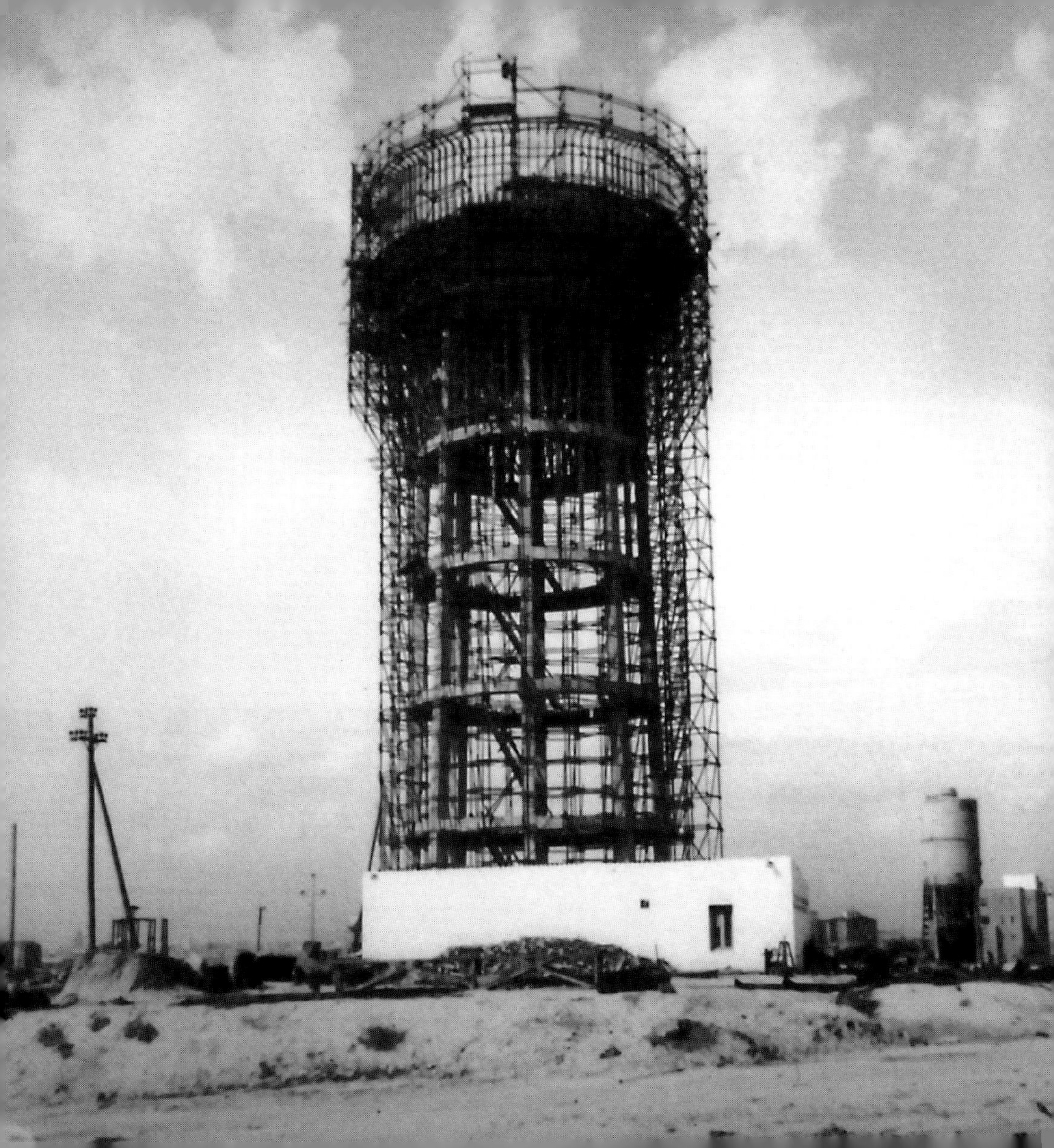

El depósito elevado de agua de la calle Hermanos García Noblejas se inauguró cinco años después de haberse entregado las viviendas del Gran San Blas, con un año de retraso sobre lo previsto. Hasta entonces los pisos más altos –sobre todo los de la parte más elevada junto a la zona de Hermanos García Noblejas–, tenían problemas de suministro en la época estival. Según parece se deberían de haber contemplado grupos elevadores de agua, o bien que el depósito se hubiera construido a la vez que las viviendas.

La red viaria fue trazada ciñéndose a la orografía del terreno. Para diferenciar las distintas parcelas se utilizaron las calles principales, destacando la poca pendiente de las mismas (la máxima pendiente es del 4%). A semejanza de Simancas, se asignaron nombres de pueblos españoles que empezaban por «A» a las calles principales: Amposta, Ajofrín, Alconera, Alberique, Arcos de Jalón..., aunque hay excepciones como San Román del Valle, Pobladura del Valle o Hellín. En la calle Amposta se diseñó una plaza elíptica para la intersección principal con la calle Pobladura del Valle, que en un principio fue adornada con dos pequeñas fuentes circulares que daban cierta amplitud a la plaza.

En conjunto todas las parcelas daban preferencia a los peatones, quedando algunas aceras por encima de las calzadas para el tráfico rodado. En el interior de las parcelas se dio prioridad a la orientación de los edificios, por lo que la trama urbana quedó en algunos sitios algo laberíntica, siendo ciertamente sinuosa para la conducción y sin apenas plazas de aparcamiento. Los proyectistas siempre pensaron que los vehículos predominantes serían las motocicletas.

El diseño de las viviendas fue encargado a diversos arquitectos según las parcelas, y entre otros podemos destacar: la D y la E corrió a cargo de Rafael Aburto y Eusebio Calonge; la F la dirigió Manuel Barbero y Vicente Belloch; y la G Luis Gutiérrez Soto y Julio Cano Lasso. Por esto se confiere a cada parcela una estructura particular, siendo el único nexo de unión de todas ellas el Centro Cívico y Deportivo –la parcela C–.

San Blas 2

En junio de 1955 fue publicado el concurso para el movimiento de tierras del llamado San Blas 2, saliendo a licitación la construcción de los edificios en enero de 1957. Se trataba de uno de los poblados de absorción de Madrid, levantado en el polígono formado por las calles: Pobladura del Valle, Amposta, Arcos de Jalón y San Román del Valle. Los nombres de sus calles están dedicados a pueblos de la provincia de Zamora: Tábara, Rioconejos, Cubillos, Pego..., a excepción de Palanquinos que es de León, pero que linda con Zamora.

En total se construyeron 1112 viviendas en bloques de cuatro alturas, entre los años 1958 a 1960. Fue el primer núcleo de población del Gran San Blas y por estar promovido por el Instituto Nacional de la Vivienda en muchos escritos no se considera parte del Gran San Blas. Un dato curioso es que San Blas 2 acogió a muchos niños de la guerra cuando regresaron de Rusia adonde fueron llevados durante la Guerra Civil.

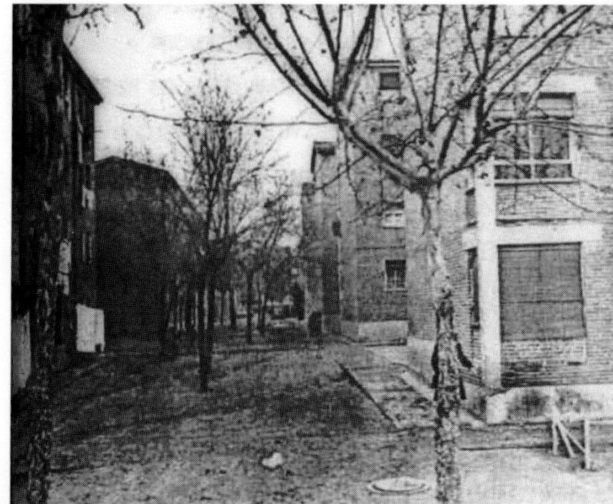

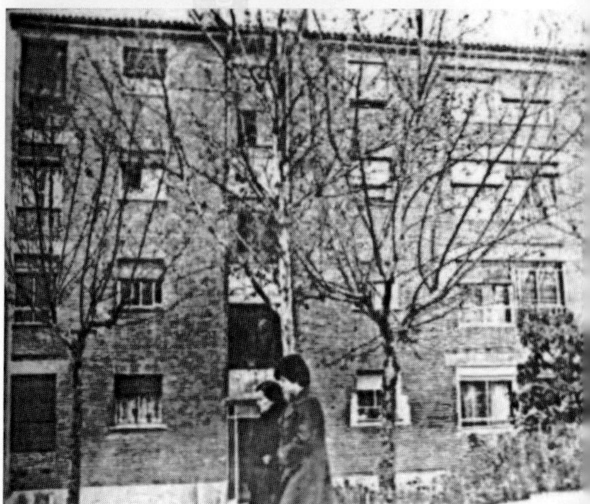

Interior de San Blas 2. Hacia 1975. Foto: Luis Moya.

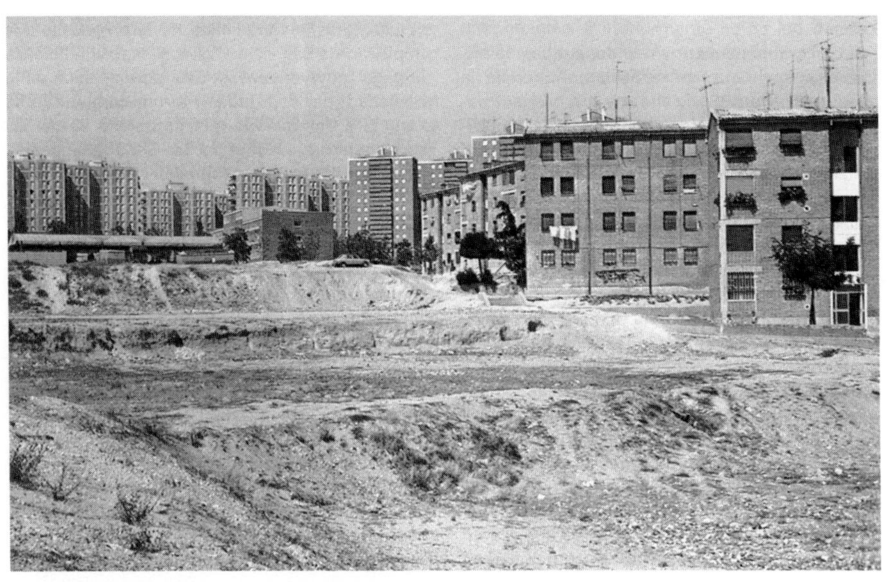

A la derecha la calle Fuentelapeña, al fondo la calle Arcos de Jalón con los bloques de Hermanos García Noblejas y el Instituto Quevedo. En el año 1976 muchos terrenos dotacionales estaban sin utilizar. Foto: Espasa.

Contó con el primer colegio público de todo el Gran San Blas: «Conde Santa Marta de Babio» en la esquina de la calle Amposta con Arcos de Jalón, abierto en 1961, conocido popularmente como Santa Marta. Tenía una capacidad para 780 alumnos. Después pasó a llamarse María Moliner I –incluida la escuela de educación infantil Hiedra– y actualmente está cerrado para la docencia y sin uso fijo.

Además en San Blas 2 había una galería comercial en la calle de Montamarta con veinte puestos que daba también servicio a las parcelas vecinas que carecían de mercados. En la actualidad este edificio es utilizado por la Plataforma Vecinal San Blas-Simancas, donde ofrecen asesoramiento y cursos a todos los vecinos.

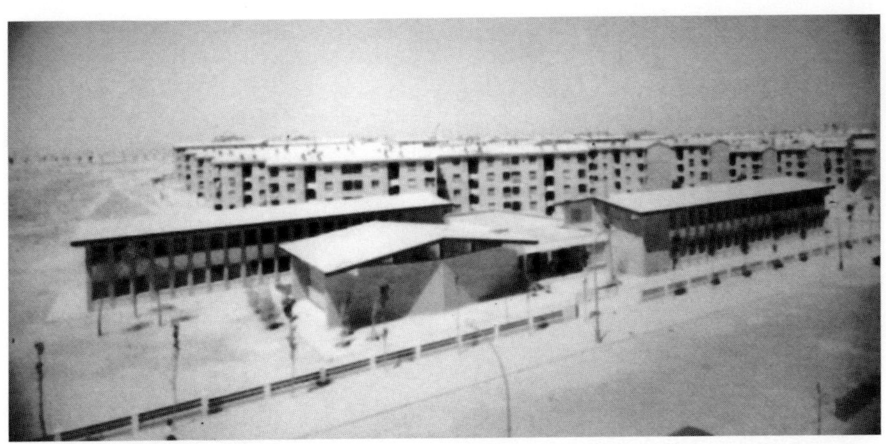

Colegio Conde Santa Marta de Babio visto desde la calle Amposta. Detrás San Blas 2. 6 de junio de 1963. Fondo Portillo. Archivo Regional Comunidad de Madrid.

La única zona verde de la parcela está en la parte sureste, en la esquina de la calle San Román del Valle a espaldas del colegio Santa Marta. Se trata de una rotonda circular arbolada con accesos en cruz realizada a principio de los años ochenta, a la vez que se amplió el colegio y se puso en funcionamiento la Escuela Infantil Hiedra.

Cuando el Ivima empezó a tomar cartas en el asunto, haciéndose con el control de las viviendas del INV y de la Obra Sindical del Hogar, detectaron con alarma que más del 80% de las viviendas habían sido ya vendidas entre particulares. Tras años de negociación entre las asociaciones de vecinos y el Instituto de la Vivienda de Madrid, los vecinos pudieron empezar a formalizar la compra de sus viviendas definitivamente hacia 1996.

Actualmente las fachadas en ladrillo visto han sido todas enfoscadas con mortero monocapa, cerradas las escaleras y se han puesto unos portales de cerrajería en color rojo que sobresalen un poco respecto a la rasante de los bloques, por lo que ahora es conocido entre los vecinos como «el barrio de los portales rojos».

Parcela H

La parcela H fue uno de los poblados dirigidos promovidos por el Instituto Nacional de la Vivienda (INV), entre las calles: Gregorio López Madera, avenida de Hellín, calle Hinojal y avenida de Canillejas a Vicálvaro. Se construyó en 1959, siendo su planteamiento posterior al Gran San Blas en un año, sin embargo su construcción fue mucho más rápida. En todo caso la parcela H siempre ha sido considerada parte del Gran San Blas. Dentro de la promoción el Patronato del Ayuntamiento de Madrid tenía varías viviendas que se destinaron a las familias más desfavorecidas y necesitadas.

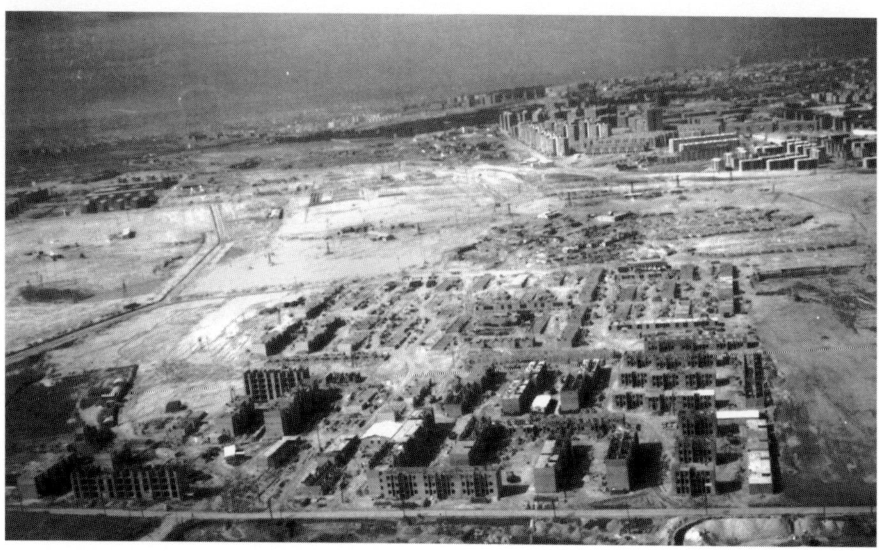

Toma aérea de la parcela H. En la parte de abajo, de izquierda a derecha, la avenida de Canillejas a Vicálvaro. 26 septiembre de 1959.

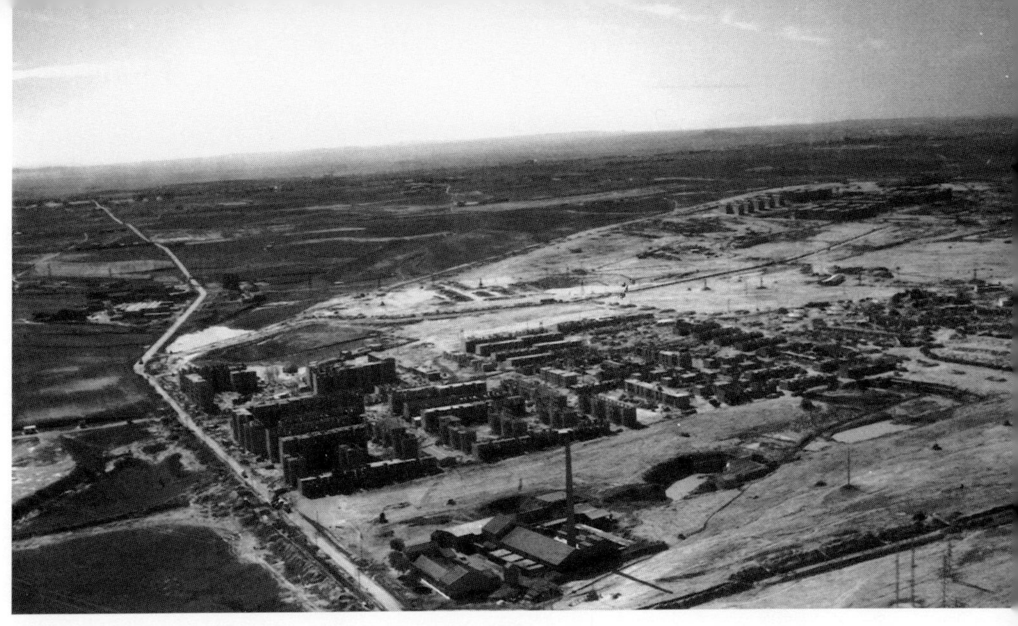

Vista aérea de la parcela H tomada de norte a sur. Mediados de 1960.

Se trataba de un plan para muchas viviendas (1820), pero de baja calidad y pocos metros.

Al poco de ser entregadas las viviendas de la parcela H tuvieron que ser recubiertas con una capa de dos centímetros de fibra debido a la ausencia de aislamiento térmico.

En la parcela H faltaba una red viaria clara, con entrada por un lado y salida por el otro, e instalaciones bajo suelo mediante galerías, siendo todos los tendidos aéreos (electricidad, teléfonos...,). Los arquitectos, (Victor D'Ors y Francisco Alonso de la Joya), plantearon al INV el dividir los terrenos comunes en pequeñas parcelas para que los vecinos hicieran huertas o jardines y así poder tener más adecentados los espacios comunes pues su conservación era inexistente.

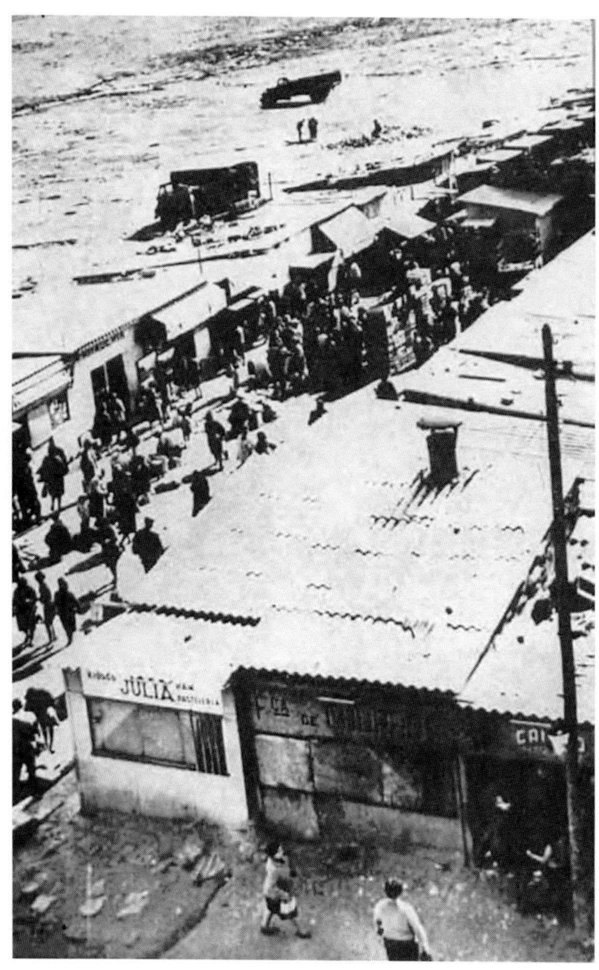

«El Zoco» del H. Hacia 1967. Revista *Villa de Madrid.*

Además de un pequeño supermercado enclavado en la parcela, al sur de la H se encontraban unos comercios que eran conocidos como «el zoco». Eran una serie de tiendas construidas en barracas sobre una improvisada calle de tierra, como si fuera una prolongación de la calle Hinojosa del Duque, sobre lo que ahora es el polideportivo. Las condiciones higiénicas eran lamentables y se tardó varios años en demoler estos comercios.

Hacia 1970 se construyeron unas viviendas de una cooperativa al norte de la parcela H junto a la calle Albaida (del número 66 al 94 de la misma), la llamada Colonia Vilma. En aquella época fue una urbanización innovadora para el barrio pues tenían muchas terrazas y la parte superior de los edificios estaban recubiertos de chapa ondulada.

A finales de los años setenta algunos de los bloques de la parcela H empezaron a tener graves problemas de degradación. Así se inició por fases la demolición de los bloques más afectados, haciendo el realojo provisional de las familias mientras se construían las nuevas viviendas en Los Módulos de la avenida de Guadalajara. Los únicos trece bloques que siguen en pie de la construcción original son los de la parte sureste de la parcela, junto a la calle Gregorio López Madera.

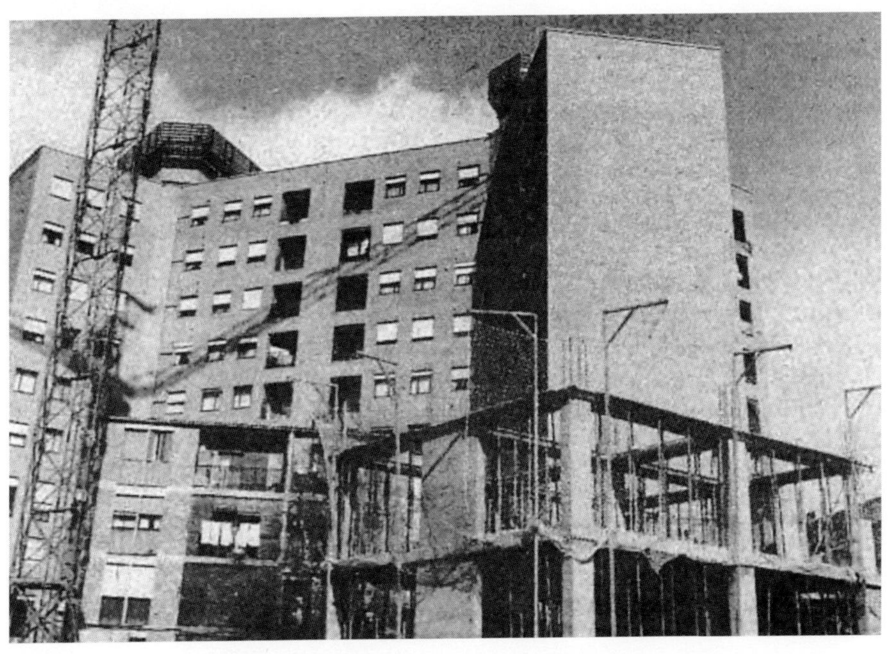

Los nuevos edificios del H se iban levantando entre los viejos. Foto: *Villa de Madrid*, Informativo Quincenal.

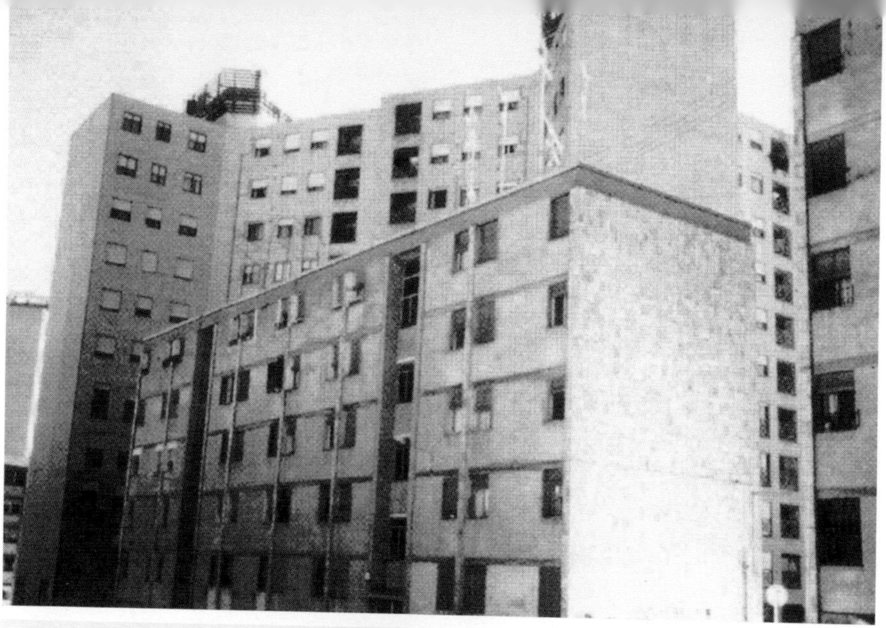

▲ Los bloques nuevos con su forma hexagonal envolvían a los viejos. Foto: Luis Moya.

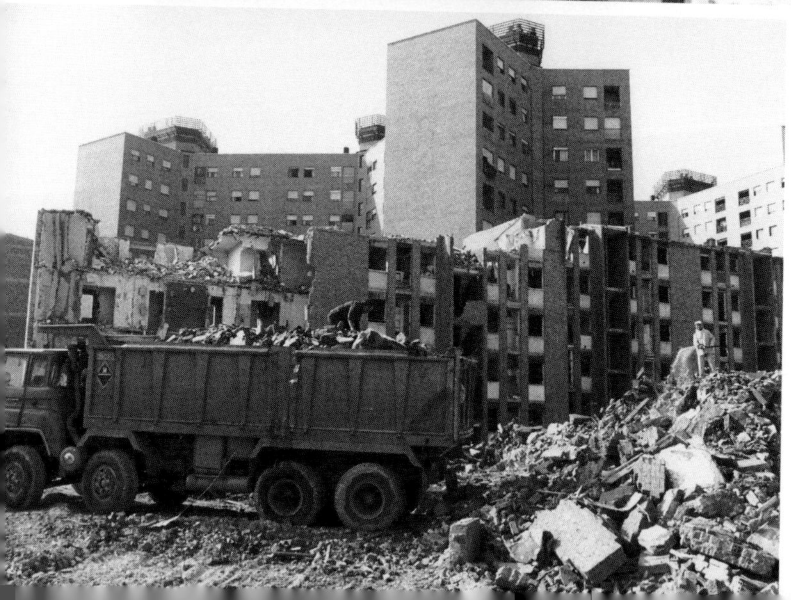

► Derribo de los viejos edificios.

Los nuevos edificios fueron diseñados por Javier Corazón e Ignacio Ugalde, en forma de «Y» haciendo plazas hexagonales entre ellos. Cuentan con doce plantas que totalizan 1581 viviendas.

Uno de los pocos monumentos urbanos de San Blas se encuentra en la calle José Ramón Vizcaíno, y como no podía ser de otra forma, se trata de «La escultura a la vivienda». Lo forma un tótem de unos seis metros de altura, fabricado en acero y flanqueado por dos grandes rectángulos de granito tallados, de unos dos metros y medio de altura. El conjunto escultórico fue inaugurado en 1990.

La iglesia de la H es Nuestra Señora de la Candelaria, que abrió en 1977 en la calle Hinojal número 4. Fue construida en ladrillo visto y con poca ornamentación. Destacan sus vidrieras colocadas en la pared con forma de sierra que dan una iluminación dorada, y unido al tragaluz del altar producen una luz interior muy agradable que resaltan la figura del crucifijo, el elemento principal de la pared desnuda del altar.

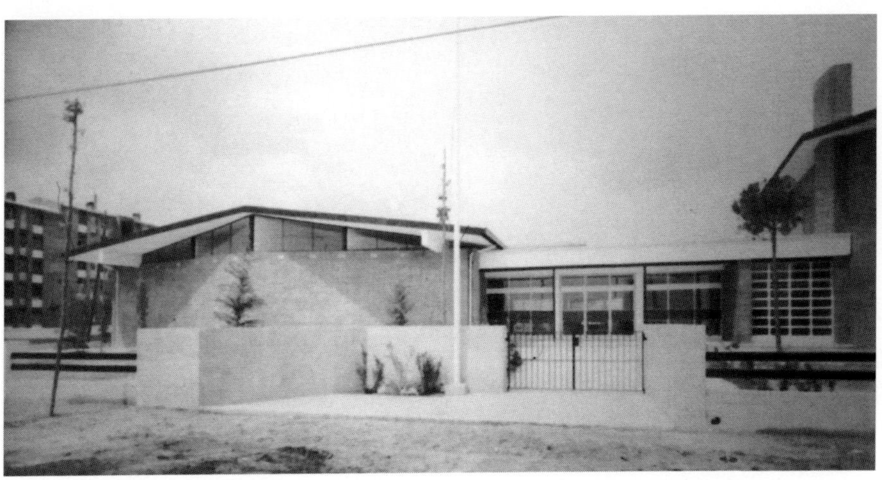

Colegio Alberto Alcocer. 6 de junio de 1963. Fondo Portillo. Archivo Regional Comunidad de Madrid.

El colegio Alberto Alcocer fue inaugurado en septiembre 1963, en la avenida de Canillejas a Vicálvaro, nº 56, con una capacidad de 837 plazas. El Alberto Alcocer era exactamente igual en su construcción al colegio Santa Marta de la calle Amposta (San Blas 2). Hoy en día el colegio da clase a 529 niños de 3 a 12 años, en los tramos de educación infantil y primaria. Años más tarde, hacia 1970, abrió sus puertas el Instituto de Educación Secundaría Gómez Moreno, en la avenida de Hellín nº 7, que es desde 1988 un centro de integración preferente de alumnos sordos.

Parcelas D y E

Las parcelas D y E fueron diseñadas por el arquitecto para preservar la vida de los pueblos, calles estrechas donde los vecinos se pudieran comunicar. Para ello no cuenta con ningún elemento significativo dentro de la parcela que sirva de referencia y lo más llamativo son los bloques corridos que cierran totalmente las parcelas hacia el norte y oeste en la calle de los Tejedores, Siderurgia, Lenceros y Tornillería.

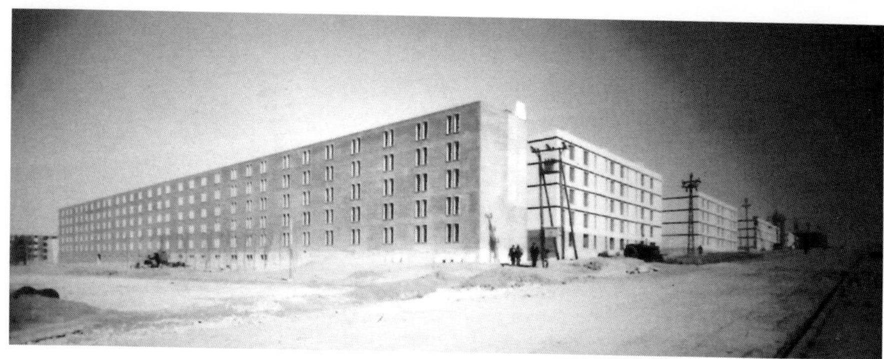

Parcela D en la esquina de la calle Ajofrín con Alberique. Año 1962. Fondo Portillo. Archivo Regional Comunidad de Madrid.

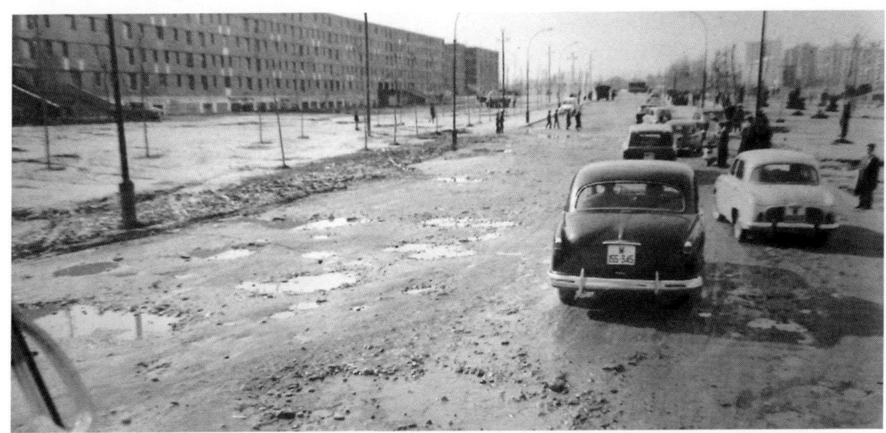

▲ Calle Alberique. A la izquierda el bloque largo de la parcela E. El estado de las calles era calamitoso. 28 de enero de 1966. Fondo Portillo. Archivo Regional Comunidad de Madrid.

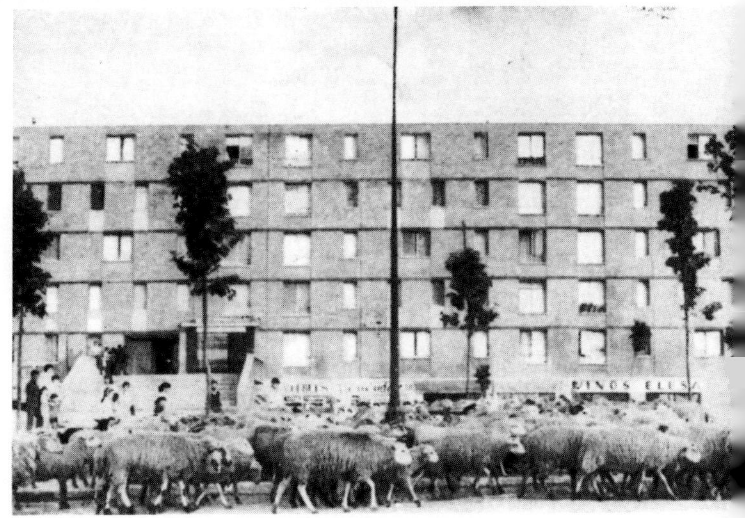

► Calle Alberique a la altura del número 21 (parcela E). Todavía las ovejas pasaban por el barrio en 1966. Foto: *Análisis Sociourbanístico de un Barrio Nuevo Español.*

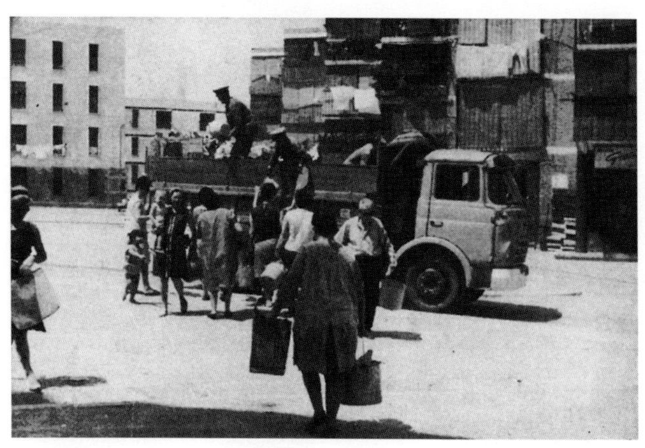

El camión de la basura pasaba por la mañana y los vecinos tenían que bajar la basura en el momento. Calle Carpintería en su intersección con la calle Resinería, parcela D. Año 1965. Foto: *Análisis Sociourbanístico de un Barrio Nuevo Español.*

La parcela D estaba delimitada por las calles Alberique, Amposta, Pobladura del Valle y Ajofrín, y los nombres de las calles interiores estaban dedicados a las industrias del metal y la madera: Carpintería, Siderurgia, Serrería, Resinería, Herrería, Joyería, Trefilería... En la parcela D se construyeron un total de 1688 viviendas

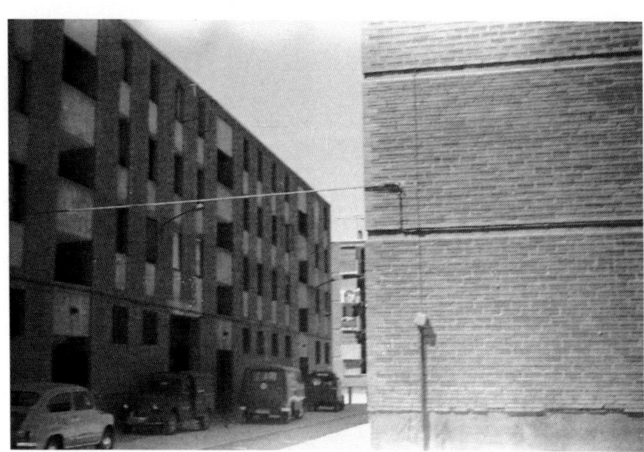

Calle Brocado. Foto: David Miguel Sánchez Fernández.

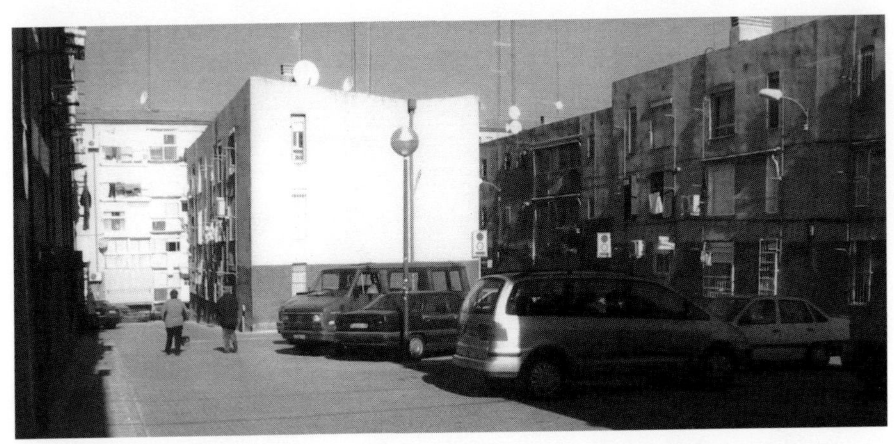

Calle Chapistería, parcela D. Año 1999 y año 2006. Foto: Plataforma Vecinal San Blas-Simancas.

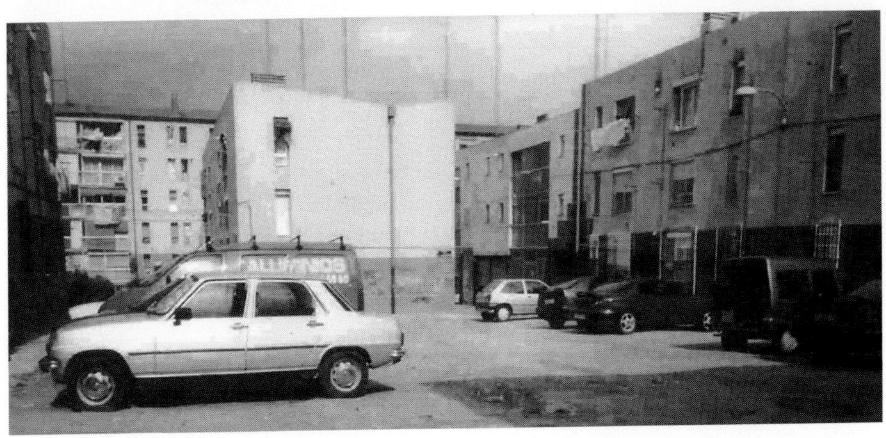

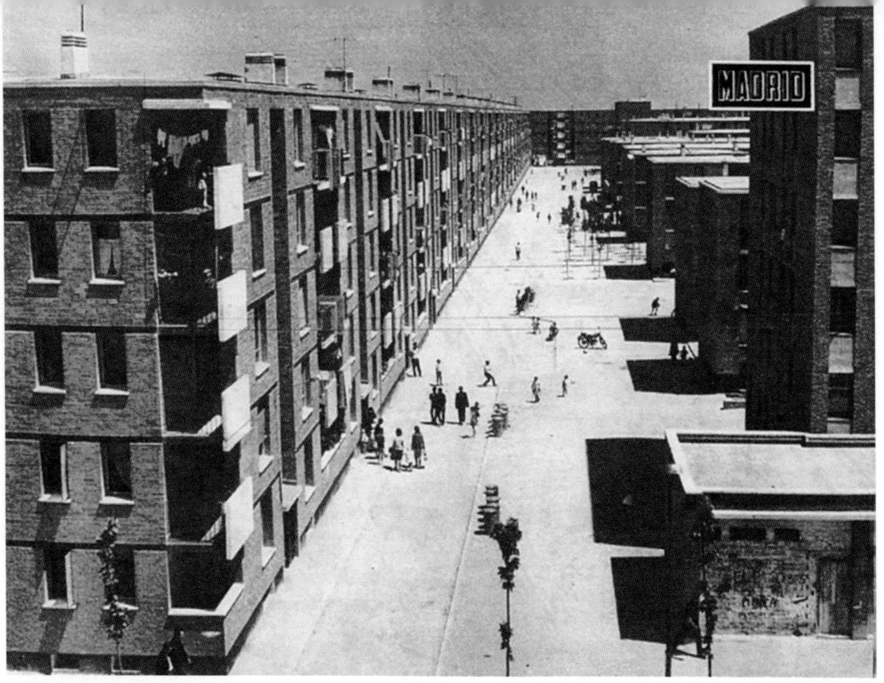

Calle Tejedores vista desde la calle Amposta. Parcela E. Año 1963. Foto: Revista *Triunfo*.

Por su parte la parcela E estaba enmarcada entre las calles Alberique, Alconera, Pobladura del Valle y Amposta, y el nombre de sus calles interiores tienen que ver con la industria textil: Pañería, Brocado, Rueca, Algodón... Las viviendas construidas fueron 1085.

Las dos parcelas contaban con grandes solares destinados a usos colectivos que daban hacia los espacios compartidos con las otras parcelas, Pobladura del Valle, Alconera y a la rotonda doble de la calle Amposta, siendo esta última la principal calle comercial. El trazado de las calles en el centro de las parcelas fue hecho en forma de cuadrícula aunque con edificios irregulares. En relación con las dimensiones de las parcelas había muy pocas calles que dieran acceso a las mismas –en la E tan solo hay tres accesos que lleguen al corazón de la parcela, totalmente insuficiente para el tráfico rodado de hoy en día–.

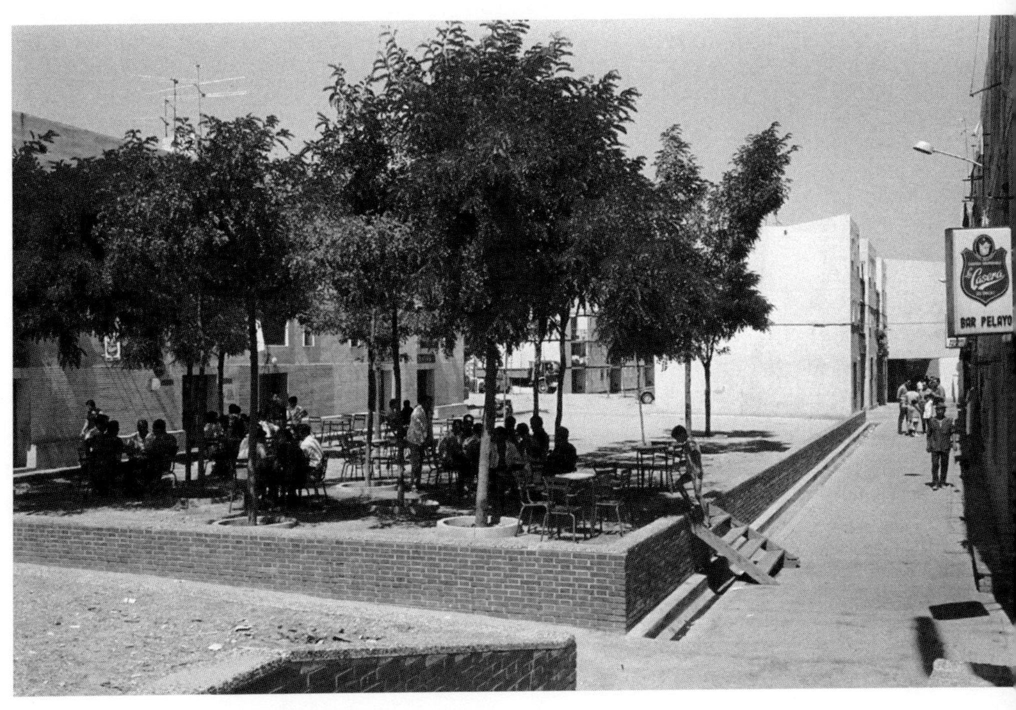

Calle Música desde la calle Pobladura del Valle con la terraza del bar Pelayo. Parcela D. Año 1966. Foto: © Paco Gómez / Fundación Foto Colectania.

Las calles de dentro de las parcelas eran muy cortas, incluso algunas con escalones, para evitar la entrada de vehículos y dar más apariencia de pueblo, suponiendo en su diseño que el vecindario se comunicaría de una ventana a otra de la calle. Con esta estrechez de las calles intentaron aliviar la falta de calefacción y producir a la vez la mayor sombra posible en verano.

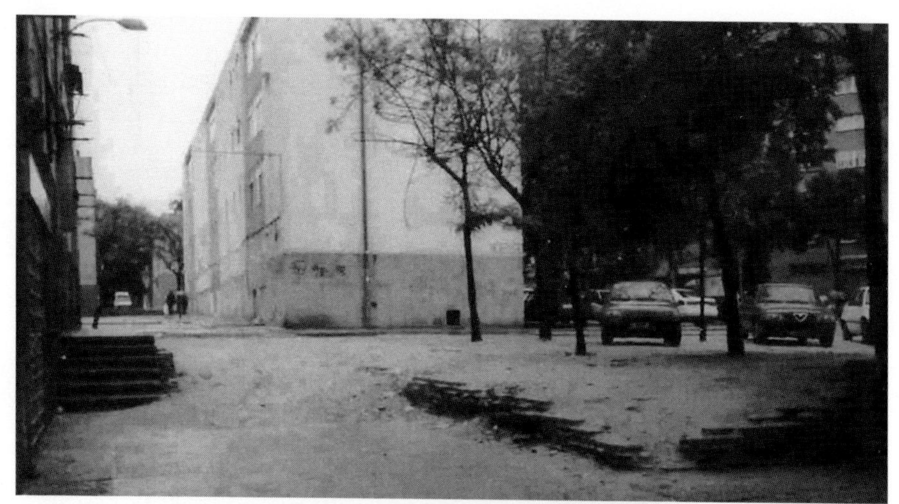

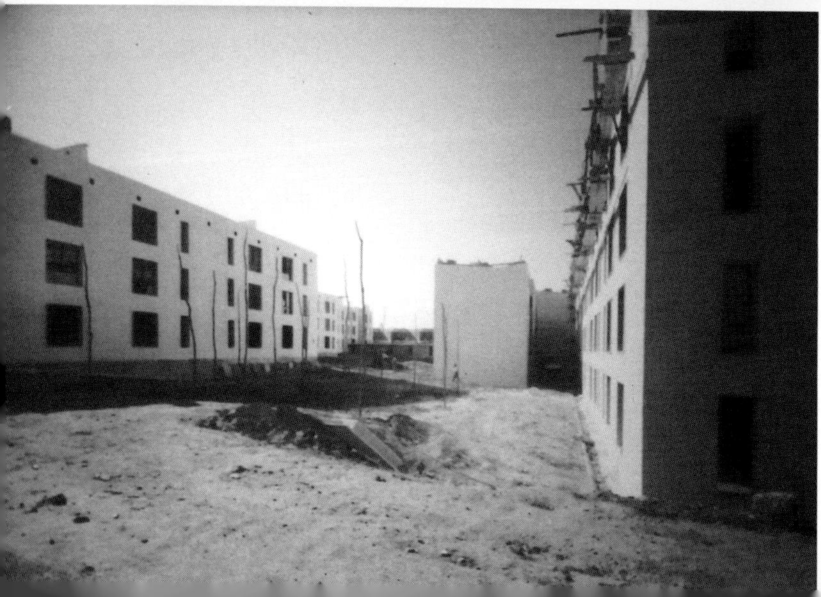

▲ Calle Joyería, parcela D. Año 1999. Foto: Plataforma Vecinal San Blas-Simancas.

◄ Esquina de la calle Pobladura del Valle con la calle Fotografía, parcela D. Año 1962. Fondo Portillo. Archivo Regional Comunidad de Madrid.

Pasado el tiempo los arquitectos mostraban su sorpresa porque ellos pensaron que el centro de las parcelas serían los sitios más comerciales, pero sin embargo los vecinos prefirieron la calle Amposta, donde había más bullicio y tráfico, todo lo contrario del urbanismo proyectado para las parcelas.

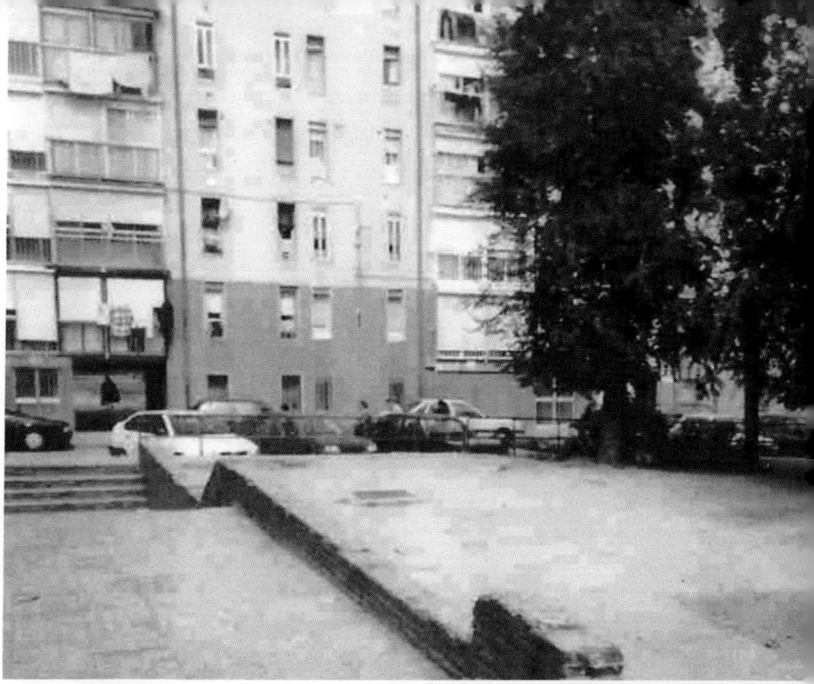

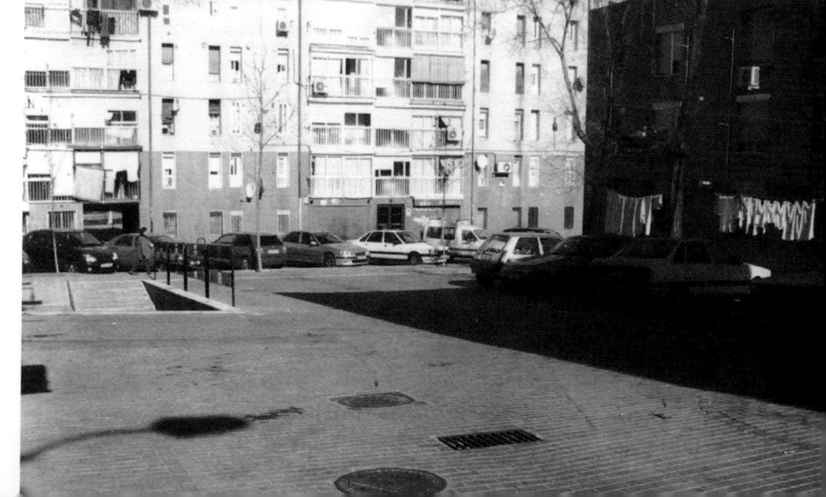

Calle Siderurgia, parcela D. Año 1999 y año 2006. Foto: Plataforma Vecinal San Blas-Simancas.

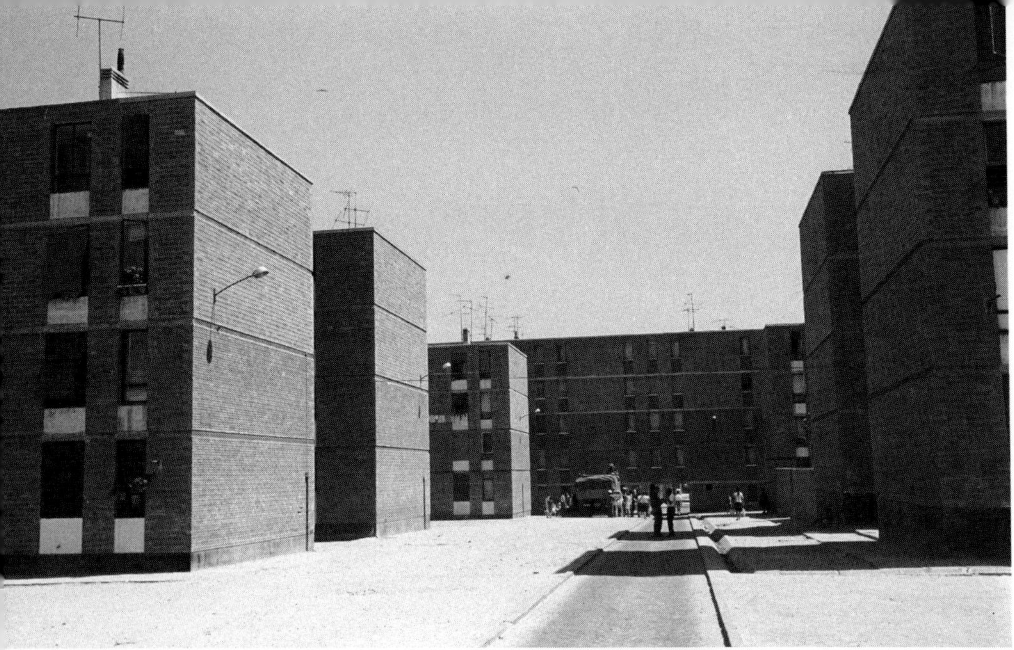

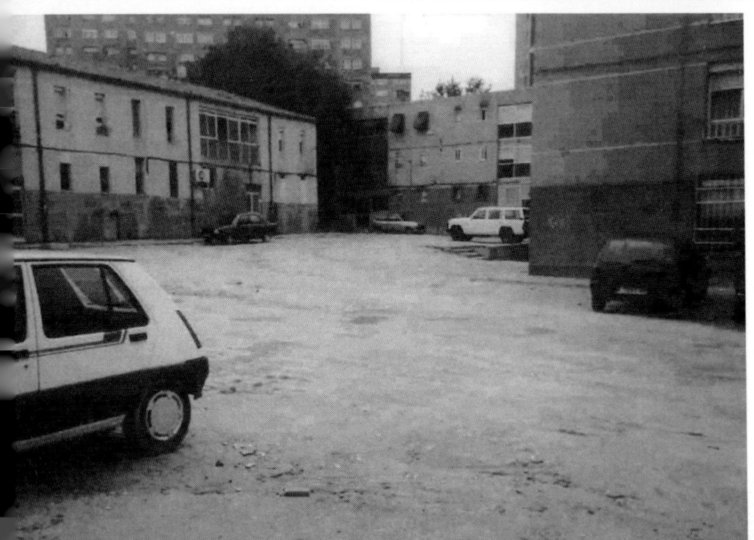

▲ Calle Siderurgia, parcela D. El camión de la basura se tenía que apartar debido a que en la calzada tan solo cabía un vehículo. Año 1966. Foto: © Paco Gómez / Fundación Foto Colectania.

◄ Calle Fornitura vista desde la calle Orfebrería, parcela D. Año 1999. Foto: Plataforma Vecinal San Blas-Simancas.

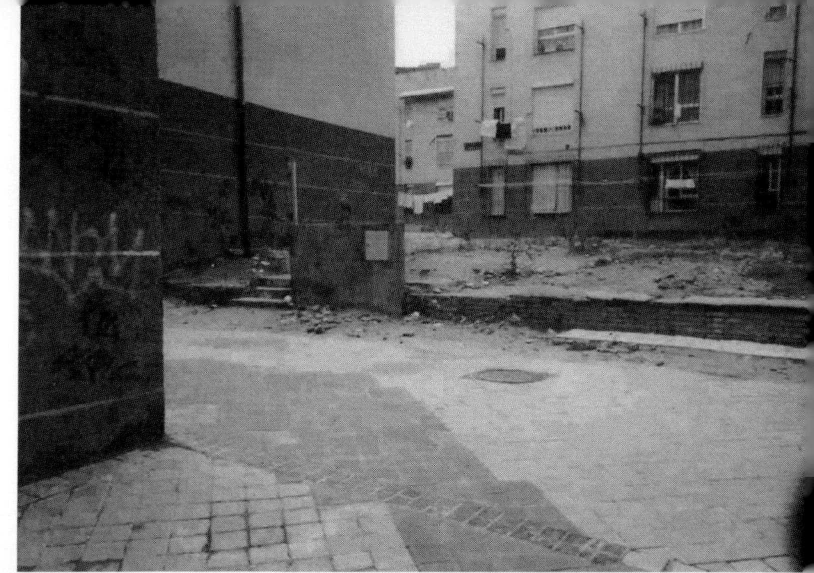

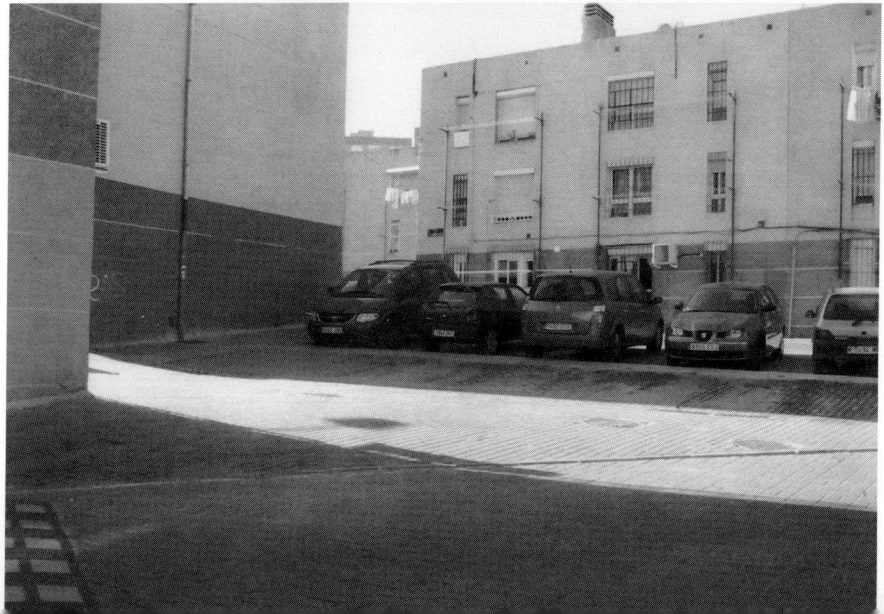

Intersección de la calle Carrocería con Carpintería (parcela D). Año 1999 y año 2006. Foto: Plataforma Vecinal San Blas-Simancas.

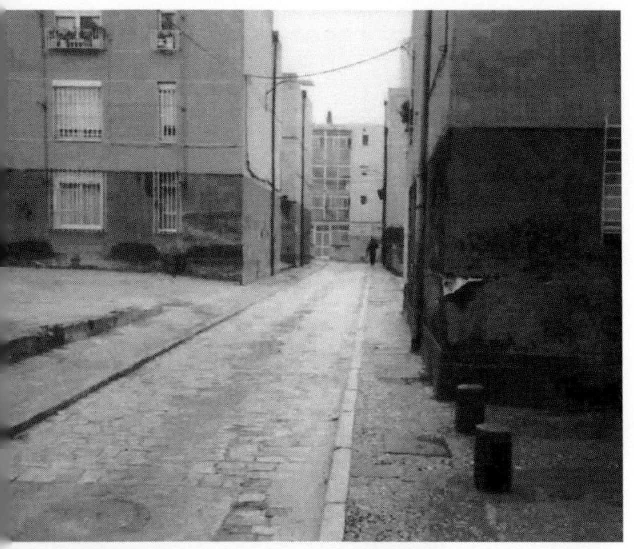

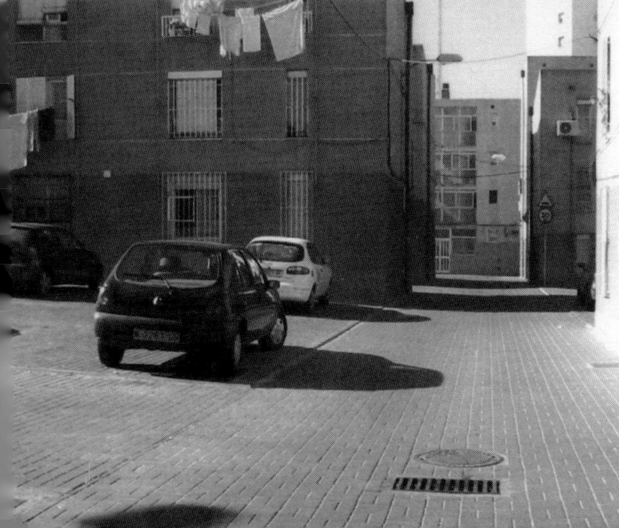

En el proyecto había bastantes jardines pero nunca se llegaron a hacer, y los pocos que se hicieron no se regaron. Los muros que protegían los jardines pasaron a ser una aventura para los chavales del barrio, los saltaban o los rompían, con lo que quedaron espacios sin utilizar y peligrosos.

Años después de su construcción los arquitectos de las parcelas D y E, Rafael de Aburto y Eusebio Calonge, se lamentaban de que no se llegaran a construir los colegios y guarderías que estaban previstos levantarse frente al bloque largo que daba a la avenida de Arcentales, el de la calle Tejedores. Además de la grave falta de plazas escolares que había, estos edificios hubieran roto la gran línea que forma sobre el paisaje el bloque corrido pasando a ser este el fondo de los colegios, y sin embargo en sus propias palabras el lugar quedó desangelado, como si el edificio «hubiera caído allí mismo desde el cielo». Apuntaremos también que la constructora de la D fue la empresa Suárez, mientras que la de la E fue Rumora.

Calle Carpintería, parcela D. Año 1999 y año 2006. Foto: Plataforma Vecinal San Blas-Simancas.

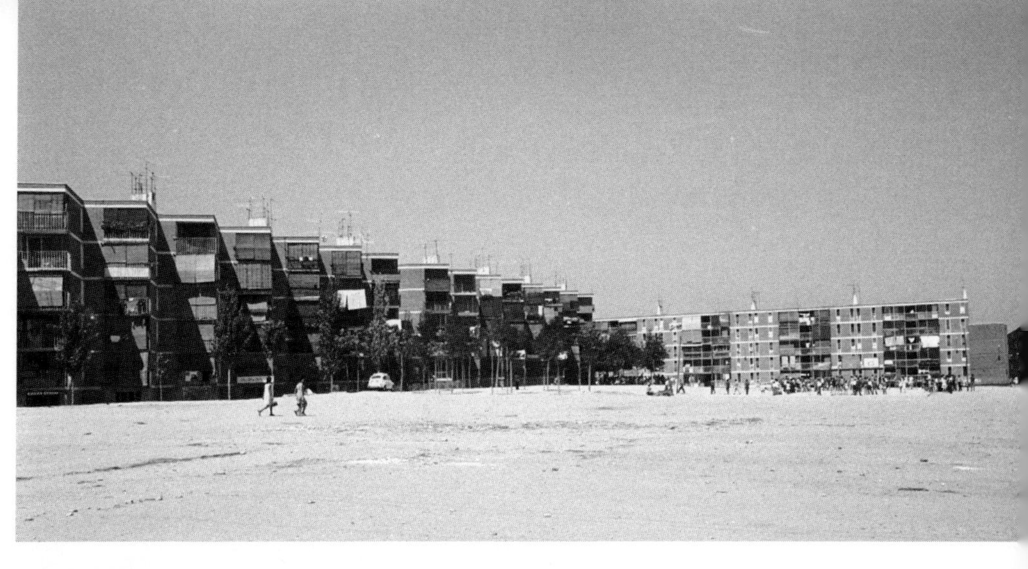

El gran solar de la calle Amposta, donde ahora está la parroquia de San Joaquín, entonces utilizado como campo de juego. Año: 1966. Foto: © Paco Gómez / Fundación Foto Colectania.

En la parcela D –calle Amposta, 24– está la iglesia de San Joaquín, una de las dos primeras del Gran San Blas fundada en 1962. En un principio la iglesia de la parcela D estaba en el número 12 de la calle Resinería, en un local comercial, por lo que era conocida con el jocoso nombre de «la tienda de campaña». Durante la construcción del barrio, donde está actualmente la iglesia de San Joaquín, echaron hormigón en el suelo sobre la superficie en la que debía de erigirse la iglesia, pero como pasaba el tiempo y no hacían nada, los vecinos aprovecharon esta improvisada plaza de cemento para hacer allí las verbenas, jugar al baloncesto o al fútbol. Hacia 1987 se inauguró el nuevo templo, muy acorde con el barrio: de ladrillo visto y sin muchos ornamentos, destacando tan solo su campanario compuesto por dos vigas de hormigón. Actualmente la iglesia la llevan los guanelianos y desde marzo de 1996 tienen anexo a la parroquia la Asociación Aventura 2000 destinada a niños y jóvenes en riesgo de exclusión social, con el emblemático Centro de Día Socioeducativo Don Guanella.

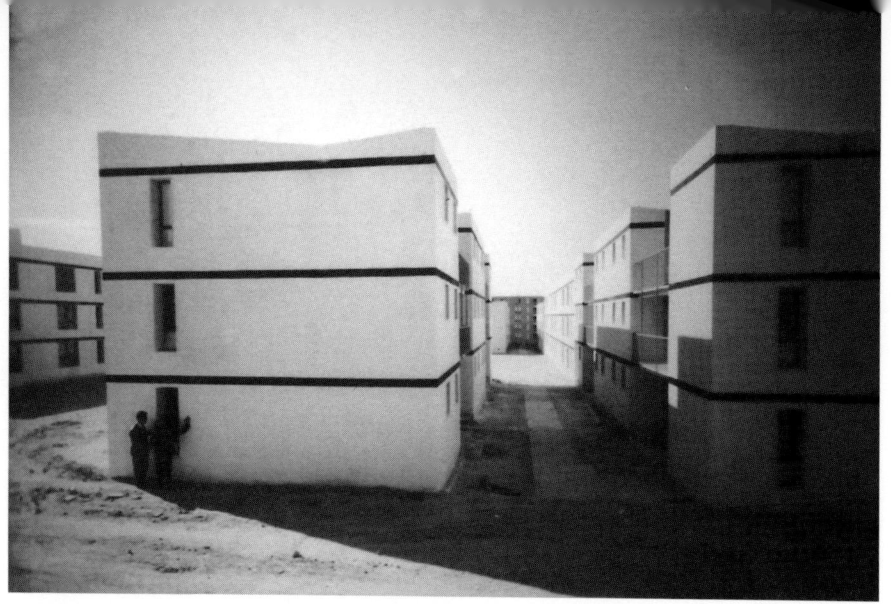

Calle Fornitura esquina con Herrería. Año 1961. Fondo Portillo. Archivo Regional Comunidad de Madrid.

El colegio público para las parcelas D y E fue el «XXV Años de Paz», que estaba en la calle Pobladura del Valle. Fue inaugurado en el curso 1964-65, y tenía una capacidad para 2400 niños, todo un coloso. El XXV Años de Paz posteriormente pasó a llamarse colegio Pablo Casals, y permaneció abierto hasta mediados de los años noventa. En el año 2007, en el solar que ocupaba el colegio, se inauguró el Centro Integrado Pablo Casals que da cobertura a personas mayores, a personas con alzheimer y ofrece también servicios sociales.

Parcela F

Por su parte los bloques de la parcela F estaban orientados a los cuatro puntos cardinales en paralelo, contando con una pequeña manzana de casas bajas al suroeste. En el centro

► La calle Peones en construcción. Se observan las viseras a lo largo de la calle. Año: 1961. Foto: *La vivienda en Madrid en la década de los 50*.

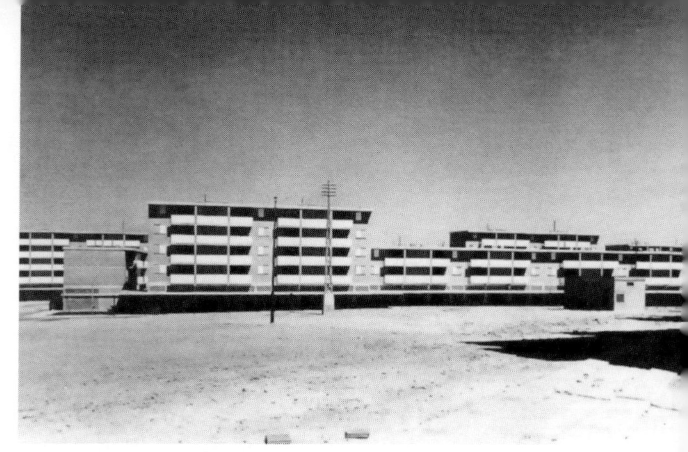

▼ Los jardines del F fueron sin duda los más cuidados, por no decir los únicos, de todo el Gran San Blas. Foto: © Paco Gómez / Fundación Foto Colectania.

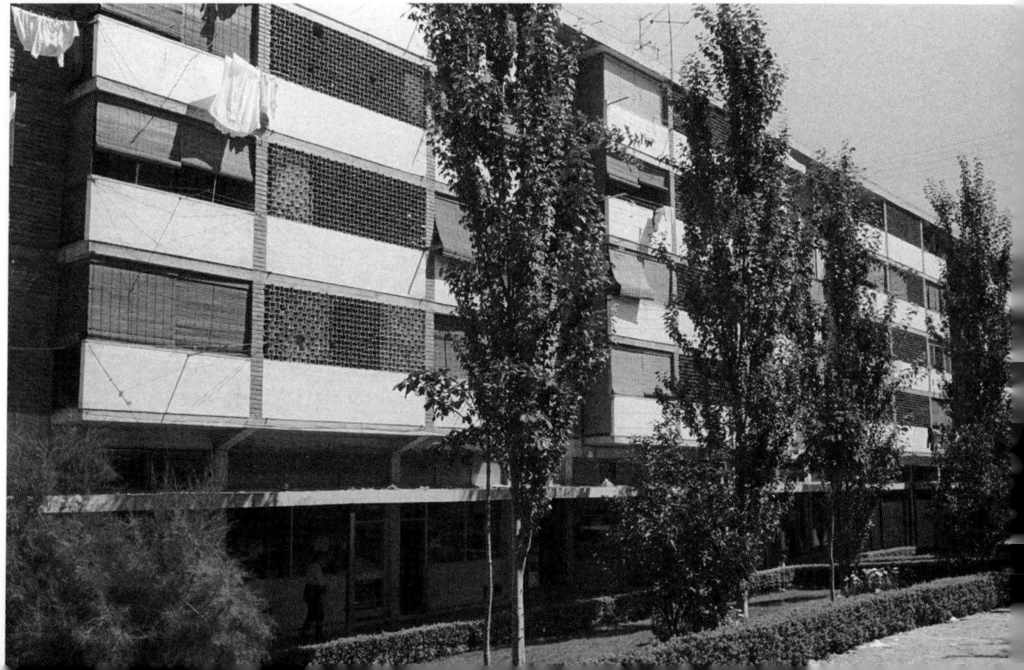

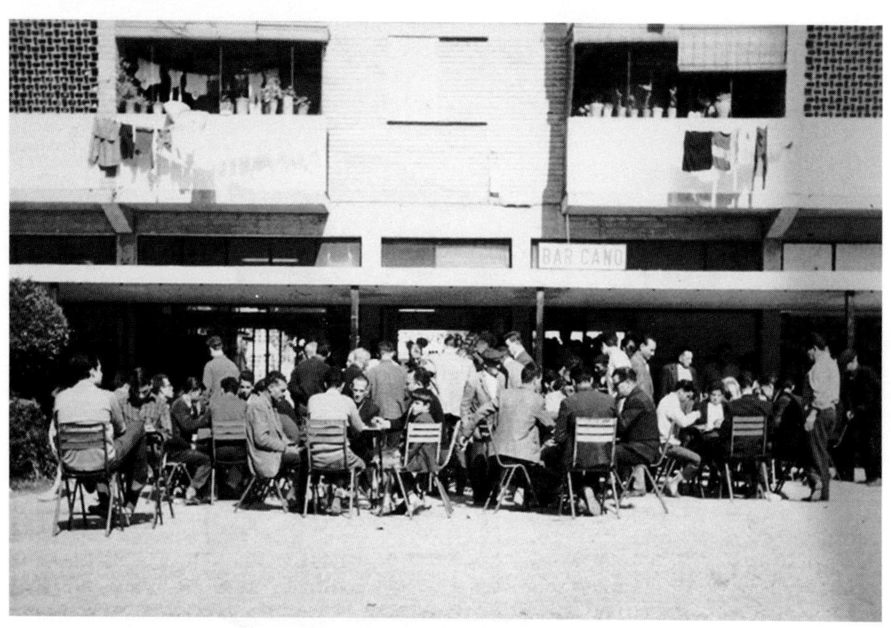

La terraza del bar Cano en una de las plazas del F.

de la parcela se dejó un espacio muy grande destinado a comercios y a equipamiento público. Los edificios de la calle Arcos de Jalón estaban dispuestos en batería, mientras que en el esquinazo de Pobladura del Valle con Amposta se optó por bloques con planta de hélice unidos. Pero lo más destacable y cosmopolita de la F eran «las placitas» donde se agruparon los comercios y los vecinos se reunían. Las plazas eran: Obra, Herramienta y Artesanos, formadas por edificios y colindantes las tres. En las plazas se pusieron jardines y las aceras fueron protegidas con viseras que creaban un ambiente más acogedor y resguardaban los escaparates, a la vez que servían de comunicación entre todos los portales.

Plano alzado de uno de los bloques de la parcela F.

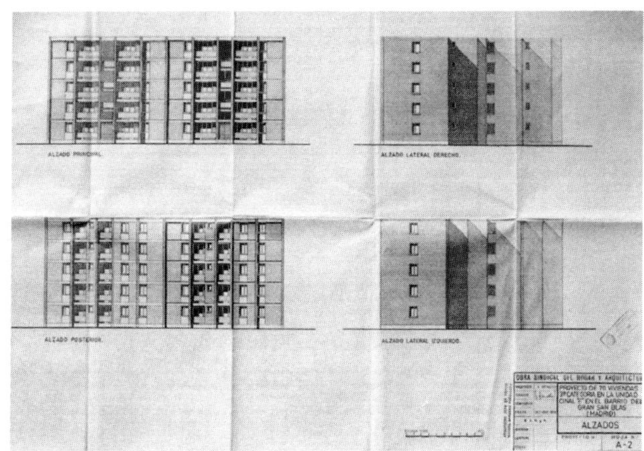

Las calles de la parcela F fueron también asignadas a oficios, desde artesanos (Escultores, Cinceladores...,), oficios de la construcción (Aparejadores, Delineantes, Pocería...,), o simplemente materiales (Caucho, Colorantes…,); y sus límites eran las calles Pobladura del Valle, Arcos de Jalón y Amposta. En total se edificaron 2641 viviendas.

«Los sube y baja» eran uno de los elementos significativos de la parcela F. Se trataban de unos dúplex (viviendas distribuidas en dos alturas con una escalera en su interior), situadas en

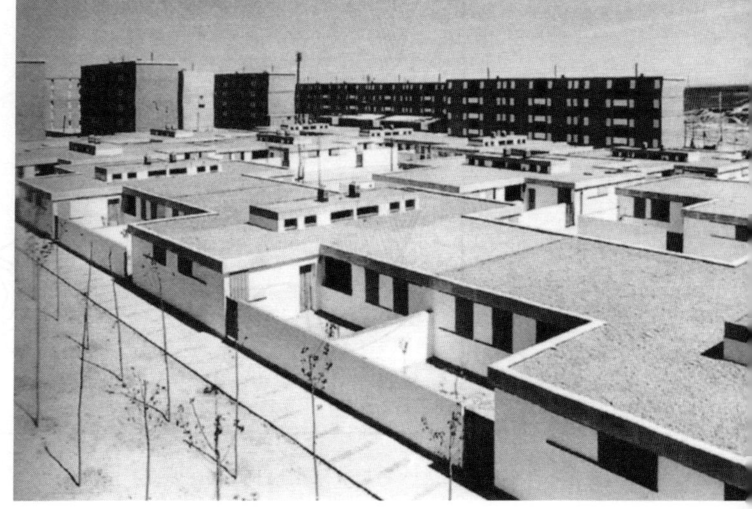

«Los hotelitos» de la parcela F recién construidos. Año: 1962. Foto: *La vivienda en Madrid en la década de los 50.*

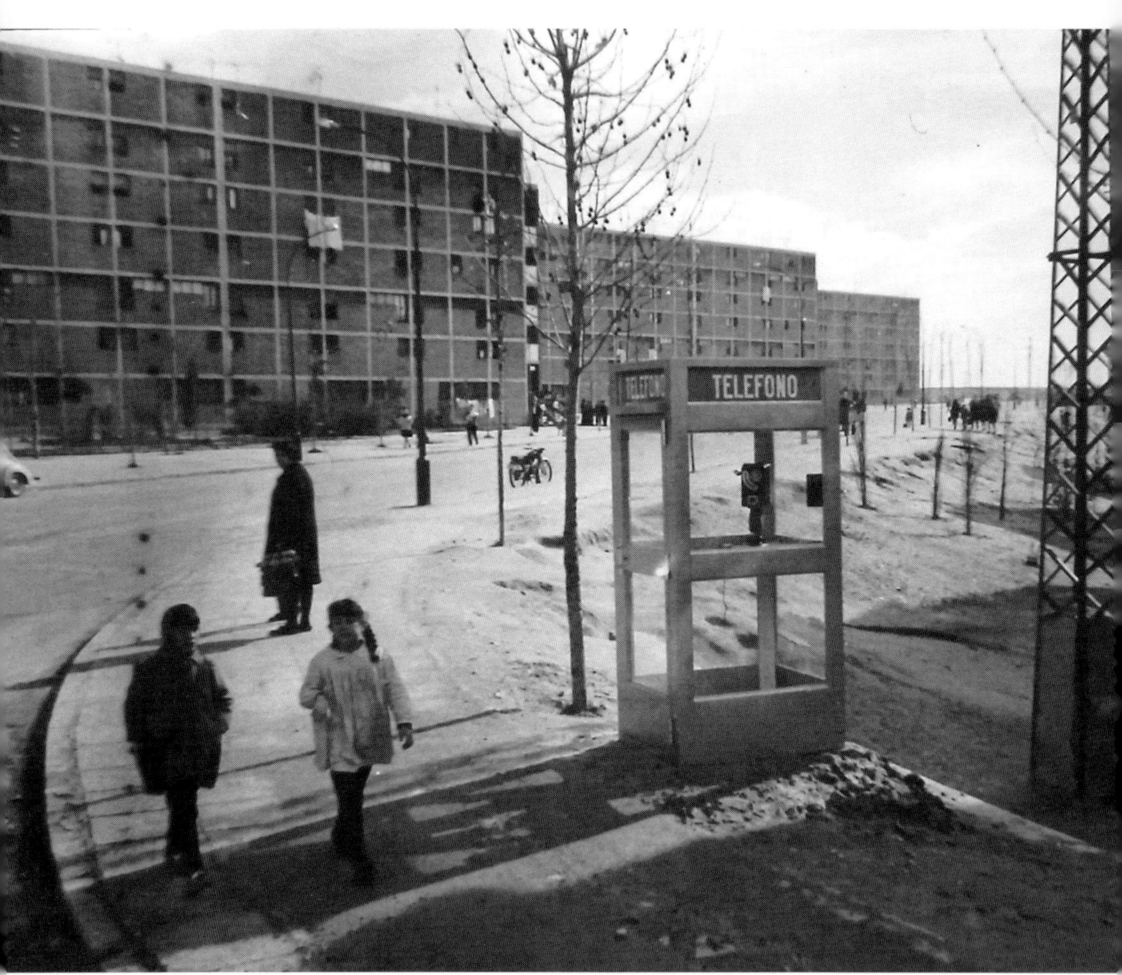
TELEFONO

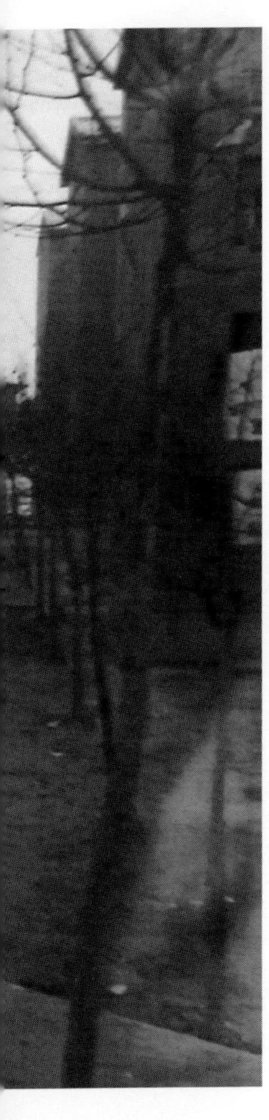

tres bloques de seis alturas en la calle Amposta, entre las calles Conserveros y Arcos de Jalón. Por su altura y su situación servían para proteger la parcela de los vientos fríos y como límite de la parcela. Actualmente solo queda en pie uno de los bloques, el 101 de la calle Amposta, y en el lugar de los otros dos se han construidos sendos bloques de las mismas dimensiones que los anteriores.

Otra arquitectura singular eran «Los hotelitos», llamados así por tratarse de viviendas de una sola planta, y que se encuentran en la calle Arcos de Jalón.

Las constructoras de la F fueron Huarte y la General de Construcciones, yendo a la quiebra esta última cuando estaba levantando el colegio previsto. Los precios de concesión eran tan ajustados que no fue la única constructora que quebró en el Gran San Blas.

En la calle Peones se encuentra la parroquia de la Virgen del Mar, abierta a mediados de los años setenta cuando salió en la prensa por los encierros que realizaban los trabajadores de distintas empresas, como: Pegaso, Cofares..., así como por apoyar a grupos de desfavorecidos, o una polémica con la guardería Pulgarcito. Hoy en día es además el Santuario Diocesano de la Divina Misericordia.

Hacia 1967 se inauguraron los colegios República de Panamá 1 o A (para niños) y el Panamá 2 o B (para niñas), entre las calles Artífices, Conserveros, Aparejadores y Peones, según un concurso publicado en 1962. Tenían una capacidad para 1500 niños y ambos colegios compartían el pabellón que era multiusos (gimnasio, comedor, salón de actos...,). El Panamá 1 (calle Peones), fue demolido en 2006 debido a su deficiente estado y reabrió sus puertas en 2009, impartiendo enseñanza actualmente a 208 niños. El colegio Panamá 2 pasó a llamarse Claudio Sánchez Albornoz entre los años 1985 a 1995, y recientemente ha sido remozado exteriormente, siendo ahora la Escuela Oficial de Idiomas de San Blas.

Calle Amposta, los tres bloques de «Los sube y baja» a la izquierda, a la derecha San Blas 2. Enero de 1966. Fondo Portillo. Archivo Regional Comunidad de Madrid.

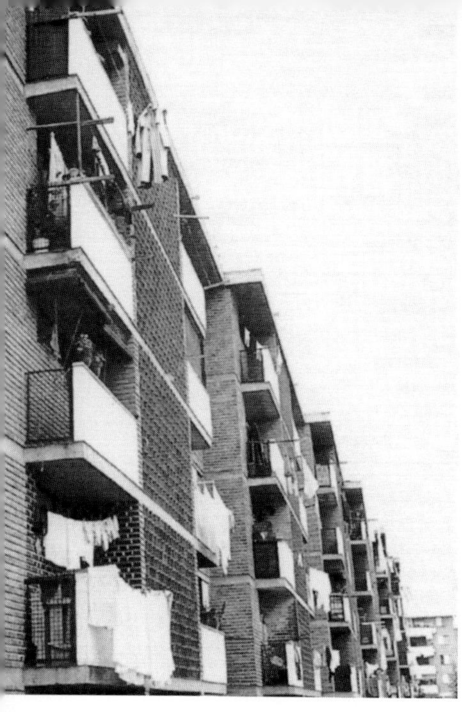

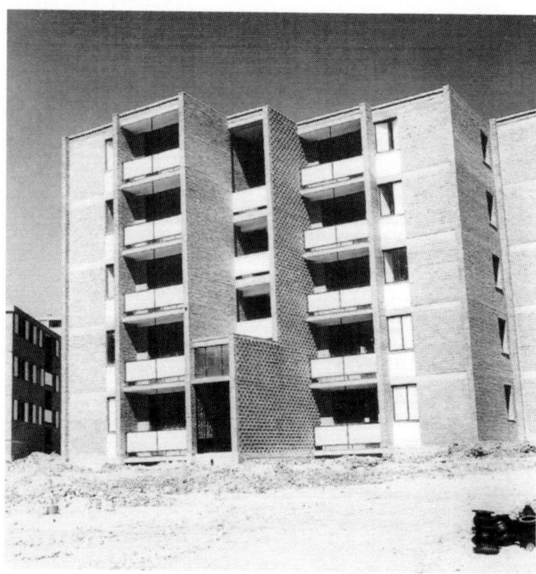

◄ Calle Marmolistas. Año: 1965. Foto: *La vivienda en Madrid en la década de los 50*.

► Bloque de la calle Herbolario en construcción, tenían muy buen diseño y calidad en comparación con otras viviendas del OHS. Año 1961. Foto: *La vivienda en Madrid en la década de los 50*.

Los edificios de la calle Herbolario ya entregados. Obsérvese los pequeños jardines con los que contaba la urbanización. Hacia 1966. Foto: *La vivienda en Madrid en la década de los 50*.

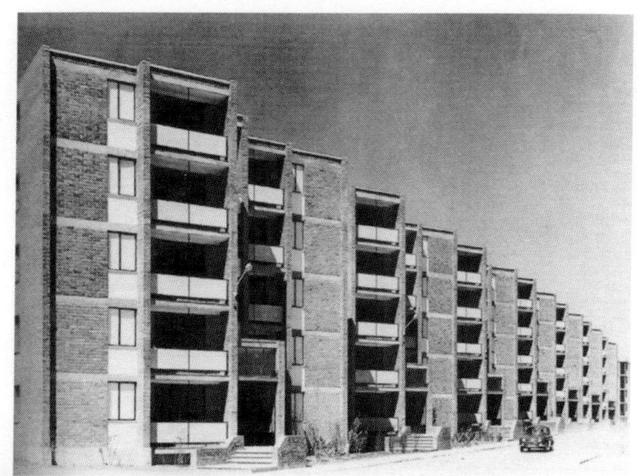

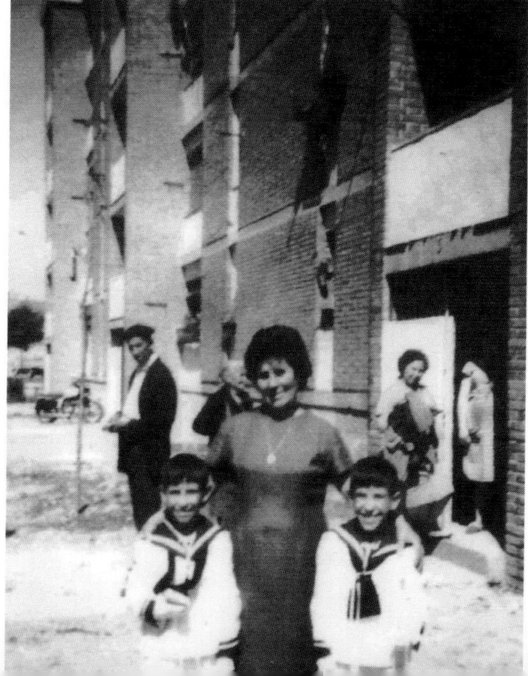

Niños el día de su primera comunión posando en la calle Alfareros. Foto: Esther de la Plataforma Vecinal de San Blas-Simancas.

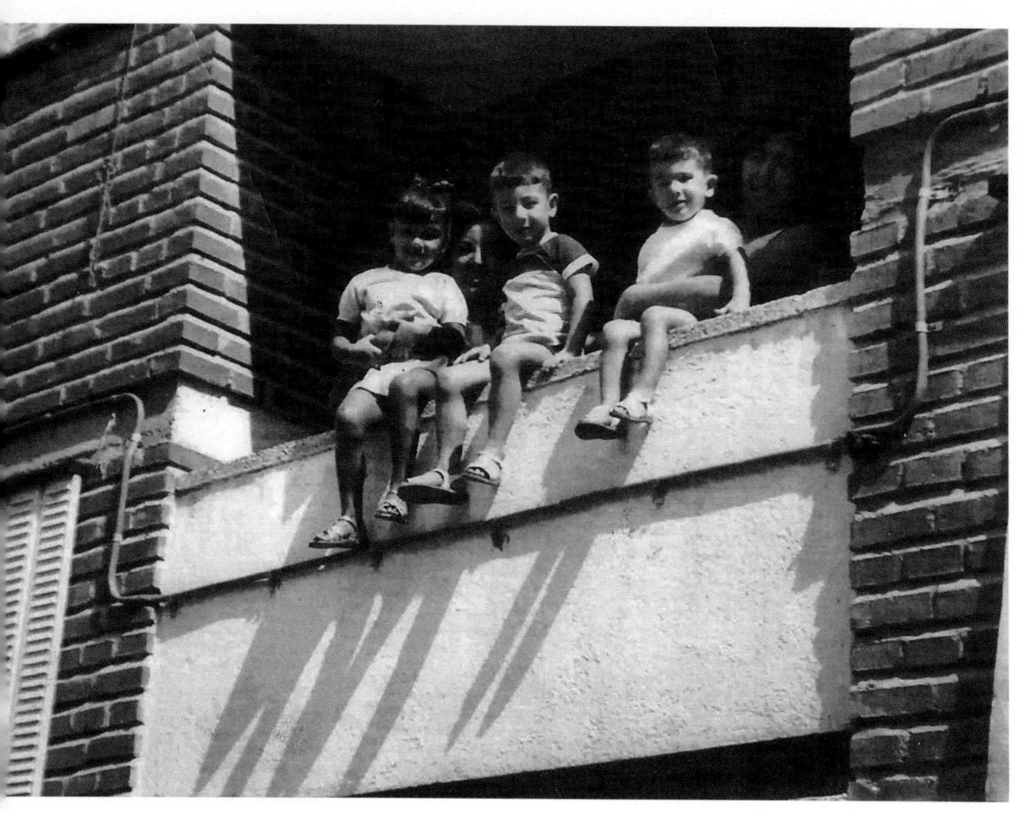

Madre e hijos en el balcón de su casa en la calle Porcelana. Foto: Esther de la Plataforma Vecinal de San Blas-Simancas.

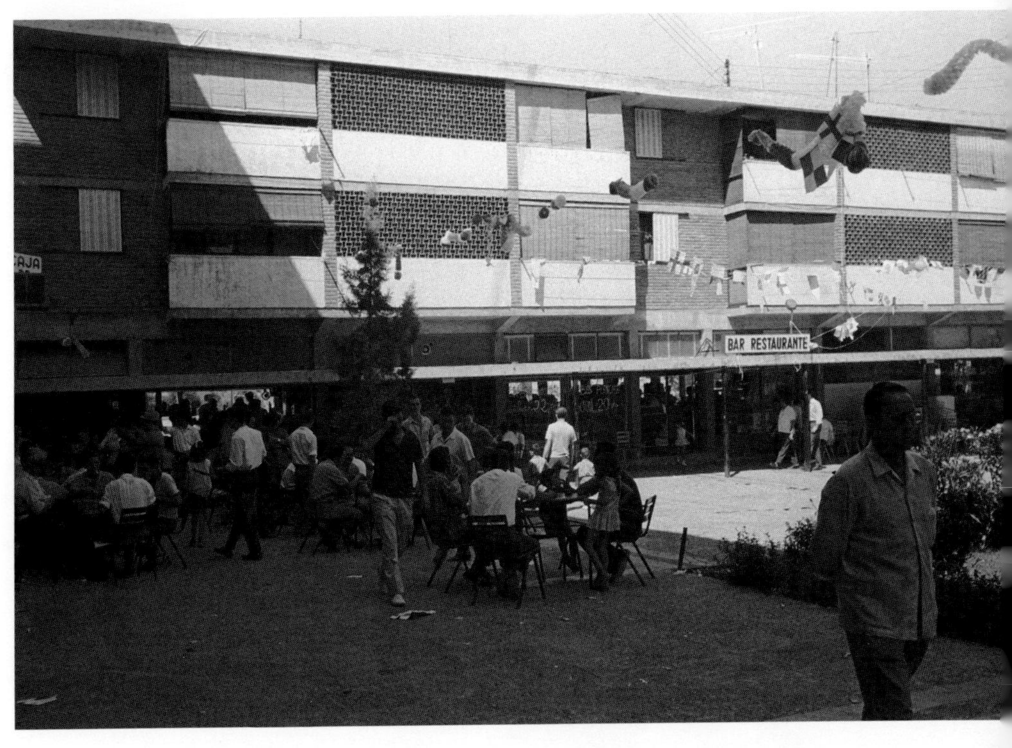

Plaza Artesanos, el lugar de reunión para los vecinos. Año 1965. Foto: © Paco Gómez / Fundación Foto Colectania.

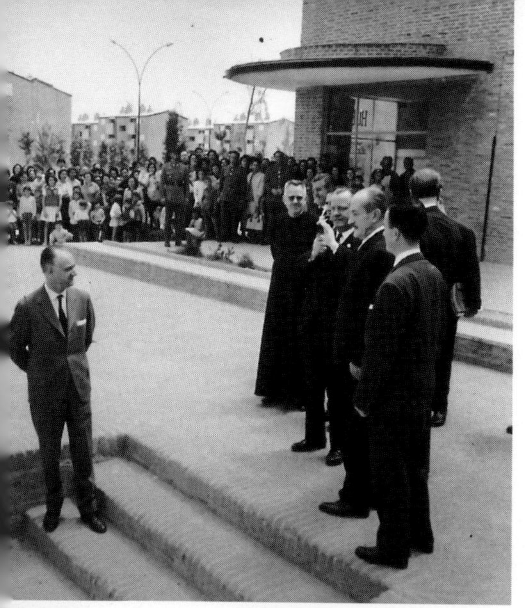

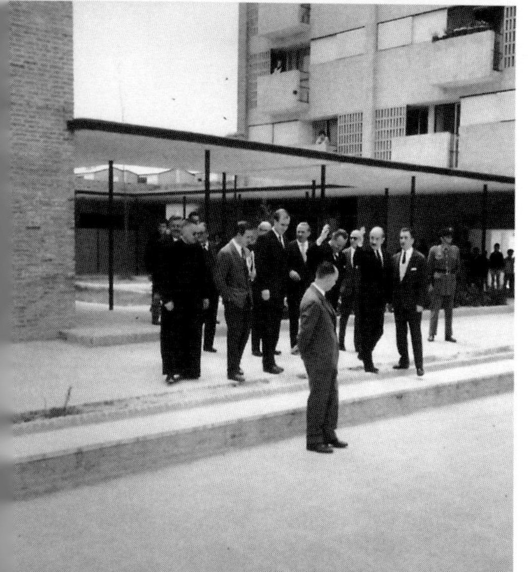

Parcela G

Por último en la G se aprovechó el desnivel natural del terreno para la ubicación de los bloques con lo que se ahorraron el movimiento de tierras, siendo por ello lo más característico el escalonamiento de los edificios. Los ejes de todas las calles están orientados hacía el centro de la parcela, donde se preveía la instalación de comercios y dotaciones para el barrio. El mayor desnivel que tuvieron que superar estaba en la zona sureste de la parcela, en las calles Pescadores y Marineros.

La parcela está delimitada por la calle curva de Albaida, avenida de Hellín y calle Alberique. Como en las anteriores parcelas los nombres de calles se dedicaron a profesiones, Peleteros, Labradores, Marineros, Pescadores... En total en la G se construyeron 2090 pisos. Como dato curioso, pero a la vez penoso, citaremos la anécdota de que era tanta la necesidad de un techo que hubo vecinos que hicieron cola durante dos días en la caseta de la constructora antes del día marcado para la entrega de llaves de las viviendas.

Visita del Ministro de la Vivienda de Alemania el día 28 de mayo de 1963. Las torres de la calle Alconera eran el símbolo del desarrollo español en viviendas sociales. Fondo Portillo. Archivo Regional Comunidad de Madrid.

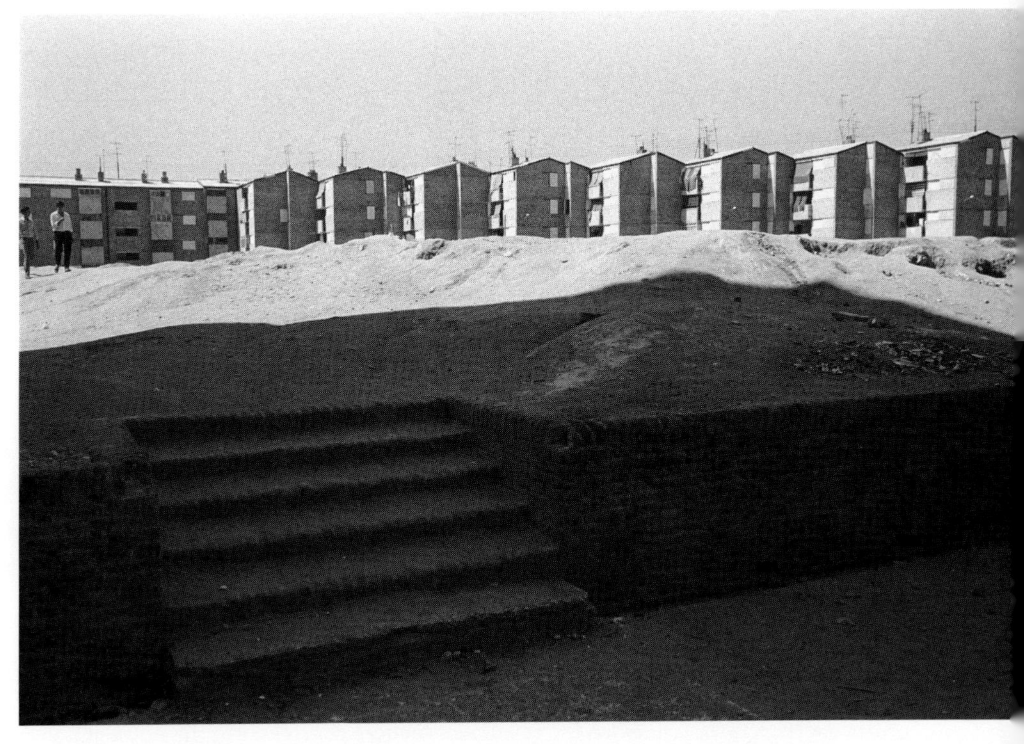

El centro de la parcela, donde después se construyó el colegio Valle Inclán, totalmente abandonada. Año: 1965. Foto: © Paco Gómez / Fundación Foto Colectania.

Al igual que en el resto de las parcelas el plan urbanístico contemplaba grandes jardines que eran muy caros de realizar y mantener, y que finalmente se convirtieron en terrenos desolados donde jugaban los niños o se tiraban basuras.

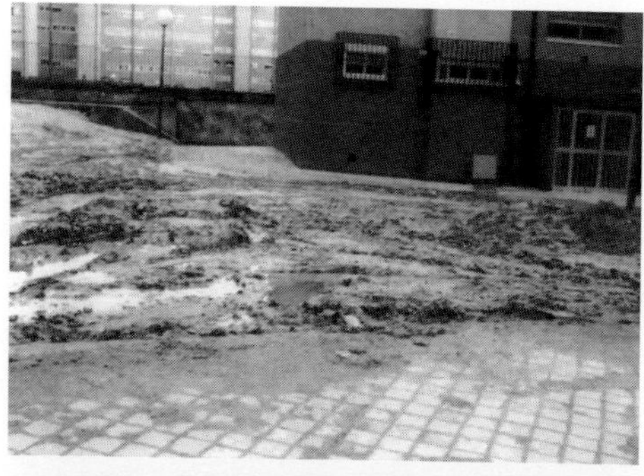

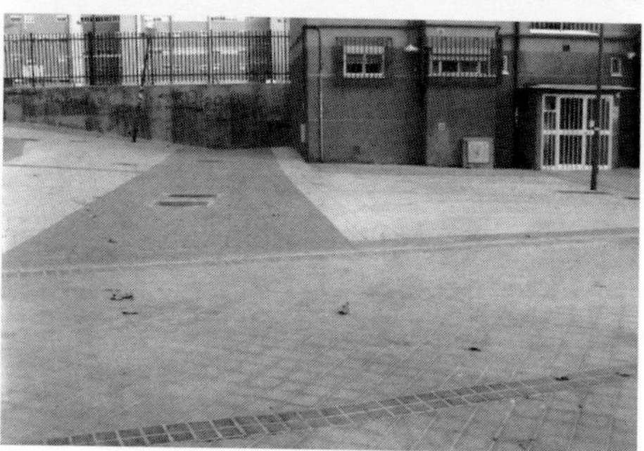

Calle Albaida. Se tardaron décadas en urbanizar los terrenos entre bloques. Año 1999 y año 2006. Foto: Plataforma Vecinal San Blas-Simancas.

Los portales daban todos a un mismo lado y eso deshumanizaba la zona pues enfrentándolos dos a dos se hubiera conseguido una mayor relación entre bloques, y se podrían haber aprovechado los espacios que no tenían portal como lugares de juego o jardines. Gutiérrez Soto defendía la orientación de todos los portales hacia un mismo lado para evitar el agua que venía por la pendiente natural, razonamiento plausible, pero que podía haber sido evitado con un buen sistema de drenaje que por su coste ni se contempló.

Mediante los bloques con planta de diente de sierra se encontró la solución para que todas las ventanas tuvieran un horizonte despegado, utilizando los patios interiores solo como tendederos. En los bloques de 6 alturas (calle Alconera), iban previstas unas plazas de garaje (muy pocas y que hoy no cumplirían la normativa de seguridad). En este garaje estaba al principio la parroquia del barrio, la de San Blas.

Por dar preferencia a los peatones en el diseño urbanístico se encontraron unos años después con el problema que ni los automóviles particulares (nadie adivinó el aumento del parque automovilístico en barrios obreros como San Blas), ni los servicios públicos podían pasar a los portales; así los camiones de basuras, ambulancias o bomberos tan solo lograban acceder a los extremos de las calles.

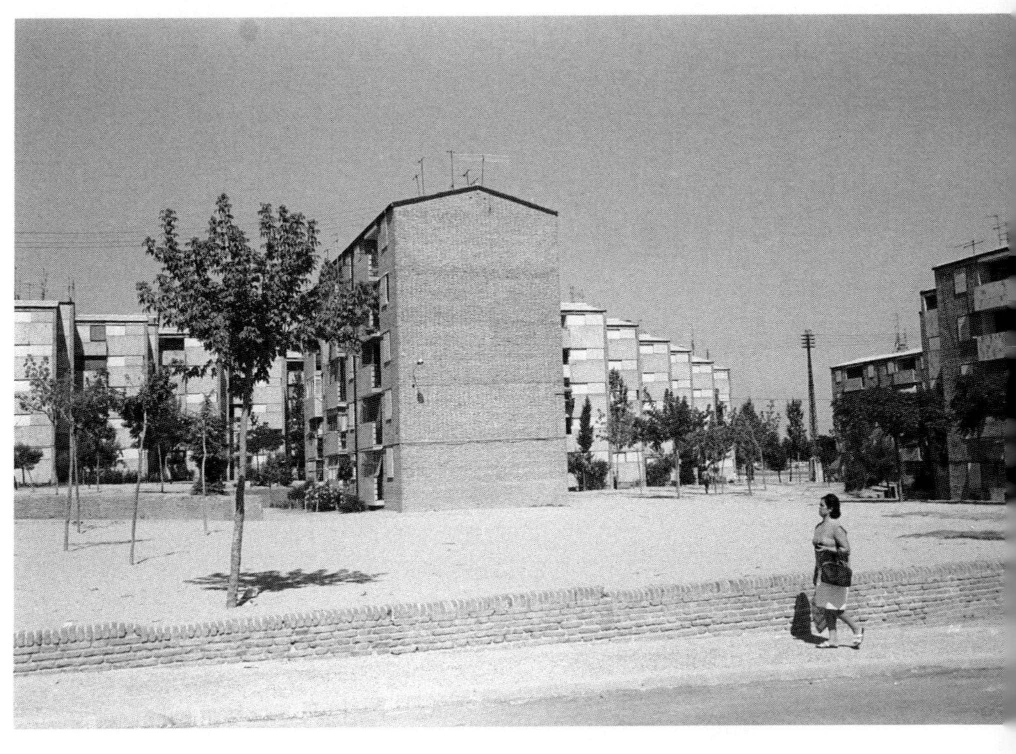

Ama de casa con la cesta de la compra por la calle Alconera –impares–. Los dientes de sierra de las fachadas de los bloques son una característica de la parcela G. Año: 1966. Foto © Paco Gómez / Fundación Foto Colectania.

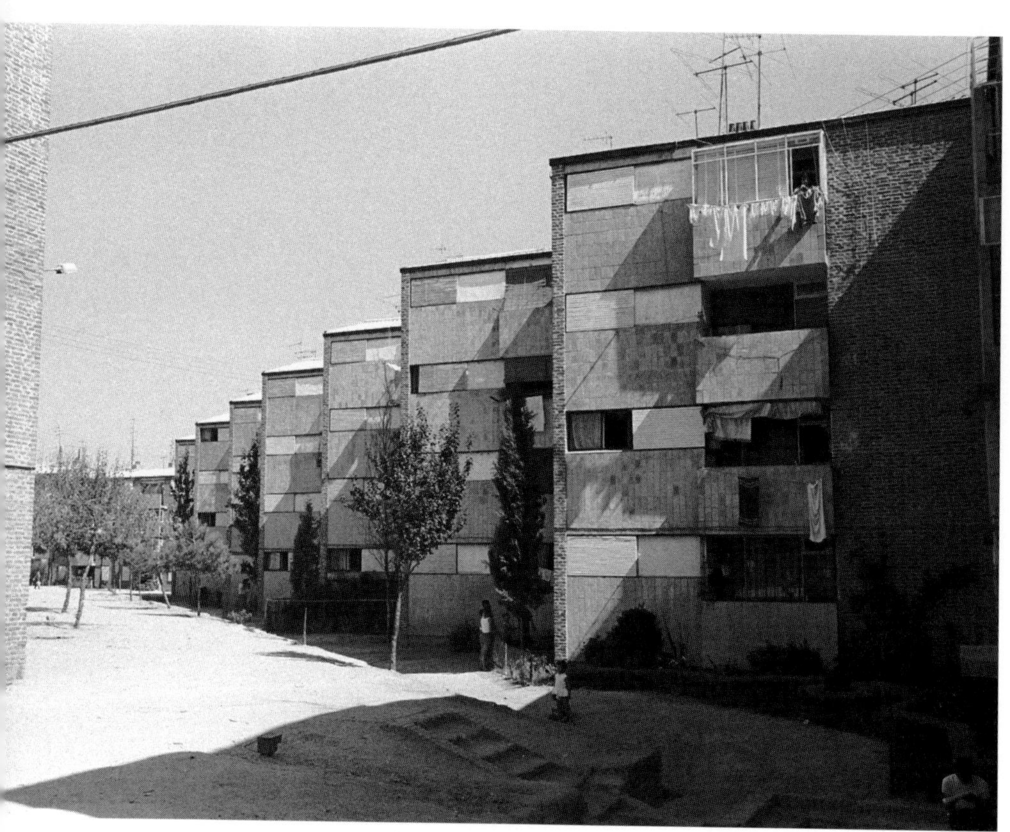

Calle Marineros. Resume muy bien lo que era la situación de la G, interbloques sin urbanizar, bocas de riego sin uso, escalones destrozados, accesibilidad imposible, desniveles y los jardines que los cuidaban los propios vecinos junto a sus bloques. Año 1966. Foto: © Paco Gómez / Fundación Foto Colectania.

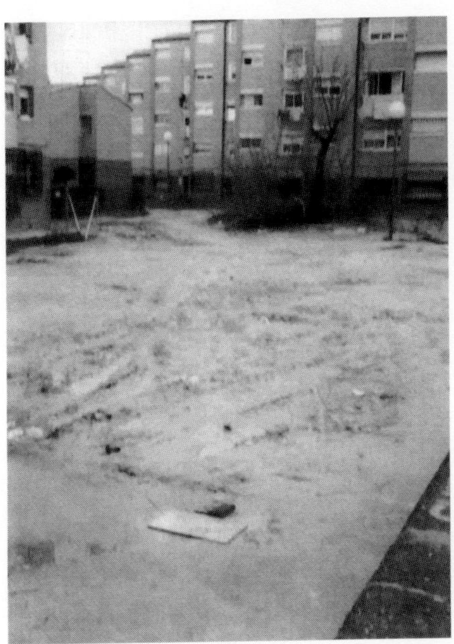
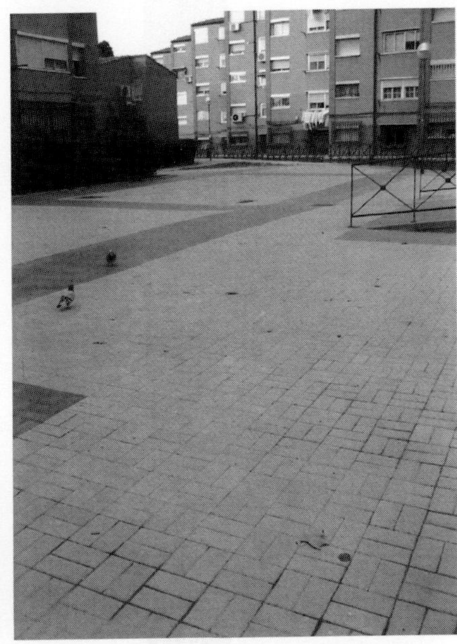

Calle Feria. El acceso a los portales, cuando no estaba imposible por los escalones o desniveles, se encontraban embarrados. Año 1999 y año 2006. Foto: Plataforma Vecinal San Blas-Simancas.

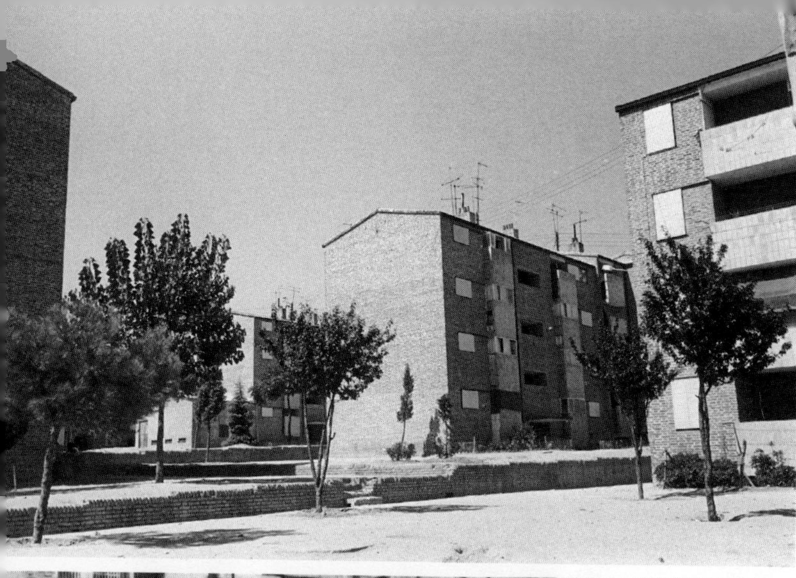

Avenida de Hellín. Los pocos árboles que se plantaron cuando se construyó el barrio eran cuidados por los vecinos. Año: 1966. Foto: © Paco Gómez / Fundación Foto Colectania.

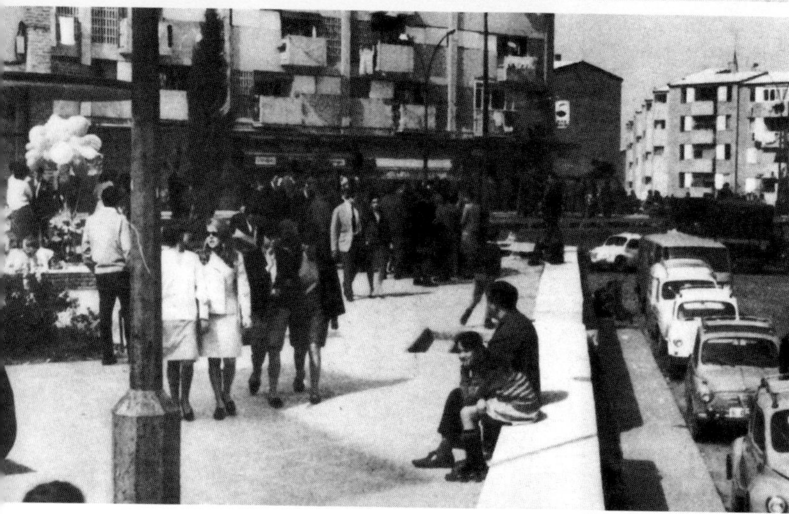

Calle Alconera, zona comercial de «los sube y baja». El ir y venir de las personas era incesante, hasta vendedores de globos y baratijas iban allí para ofrecer sus productos. Año: 1966. Foto: *Análisis Sociourbanístico de un Barrio Nuevo Español.*

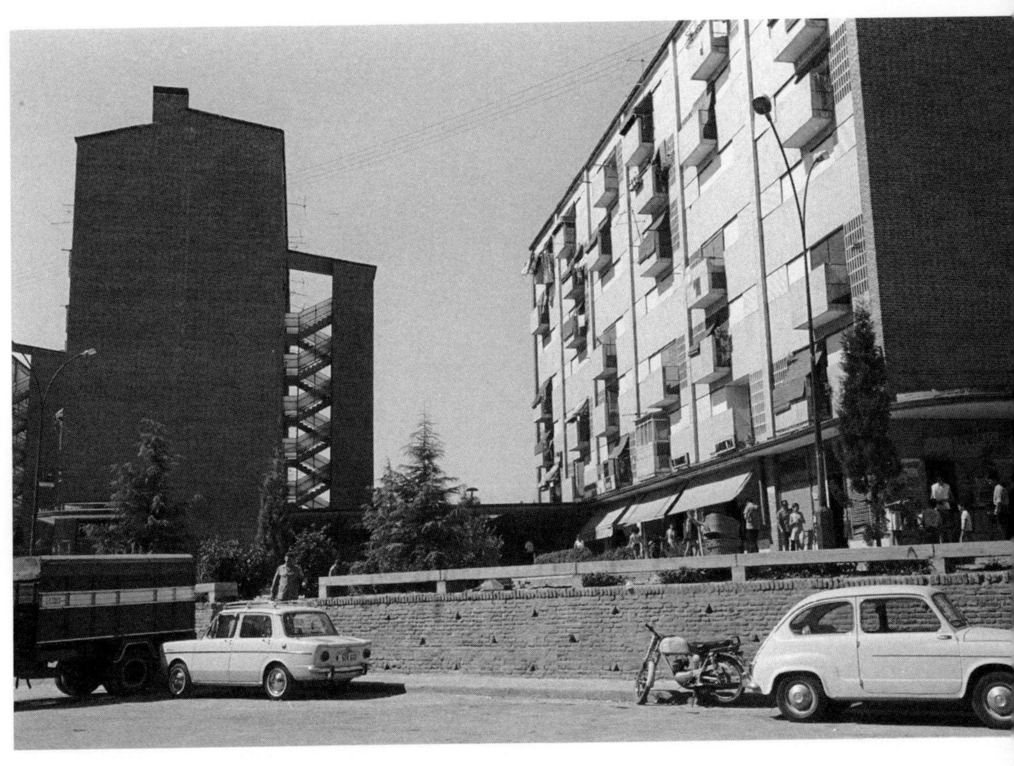

Los comercios de la calle Alconera y los vehículos que poco a poco iban ocupando las calzadas. Año 1966. Foto: © Paco Gómez / Fundación Foto Colectania.

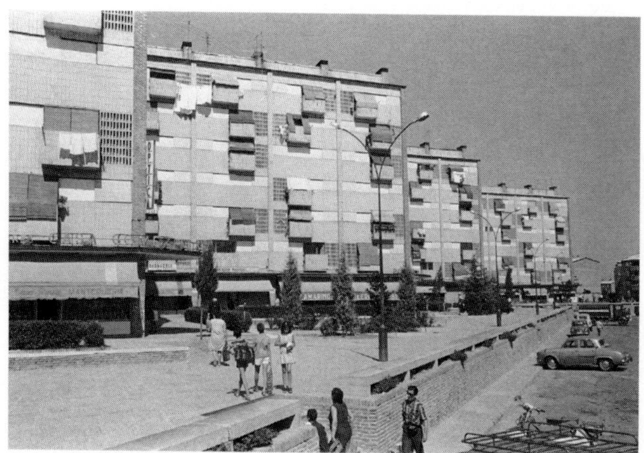

En la calle Alconera se hace más visible la división a distinto nivel del tráfico rodado y los peatones. Año: 1966. Foto: © Paco Gómez / Fundación Foto Colectania.

Los presupuestos para obras eran tan ajustados que la constructora de la parcela G, Mayo y Arberola, hizo suspensión de pagos cuando las obras estaban ya muy avanzadas. Para las fachadas se utilizó un ladrillo rústico para dar apariencia de pueblo y una sensación más agradable, pero lo cierto es que eran los ladrillos más baratos –de tejar– y enseguida tuvieron problemas con filtraciones de agua. Otro ejemplo es que se utilizó uralita en la cubierta de los tejados y tuvo que ser reemplazada unos años después de entregados los pisos.

Las cuatro torres de la calle Alconera, donde estaban los comercios, se levantaron en sentido noreste para quitar los vientos fríos. Las viviendas de estas torres son dúplex, y al igual que los de la calle Amposta también son conocidos como «los sube y baja», pero como nos diría un «sanblasero de pro»: «los sube y baja, pero poco, ehhhh», debido a que tan solo tenían unas pequeñas escaleras que salvaban un pequeño desnivel en la misma altura, es decir, sin subir un piso más.

La calle Alconera no estaba prevista como una calle comercial, tan solo tenía locales pequeños, pues como decíamos antes el centro comercial estaba previsto al otro lado de los «sube y baja» –entre la calle Alconera y Deportistas–, acompañado de un cine, teatro

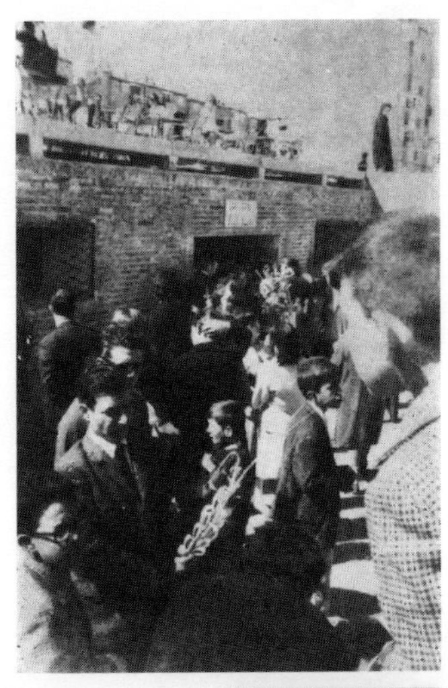

Los feligreses saliendo de misa en «el Garaje», la parroquia de San Blas. Año: 1966. Foto: *Análisis Sociourbanístico de un Barrio Nuevo Español*.

y campos de deportes; sin embargo la tardanza en la construcción de las dotaciones del barrio hizo que la calle Alconera fuera el lugar donde iban a comprar los vecinos de la parcela, y por tanto el sitio más cosmopolita.

En el esquinazo de la calle Alconera con Deportistas abrió sus puertas la nueva parroquia de San Blas en 1971, la que antes se conocía como «El Garaje». Es un edificio que pasa desapercibido. Exteriormente no tiene campanario ni torre, tan solo una cruz formada por hierros y unos pequeños rótulos que nos indican que allí hay una iglesia.

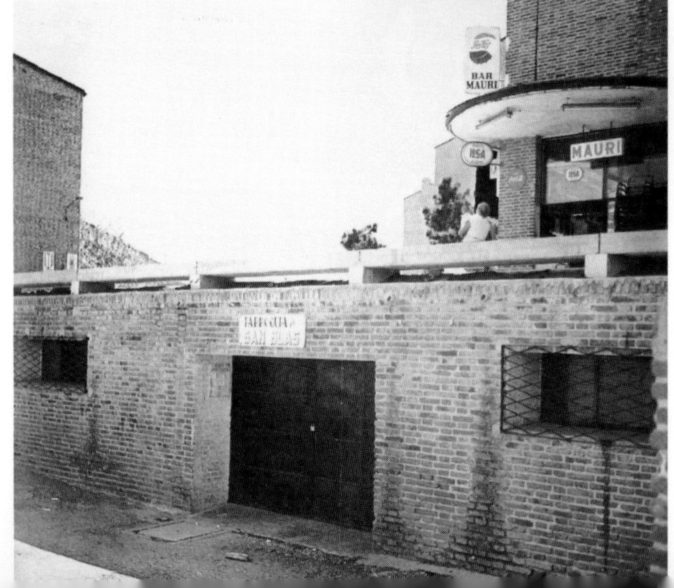

Toma de la entrada a «el Garaje» –parroquia de San Blas–, con el bar Mauri arriba. Año: 1969. Foto: *Madrid Alcalá-Una diócesis en construcción*.

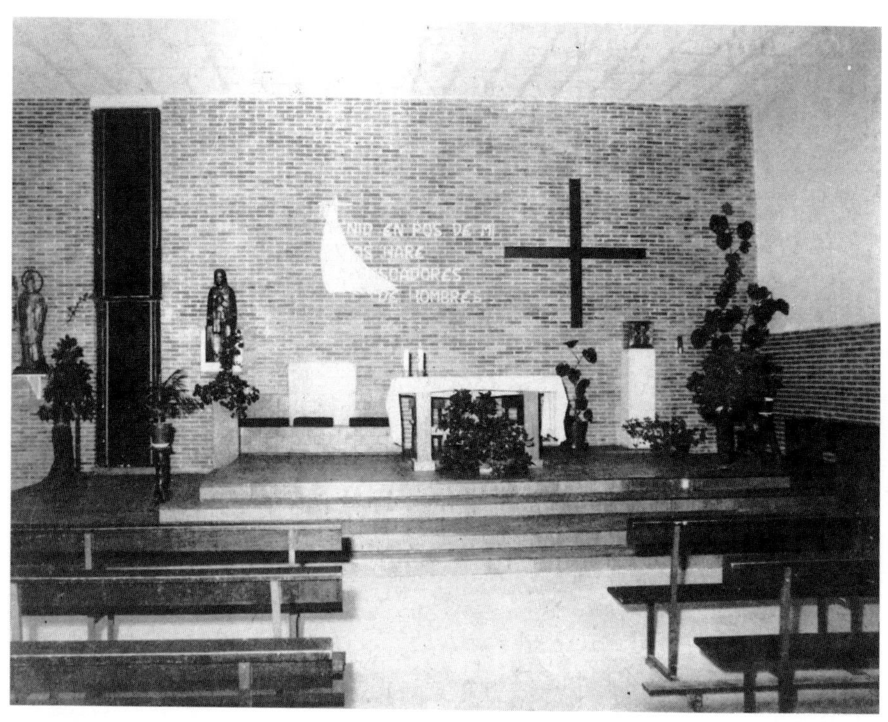

La actual iglesia de San Blas, donde la austeridad es lo más llamativo. Año: 1973. Foto: *Madrid Alcalá-Una diócesis en construcción*.

Hacia 1976 se inauguró el colegio Ramón María del Valle Inclán, en la calle Deportistas, ocupando todo el espacio central de la parcela G, aquel que estaba destinado a centro comercial. Hoy en día tiene escolarizados a 140 niños entre educación infantil y primaria, contando con cinco canchas de deportes dentro del recinto del colegio.

Segunda Fase del Gran San Blas

No será hasta principios de los años setenta cuando se vuelve a construir en el Gran San Blas, en concreto en noviembre de 1970 fueron publicadas en el Boletín Oficial del Estado los concursos para su construcción. Casi todas las parcelas se hicieron a la vez, acabando las obras hacia 1975. En esta segunda fase se levantaron torres mucho más grandes –de 12 alturas–, que las que se habían construido hasta el momento.

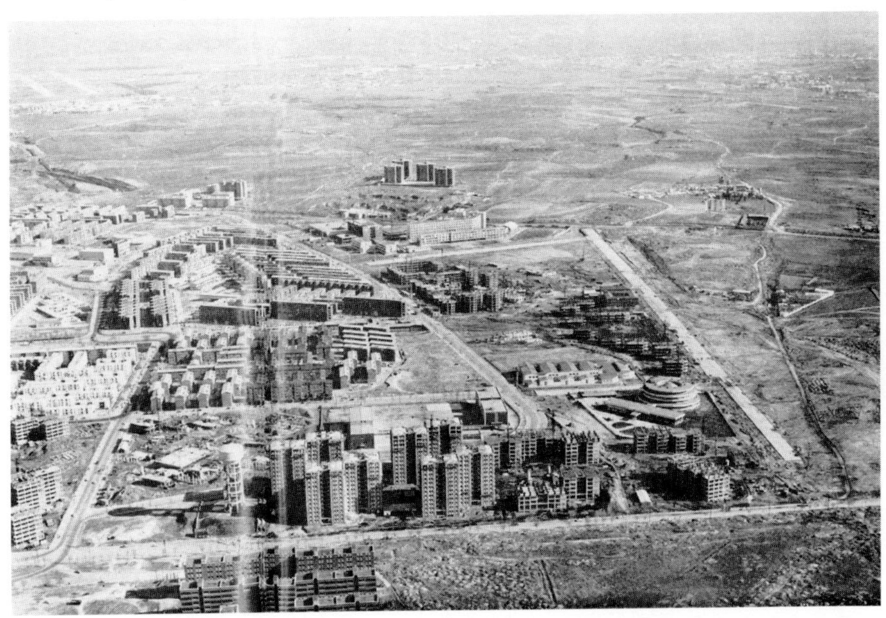

Vista aérea parcial de la segunda fase del Gran San Blas tomada de oeste a este. Abajo, de izquierda a derecha, la calle Hermanos García Noblejas, y a la derecha en vertical el trazado de la incipiente avenida de Guadalajara. Hacia 1972. Foto: Juanjo de Urbanity.

Casi todas las parcelas estaban provistas de locales para comercios, pero en esta ocasión no se buscó la autonomía para las parcelas, aunque cada una tenía su propio estilo arquitectónico. Las parcelas se ciñeron a las calles principales, que eran mucho más anchas que en la primera fase para dar mayor espacio a los vehículos, pero interiormente se siguió dando preferencia a los peatones y a la vez se conseguía evitar el ruido del tráfico rodado.

La mayoría de las fachadas eran de ladrillo visto y se pusieron elementos para cubrir los tendederos. La planta en H, o similares, fueron adoptadas en muchos casos por su facilidad para encadenar edificios y por dar mayor aislamiento y luz a las viviendas.

Para la segunda fase el Instituto Nacional de la Vivienda encargó a la Obra Sindical del Hogar la promoción de la construcción. Una vez que se diera el visto bueno a las viviendas estas debían de pasar a depender del INV. En su gran mayoría fueron destinadas a realojados, sobre todo por los desahucios por la construcción de la M-30 y la eliminación de núcleos chabolistas.

Parcela A

A poniente de la parcela D, entre las calles Ajofrín, Pobladura del Valle, Hermanos García Noblejas y la avenida de Arcentales, se hicieron 958 viviendas en la parcela A, junto al ambulatorio de San Blas –Centro de Especialidades Pedro González Bueno–. La componían 16 bloques de 12 alturas con planta en H, y 14 bloques de 4 alturas. El desnivel del terreno fue salvado mediante muros de piedras de granito. En el interior de la urbanización se dio preferencia al aparcamiento de vehículos en superficie, sin duda por considerarse una zona de mucha afluencia para el barrio por el cruce de la calle Hermanos García Noblejas con la avenida de Amposta y las idas y venidas al ambulatorio.

La falta de zonas verdes sería suplida años más tarde de ser entregadas las viviendas con el parque de Ajofrín entre la urbanización y la avenida de Arcentales. Dentro del parque de Ajofrín se construyó un singular reloj de sol, que con sus 30 metros de diámetro sobre la superficie y con sus bancos de granito marca las horas, siendo el elemento más destacable del lugar. Actualmente el parque de Ajofrín es considerado por muchos como parte del parque El Paraíso.

Construcción de la parcela A. En diagonal, a la derecha, la calle Hermanos García Noblejas. Hacia 1971. Foto: Juanjo de Urbanity.

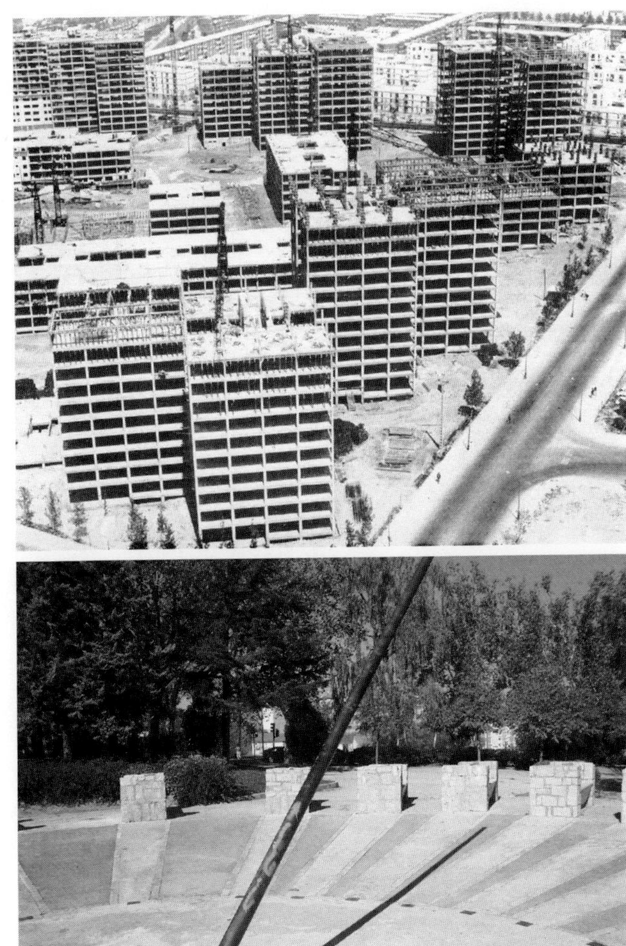

El reloj solar del parque Ajofrín. Año 2014. Foto: R. Márquez.

Parcela B

En la parcela formada por las calles San Román del Valle, Arcos del Jalón y Pobladura del Valle –o lo que es lo mismo, entre San Blas II y el depósito de agua–, se construyó la parcela B, con un total de 592 viviendas, repartidas en las clásicas torres de 12 alturas con planta en H. Una de las características de la parcela fue la utilización de viseras en las calles interiores que unen los soportales de los bloques y que todavía persisten hoy en día.

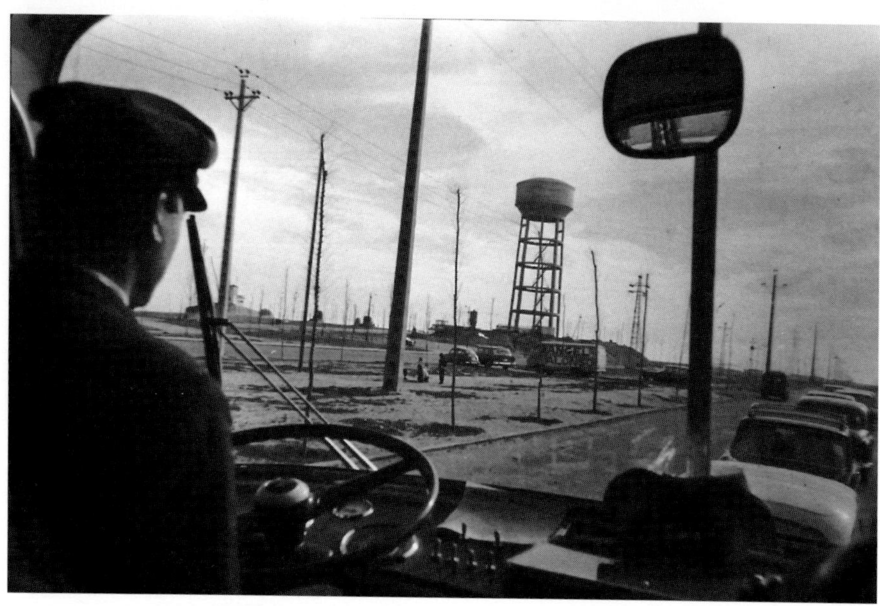

Foto tomada el día 28 de enero de 1966, desde la calle Hermanos García Noblejas. Podemos ver el depósito de agua y a su izquierda los solares donde se levantarían cuatro años después las parcelas B e I, y el pequeño parque de Arcos del Jalón. Fondo Portillo. Archivo Regional Comunidad de Madrid.

Cuenta la parcela con el único elemento ornamental de la construcción original, un pequeño estanque circular revestido de gresite y en su centro un monolito fabricado en hormigón, sito en los jardines de la calle Arcos del Jalón con Pobladura del Valle. Entre los bloques se levantó un edificio bajo con locales comerciales. Las viviendas de la B fueron de las últimas entregadas ya que la constructora dio suspensión de pagos poco antes de finalizar las obras.

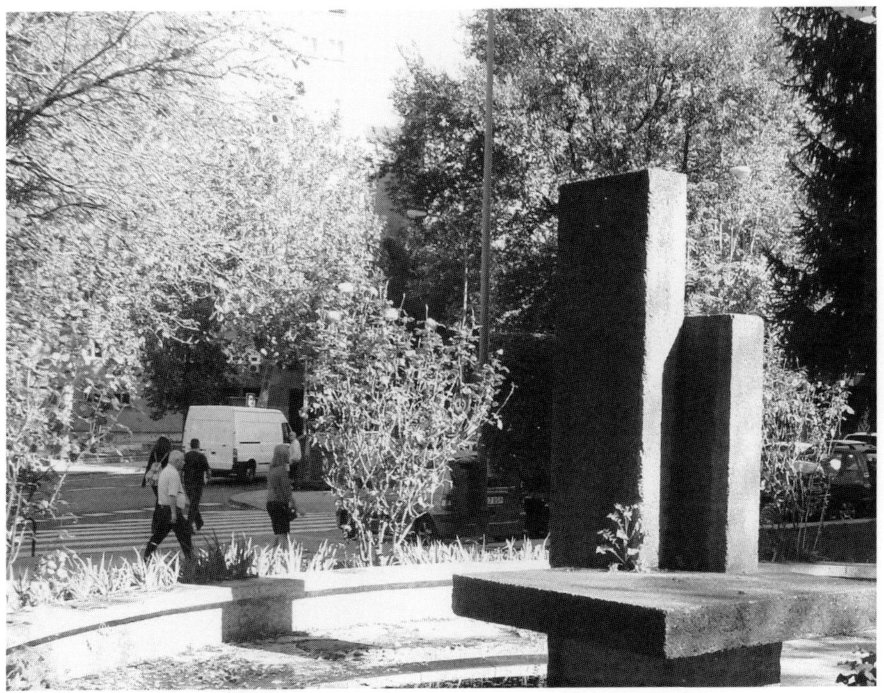

El monolito de la parcela B. Año: 2014. Foto: R. Márquez.

Prácticamente la mitad de la parcela en su parte sur estaba ocupada por un complejo educacional, con los institutos de enseñanzas medias Francisco de Quevedo y Gabriela Mistral, que abrieron a finales de 1970, según el diseño del arquitecto Francisco de Paula Adell Ferre que ganó el concurso publicado en agosto de 1964.

Parcela I

La parcela I-1 se situó al sur del depósito de agua, entre las calles Hermanos García Noblejas y Arcos de Jalón. Son 13 torres con planta en H de 12 alturas, en total 624 viviendas que fueron entregadas en 1972.

Algo más tarde (entre los años 1972 a 1976), más al sur en la Parcela I-2 en la intersección de la calle Hermanos García Noblejas y la avenida de Guadalajara, se construyeron otras torres también de 12 alturas y con planta H, pero no iguales a la de la I-1.

Justo en el esquinazo sureste de la parcela I-1 –calle San Román del Valle con vuelta

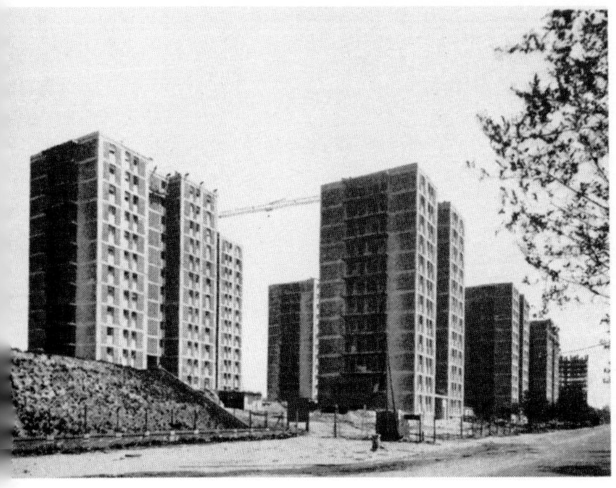

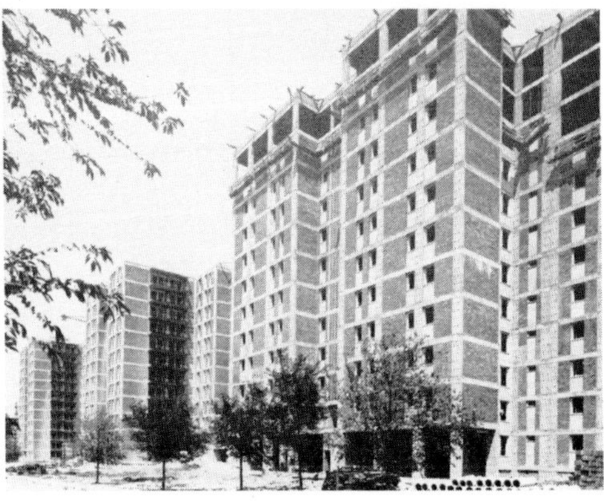

La parcela I vista desde Hermanos García Noblejas, en sentido sur-norte y norte-sur. Año 1971. Foto: Juanjo Urbanity.

a la avenida de Guadalajara–, se encontraba uno de los edificios más emblemáticos de San Blas, el que fue el colegio de Misioneros Emigrantes, conocido popularmente como «Migrans». Era un gran edificio circular de tres alturas obra del arquitecto Juan de Haro Piñar, construido entre los años 1965 a 1974, y que tenía una vidriera colosal en su cúpula. Ha pasado por diversas etapas: como colegio para misioneros y parroquia; colegio de mandos de Falange desde 1973; en 1978 pasó a ser un Centro Social dependiente de la Consejería de la Juventud del Ministerio de Cultura; Ateneo Libertario durante 1979 y 1980, y luego sin uso hasta que un aparatoso incendio destruyó el edificio y fue a parar a manos del Ayuntamiento de Madrid. El edificio fue rehabilitado, perdiendo parte de la espectacularidad original –sobre todo su cúpula–, siendo desde junio de 1986 el Centro Cultural Antonio Machado, un referente para el barrio.

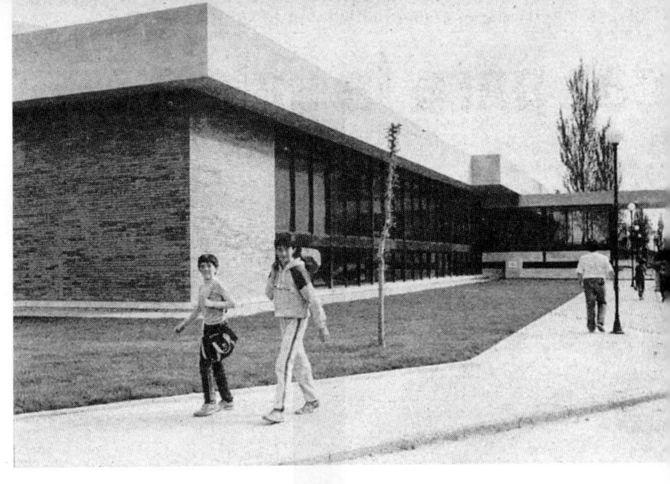

▲ La primera fase de la reconstrucción, ya como Centro Cultural. Año: 1985. Foto: *Villa de Madrid*, Informativo Quincenal.

▼ El Centro Cultural Antonio Machado nada más inaugurarse. Año: 1986. Foto: *Villa de Madrid*, Informativo Quincenal.

Parcela J

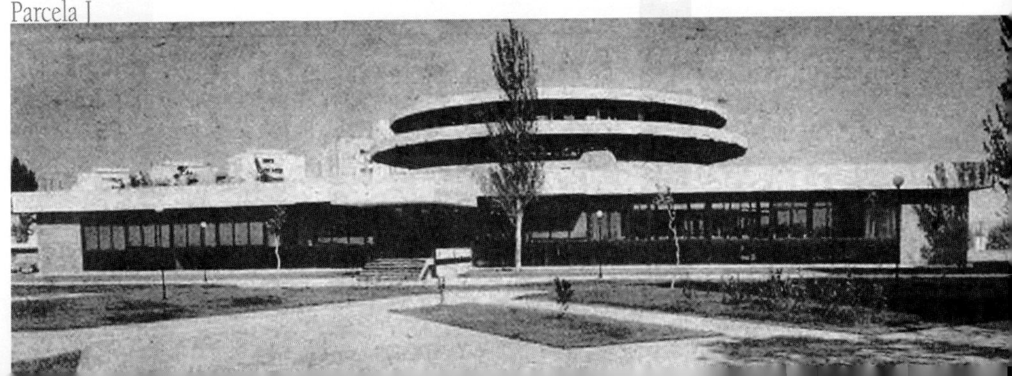

En el limite sur del Gran San Blas entre la avenida de Guadalajara, la calle Amposta y San Román del Valle, se planificó esta parcela que contaba con una calle peatonal interior y una plaza central con numerosos comercios protegidos por soportales.

Hacia el norte, y abrigando la parcela, se colocaron 8 torres de 12 plantas, y bloques corridos más pequeños de cinco plantas dando a la avenida de Guadalajara, en total 441 viviendas. Por primera vez en el barrio se utilizó en esta parcela el aparcamiento en batería. Al igual que en el resto de la segunda fase del Gran San Blas el concurso para la construcción fue publicado en 1970, siendo finalizadas las obras en 1973. En la esquina este de la parcela se alza el Centro de Mayores San Blas.

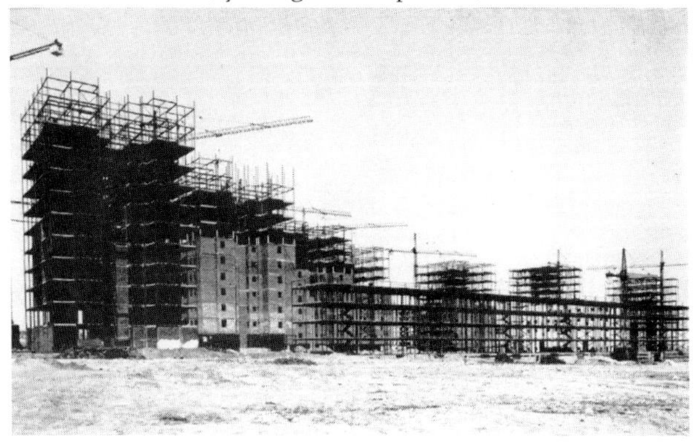

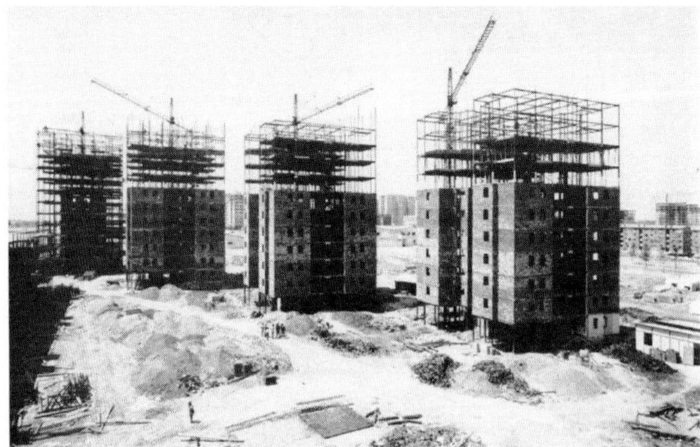

Construcción de los edificios de la parcela K, hacia 1972. Foto: Juanjo Urbanity.

Parcela K

La K-1 se construyó entre los años 1971 a 1974, según planos de Luis Cubillo de Arteaga. Las viviendas fueron distribuidas en bloques de 4 alturas y 3 grandes torres de once alturas, que protegían la parcela del noreste en la fachada de la calle Amposta. Los tejados se hicieron a un agua, elemento característico de Cubillo, e interiormente en medio de los bloques se crearon pequeñas plazas ajardinadas.

Los edificios en su construcción original destacaban sobre el resto de San Blas por haber utilizado el enfoscado blanco para sus fachadas, así como grandes lamas blancas horizontales que cubrían los tendederos y que posteriormente fueron utilizadas en muchas otras edificaciones de Madrid. También se contemplaban locales comerciales en la esquina de la calle Argenta.

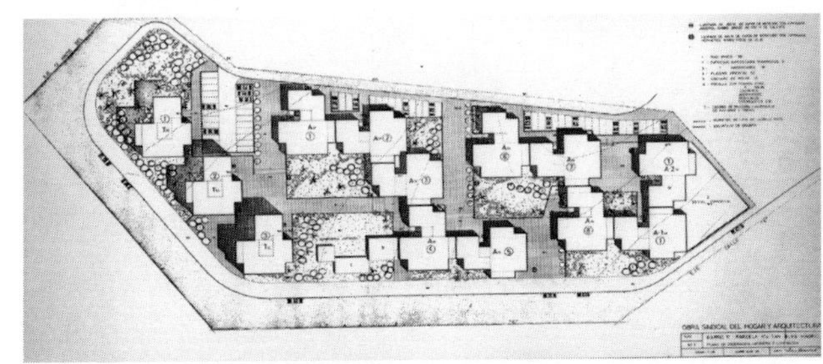

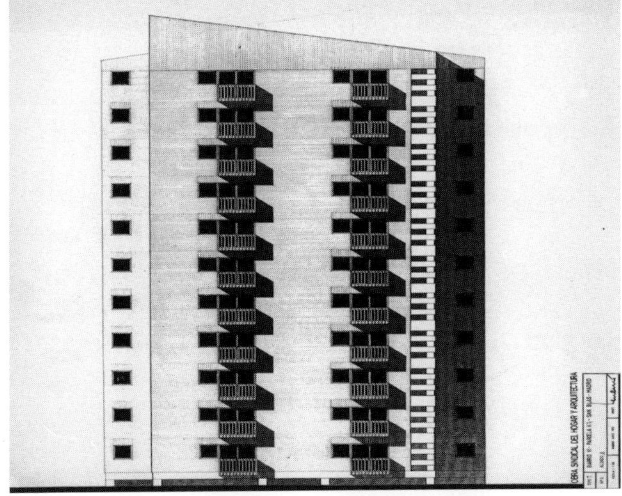

Plano de la parcela K-1 y alzado de una de las torres. Archivo Luis Cubillo.

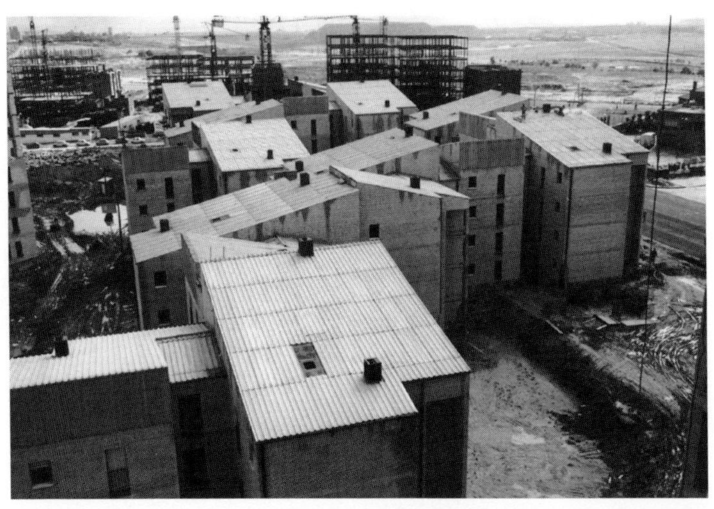

◄ Las obras de los edificios cuando se cubrieron aguas. Hacia 1972. Archivo Luis Cubillo.

▼ Las tres torres en su construcción. Hacia 1972. Archivo Luis Cubillo.

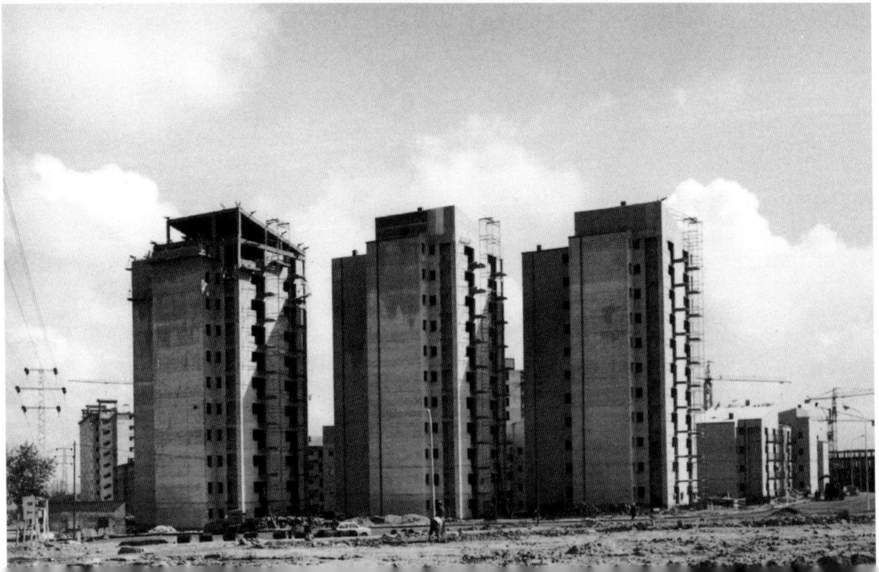

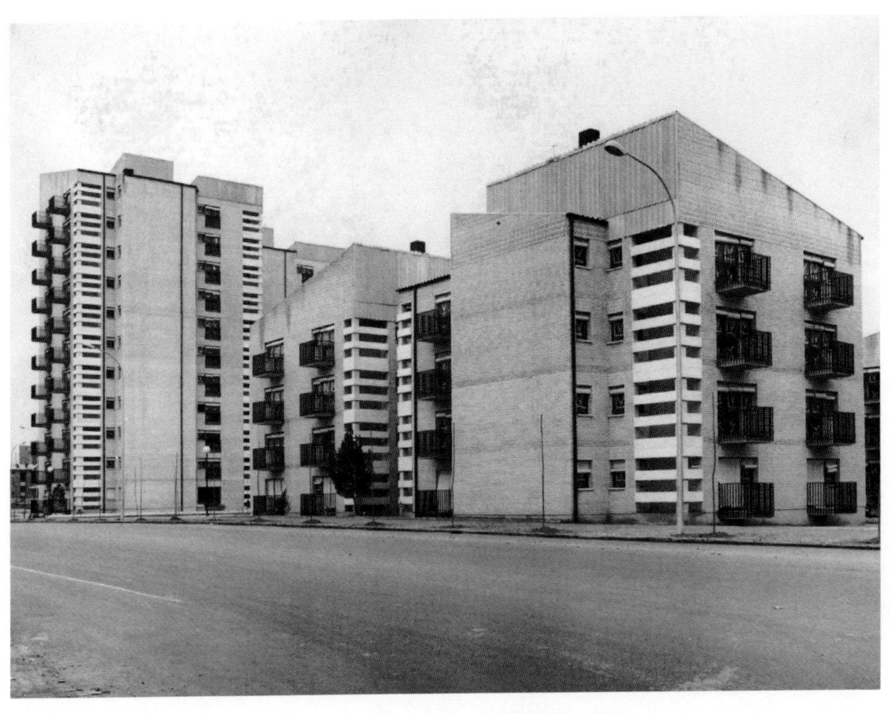

La urbanización en su parte de la calle Amposta recién terminada. Archivo Luis Cubillo.

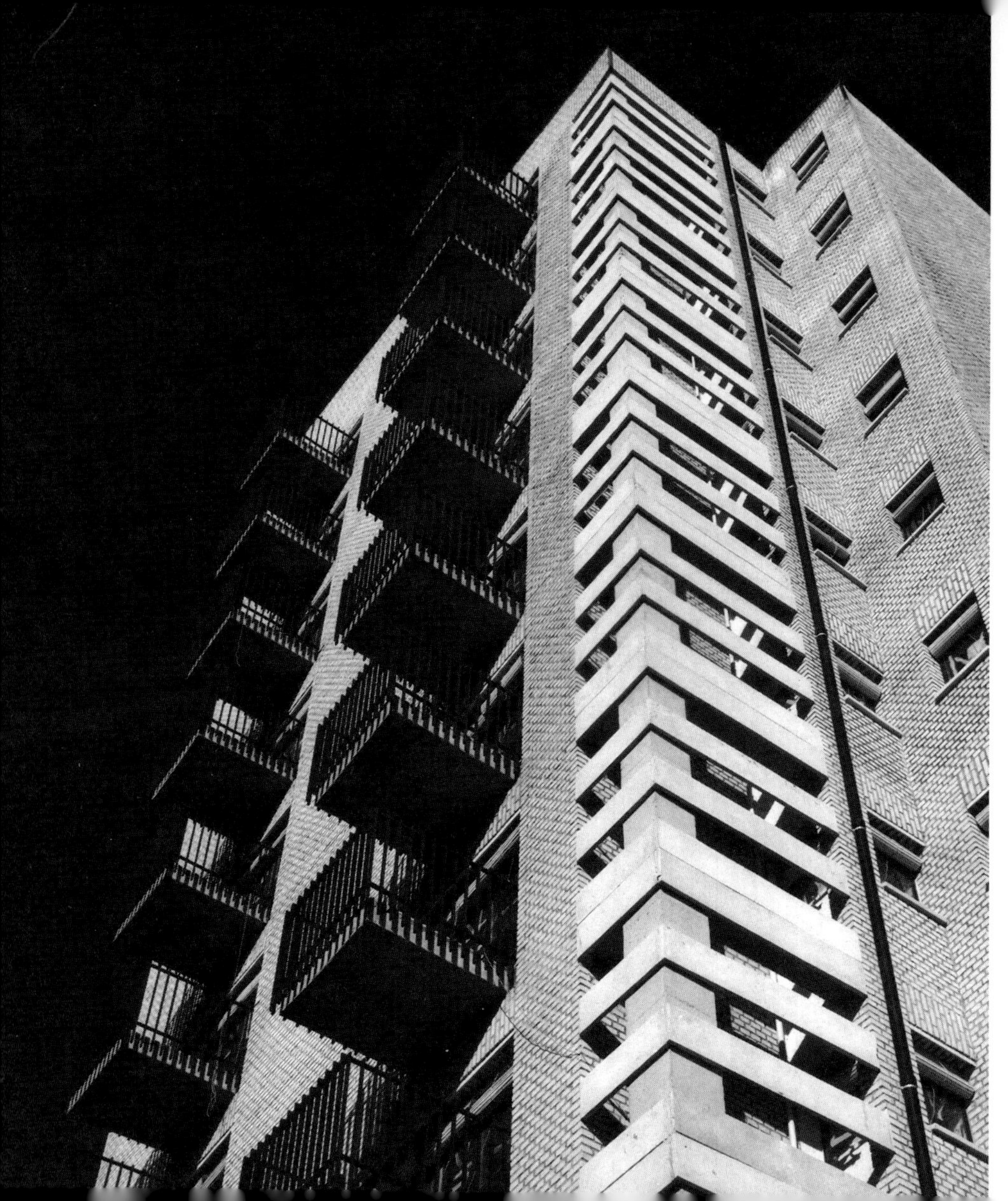

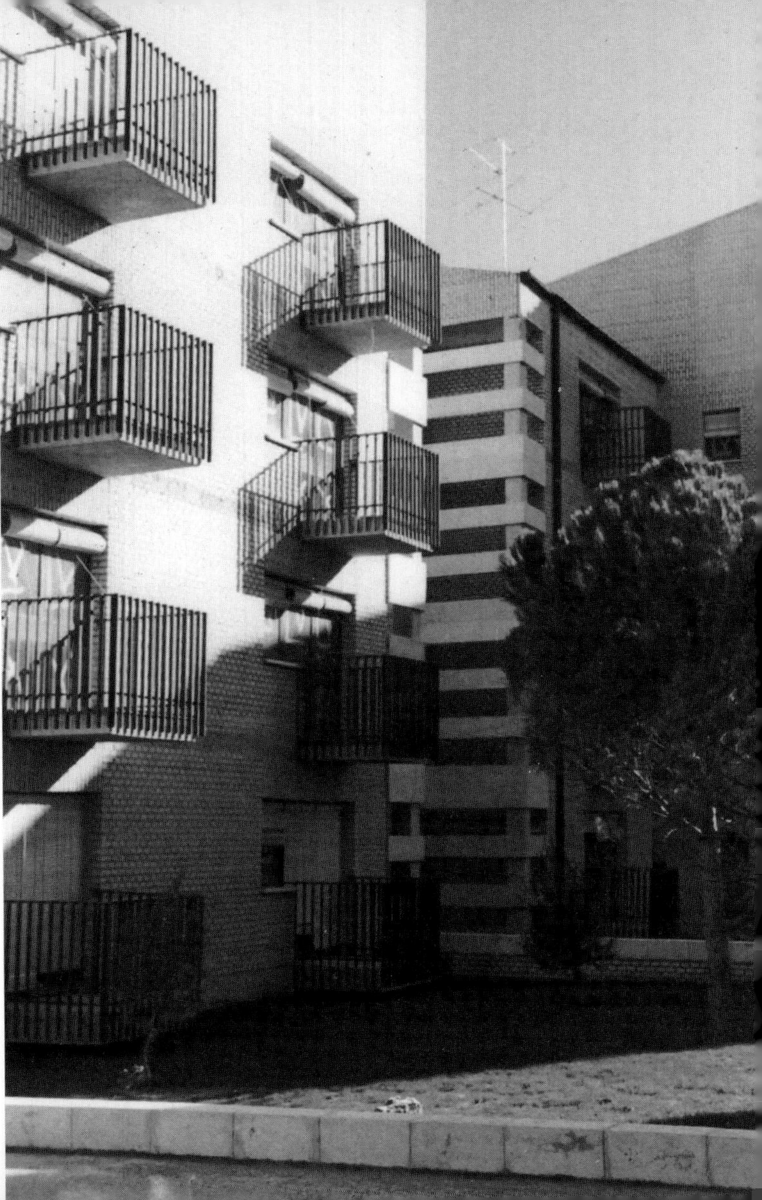

Página anterior:
Detalle de la fachada de una de las torres. 1 de mayo de 1974. Archivo Luis Cubillo.

Los jardines entre bloques fueron otras de las novedades con la que contaba la urbanización. 1 de mayo de 1974. Archivo Luis Cubillo.

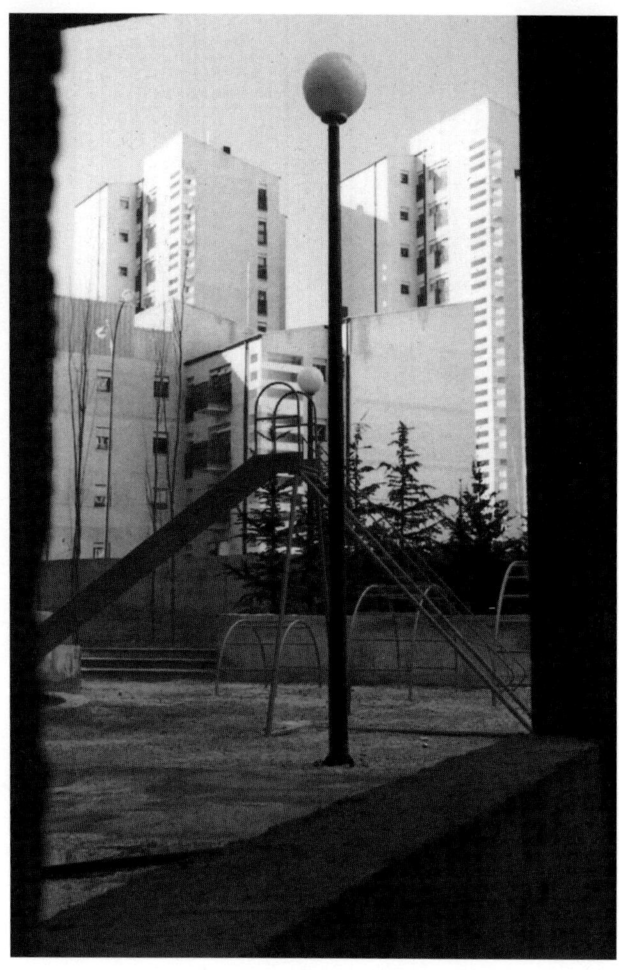

Al este de la K-1, se levantó la K-1-1, copia casi exacta de la primera en las líneas de los edificios y en la distribución de la urbanización, aunque no es de Luis Cubillo. La excepción es el extremo este de la parcela donde se construyeron 2 bloques, uno de 3 alturas y otro de 10, que mediante plantas en ángulo forman una gran plaza interior ajardinada, dando a esta los habitáculos principales de las viviendas y hacia el exterior solo pequeñas ventanas.

También se pusieron unos columpios para los más pequeños en los patios interiores. 1 de mayo de 1974. Archivo Luis Cubillo.

Los mismos columpios en 1999. Foto: Plataforma Vecinal San Blas-Simancas.

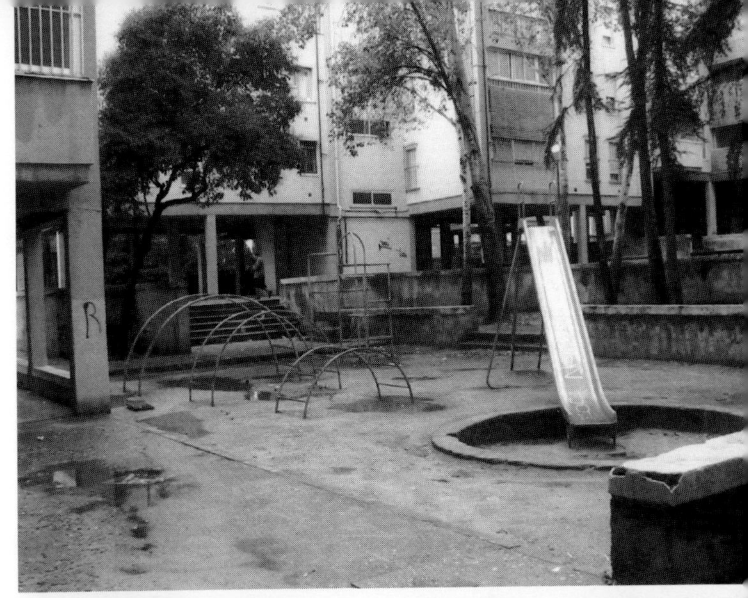

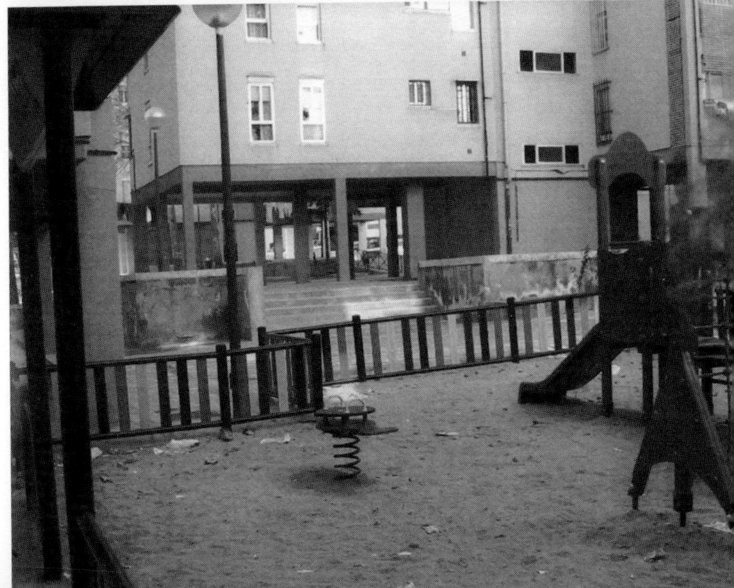

La puesta al día de la zona infantil, año 2006. Foto: Plataforma Vecinal San Blas-Simancas.

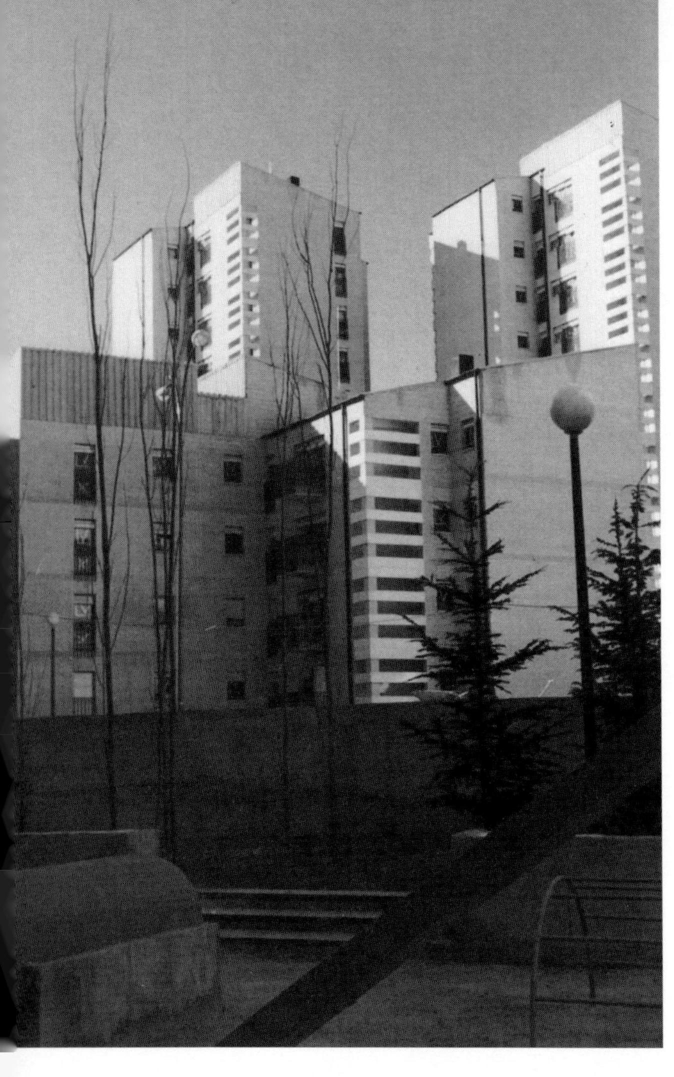

En total las parcelas K-1 y K-1-1 tenían 839 viviendas, distribuidas entre las calles Arcos del Jalón, Argenta y Amposta.

Por último la parcela K-2 tenía 874 pisos en 16 torres de 12 alturas con planta en H y 17 bloques de 4 alturas. Estaba al sur de la K-1, entre las calles Argenta, Albericia, avenida de Guadalajara y Amposta. En la urbanización se destinaron algunos edificios separados para comercios, así como varios locales en las plantas bajas de las torres. Algunas de las viviendas fueron destinadas a realojar a los vecinos del Poblado de la Absorción San Blas I.

Con fachada a la calle Argenta se encuentra la parroquia de Nuestra Señora del Recuerdo, de los padres Josefinos de Murialdo. El templo fue bendecido en abril de 1999, después de abandonar su sede anterior

En la zona de juego se pusieron elementos originales, como un tubo por el que pasaban los niños. 1 de mayo de 1974. Archivo Luis Cubillo.

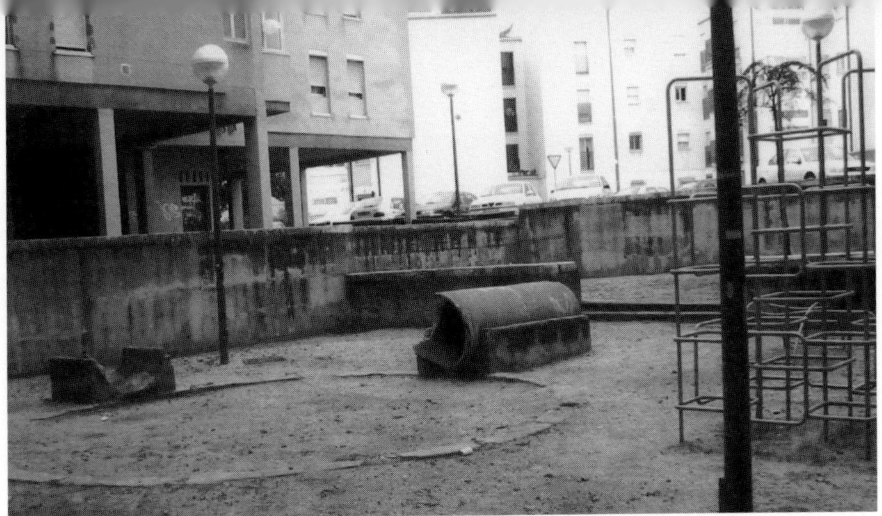

▲ El cambio de normativa y la falta de cuidados convirtieron la zona de juego en un lugar peligroso. Año 1999. Foto: Plataforma Vecinal San Blas-Simancas.

▼ Finalmente la zona de juego sufrió una remodelación para dar mayor accesibilidad a la urbanización. Año 1999. Foto: Plataforma Vecinal San Blas-Simancas.

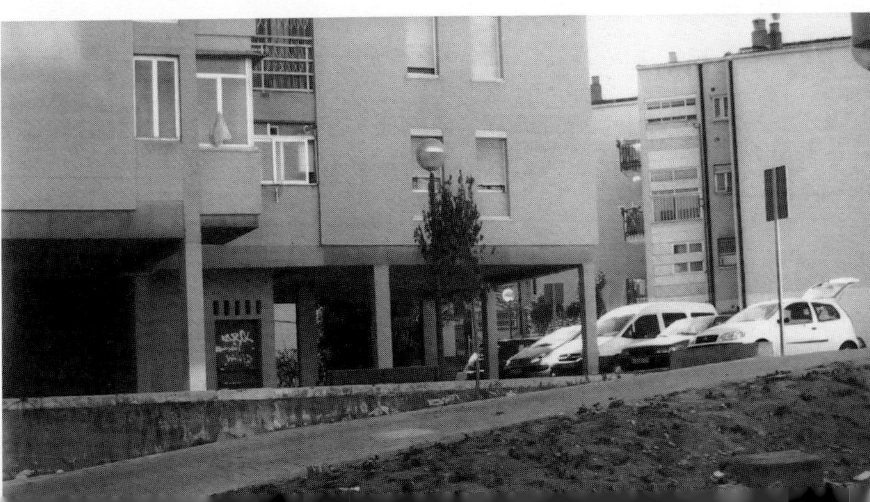

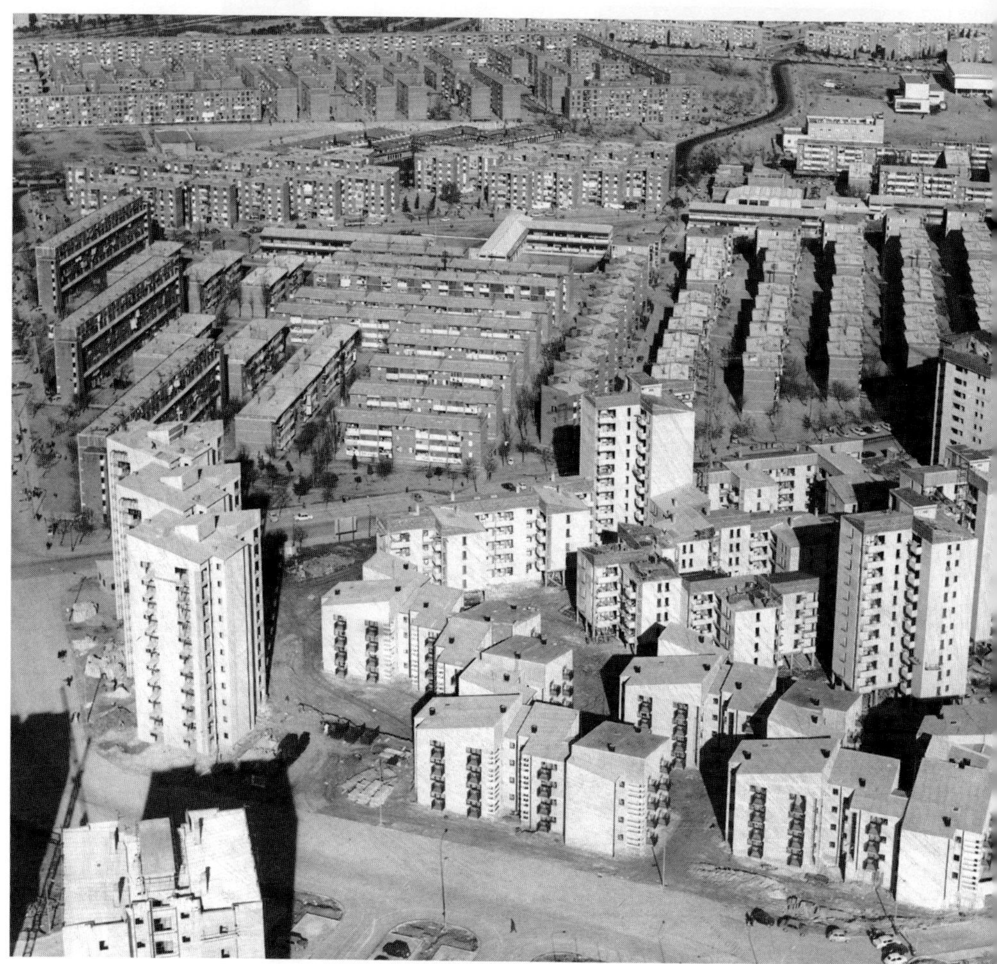

que estaba en los bajos de una de las torres, en un local. Es de líneas muy sencillas, de ladrillo visto –como el resto de la parcela K-2–, siendo la nave principal cuadrada y el tejado a cuatro aguas con un tragaluz en su cúspide. El edificio es eminentemente funcional, contando con varios salones para actividades del vecindario en las tres plantas de su centro parroquial. Incluso tiene un campo de fútbol en la propia parcela.

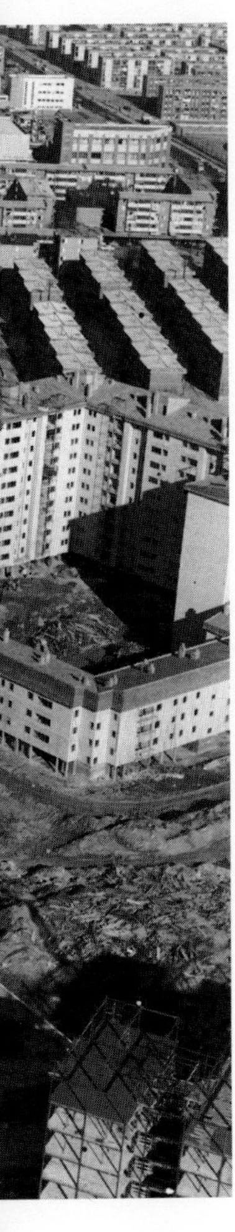

Toma aérea durante la construcción de las parcelas K-1, con la parcela F detrás. Hacia 1972. Archivo Luis Cubillo.

BARRIOS ALEDAÑOS

Al este del barrio, al otro lado de la avenida de Canillejas a Vicálvaro se empezaron a construir nuevas urbanizaciones en los años sesenta como la Colonia Virgen del Camino, y a principio de los setenta el barrio de Las Musas. En julio de 1972 se entregaron 320 viviendas para taxistas en el Gran San Blas, hechas por el Hogar del Taxista, o la colonia San Francisco de Paula, acabando de ser urbanizada la zona en los años ochenta. Una mención especial merece el Canódromo que estaba en la esquina de la avenida de Arcentales. Era muy frecuentado los domingos por la mañana y tuvo multitud de problemas con las licencias del Ayuntamiento de Madrid.

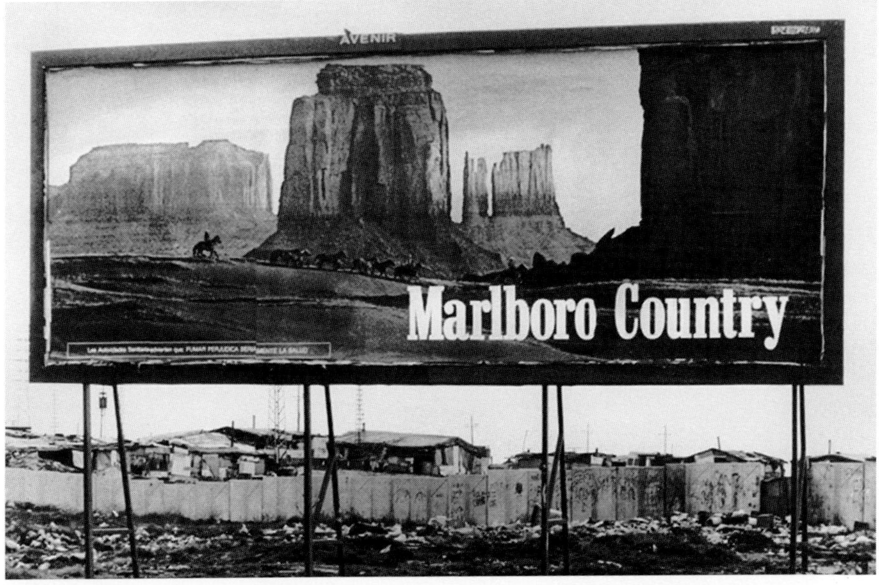

Los Focos, año 1995. Foto: Miguel Ángel Sintes Puertas, Archivo Fotográfico Comunidad de Madrid.

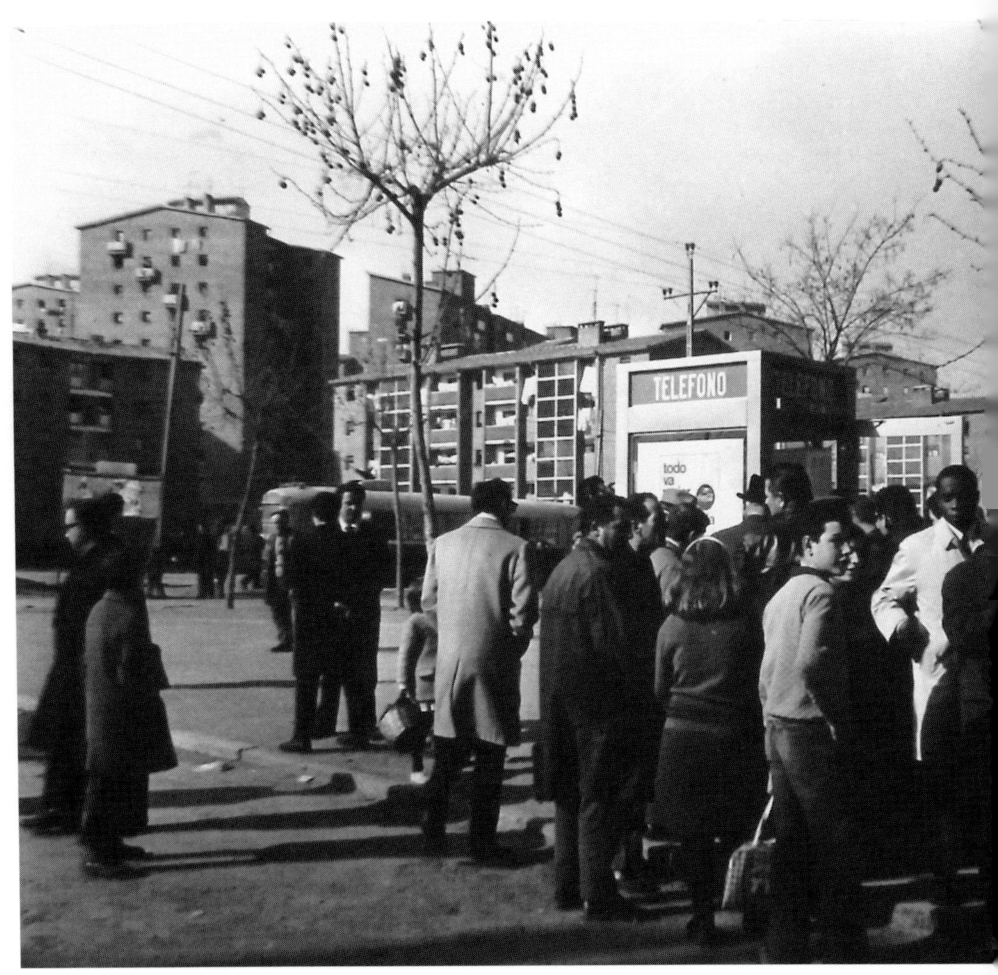
TELEFONO

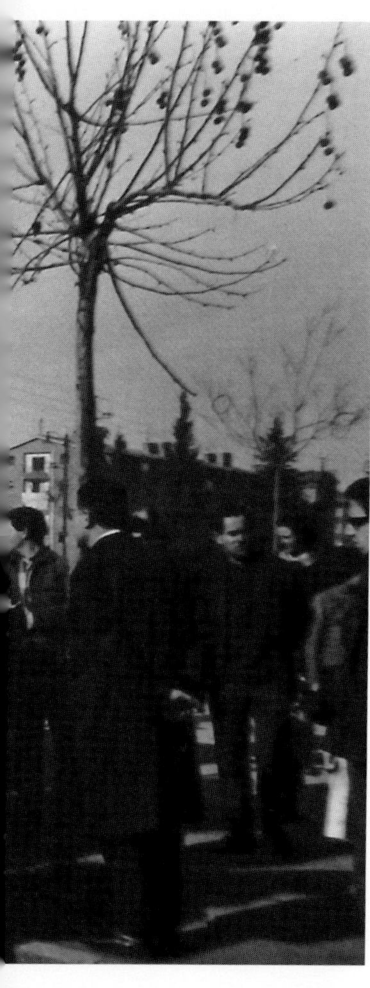

Al sur de la avenida de Guadalajara se instalaron en 1981 Los Módulos (o Los Focos), en total 217 viviendas, que estaban destinadas al realojamiento provisional de los vecinos de la parcela H mientras construían los nuevos bloques. El problema fue que fueron ocupados cuando los vecinos del H volvían a su barrio y se convirtió en un gueto cerrado desde donde se distribuía droga, una verdadera desgracia para el barrio. Por fortuna en octubre de 1995 se derribaron las últimas casas de Los Módulos y se urbanizó la zona hasta la M-40, el llamado barrio de Las Rosas. Las calles se hicieron en paralelo a la avenida de Guadalajara en cuadrícula, siendo la mayoría de las viviendas de cooperativas acogidas al Plan 18000.

Al oeste el último tramo en urbanizarse fue el comprendido entre la calle Gandhi y la avenida de Guadalajara, siendo la primera colonia la de la calle Villaescusa a principio de los setenta. Con la apertura de la calle Francisco Largo Caballero, como prolongación de la avenida de Arcentales, a finales de los ochenta, se dio el último paso para acabar de construir la zona.

Para finalizar, al norte de la calle Emilio Muñoz se empezaron a recalificar los terrenos del polígono industrial como zona residencial desde el año 2005, habiéndose derribado naves o aprovechado solares para levantar bloques de viviendas.

El esquinazo de la calle Hermanos García Noblejas con Castillo de Uclés era un lugar de mucho tránsito y allí se juntaban los vecinos de San Blas y del otro lado de la calle Hermanos García Noblejas. La cabecera del tranvía y el cine San Blas atraían a la gente. Enero 1966. Fondo Portillo. Archivo Regional Comunidad de Madrid.

De largo los establecimientos más numerosos que había en San Blas eran bares, bodegas y tabernas, seguidos de panaderías, fruterías y ultramarinos, por este orden. Sin embargo había una falta total de mercados, por lo que la venta ambulante estaba a la orden del día, bien mediante furgonetas, o bien mediante mercadillos improvisados que se instalaban en cualquier descampado, como el de la parcela H, aunque este era de carácter mas estable.

En los primeros años la falta de comercios y el precio tan elevado que tenían los productos de primera necesidad –alimentos–, obligaba a más de un 64% de los vecinos a ir a comprar en los mercados de Ciudad Lineal, en la zona de Quintana-Pueblo Nuevo o incluso en el mercado de Ventas, lo que suponía entre una hora y hora y media en transporte público. Otro tipos de tiendas, como ropas, zapaterías, relojerías..., tenían unos precios similares a los de la capital.

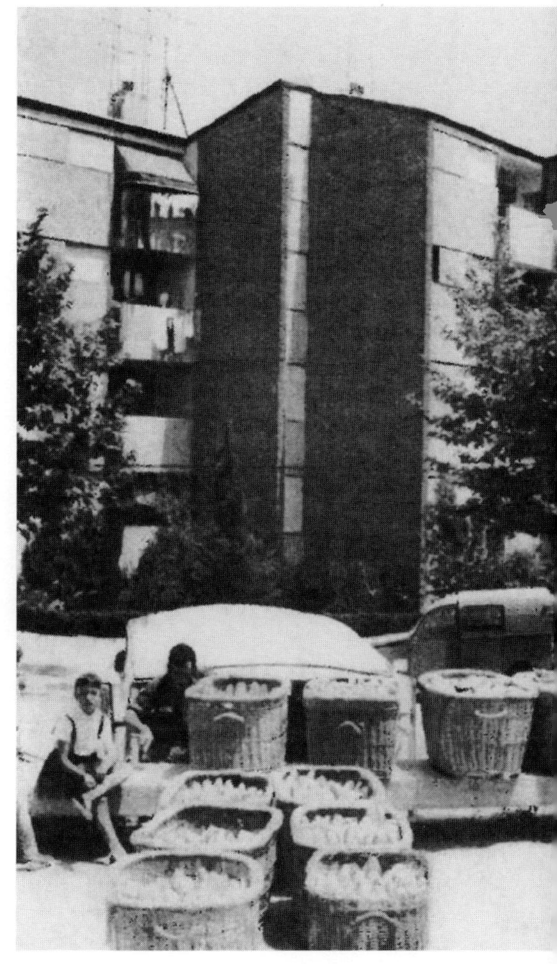

Hasta el pan se vendía en la calle. Calle Albaida, detrás la calle Avicultura, parcela G. Año 1966. Foto: *Análisis Sociourbanístico de un Barrio Nuevo Español.*

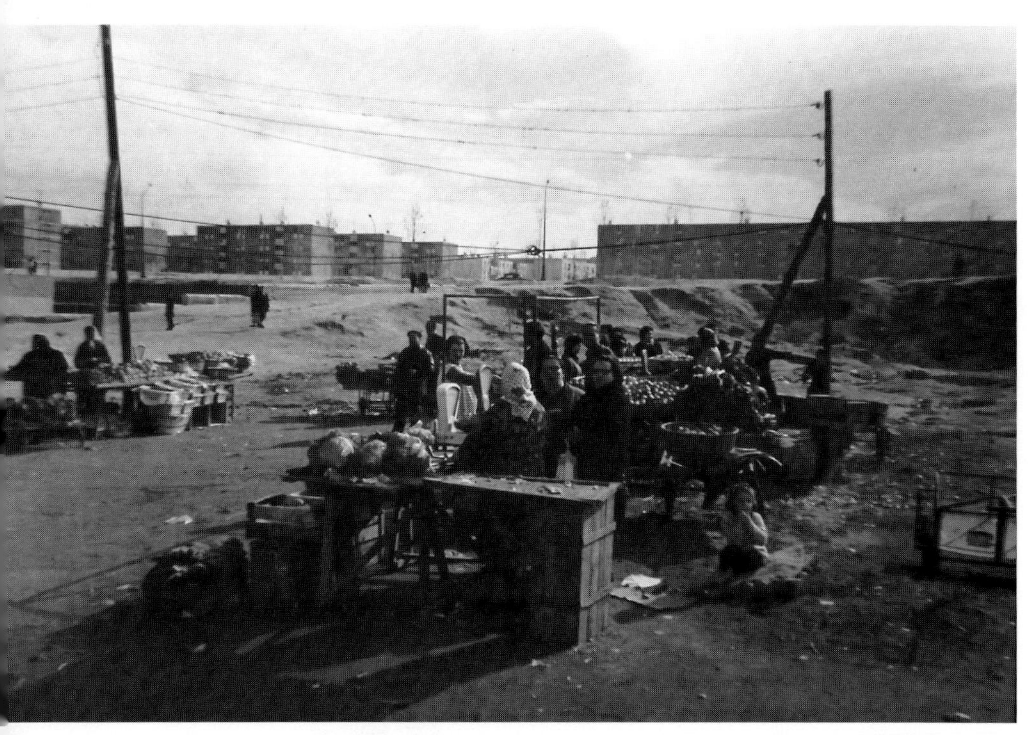

En los descampados se instalaban puestos de verduras, como el de la foto, que estaría en el parque El Paraíso, al fondo la avenida Arcentales y la calle Fumistería. Enero 1966. Fondo Portillo. Archivo Regional Comunidad de Madrid.

Página siguiente:
«La Cruz», por su facilidad para llegar en transporte público, era uno de los lugares adonde ir a comprar. Año 1966. Fondo Portillo. Archivo Regional Comunidad de Madrid.

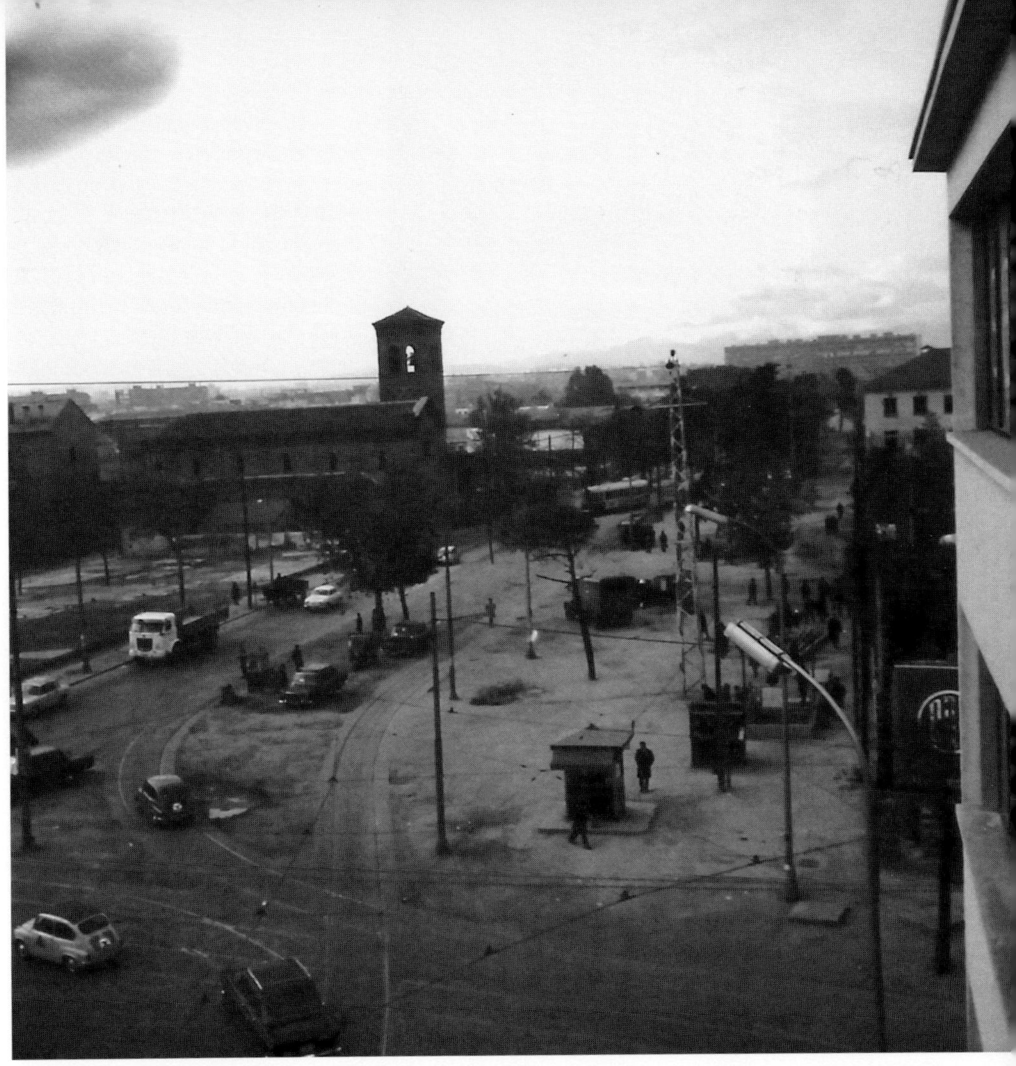

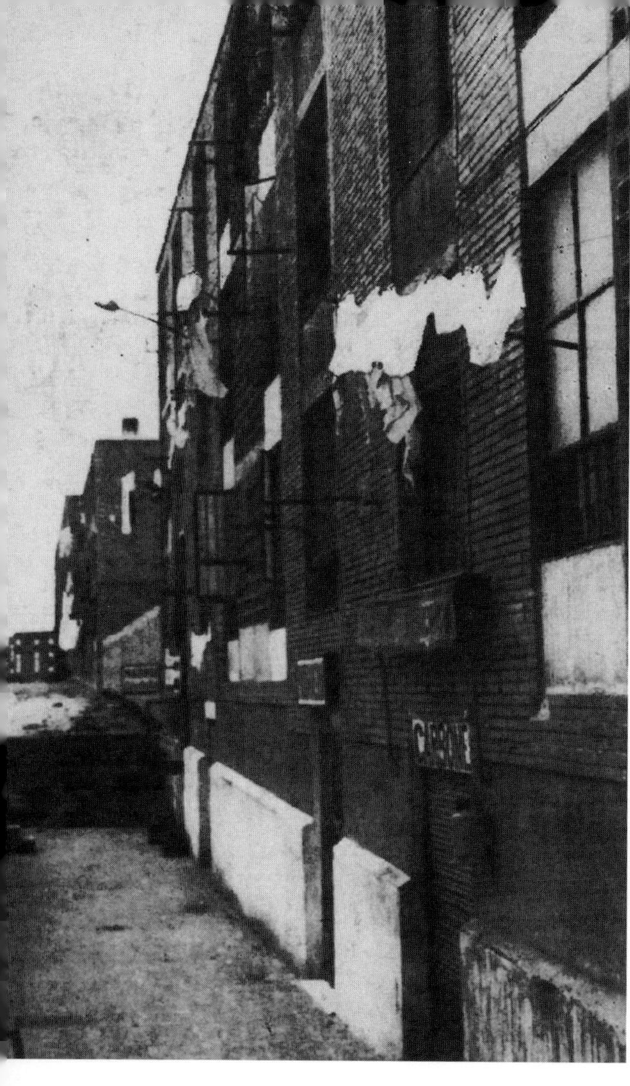

Los electrodomésticos los solían vender a domicilio, puerta a puerta, existiendo para ello bastante comerciales que pululaban por el barrio; pero también había vendedores de cortinas que «vestían» íntegramente los pisos, muebles a medida para todas las estancias de las casas, seguros..., todos a pagar en cómodos plazos; y los buzones solían aparecer llenos de publicidad de cosas necesarias para los nuevos hogares.

En el Gran San Blas tan solo había una sucursal de la Caja de Ahorros en 1966, en las placitas de la parcela F. Además la Caja Ibérica de Crédito Cooperativo tenía sucursales en Simancas (calle Zaratán) y en el Gran San Blas (calle Mayólicas), destinadas casi en exclusiva a cobrar las rentas de las viviendas.

A pesar de tener muchas viviendas, el barrio tenía grandes espacios entre bloques. Precisamente la falta

Había comercios hoy desaparecidos, como esta carbonería que vendía el carbón para los fogones y que estaba en la calle Algodón esquina a Tejedores. Año 1966. Foto: *Análisis Sociourbanístico de un Barrio Nuevo Español*.

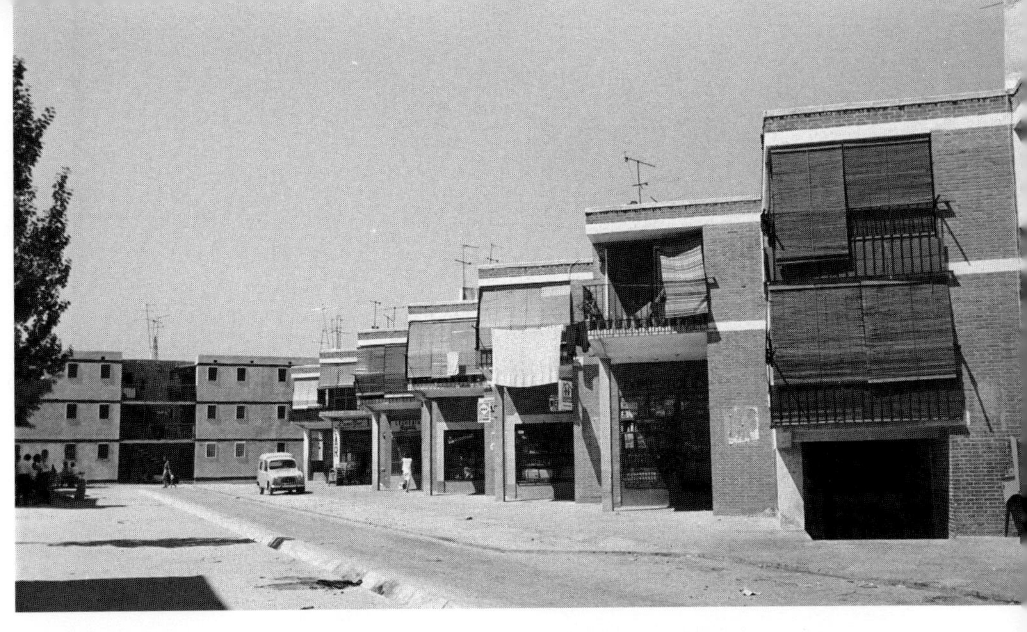

Calle Resinería. Al fondo la calle Joyería. Parcela D. Año 1966. Foto: © Paco Gómez / Fundación Foto Colectania.

de zonas verdes, las malas condiciones de las aceras y los baches, eran las quejas principales de los vecinos.

El Ayuntamiento no se hacía cargo en los primeros años del mantenimiento, lo que ocasionaba graves trastornos, como por ejemplo en: jardines, cubiertas entre bloques (con su natural deterioro) y la limpieza de las calles. La falta de buenas aceras, los desniveles y el no tener alcantarillas convertían al barrio en un barrizal en épocas de lluvia.

Sin duda el lugar más famoso fue el ambulatorio de Hermanos García Noblejas, que se inauguró en 1965 y daba asistencia sanitaria a: Ventas, Ciudad Lineal, Canillas, Hortaleza..., en definitiva, toda la zona noreste de Madrid. El ambulatorio era el único sitio de San Blas que atraía a personas de otros barrios y por tanto fue sumamente conocido. Un poco más adelante del ambulatorio, en la misma acera de Hermanos García Noblejas, destacaba la figura del depósito elevado de aguas.

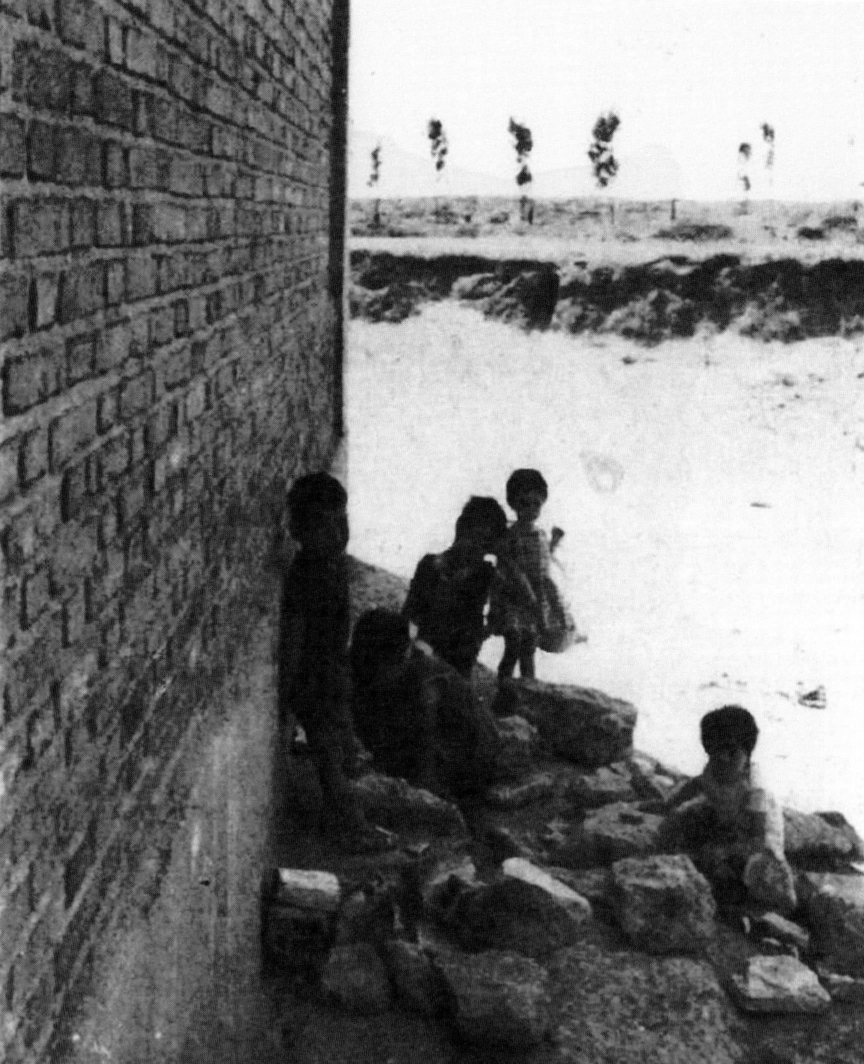

Otro de los emblemas del Gran San Blas era la Casa Sindical, que estaba en la parcela C, en el centro formado por las parcelas E, F, G y H, en la calle Alconera lo que hoy en día es la plaza Cívica, siendo inaugurada en 1964. Como su nombre indica, era un edificio de los sindicatos verticales de la época franquista y fue construido a la vez que el barrio. Contaba con tres alturas, teniendo un salón grande en la planta baja con proyector cinematográfico. Su función principal era como lugar de reunión para los vecinos del barrio. Con el correr de los tiempos se convirtió en centro cívico, guardería, centro para la tercera edad, centro de atención integral a drogodependientes...,

Más tarde, dentro de la parcela dotacional que está entre la carretera de Canillejas a Vicálvaro y la calle Arcos de Jalón, se construyeron dos edificios con mucho valor arquitectónico: la Escuela de Maestría Industrial y la Escuela de Ingeniería Técnica Industrial. Finalizada su construcción a finales de los años sesenta, según el diseño del arquitecto Moreno Barberá, son uno de los mejores ejemplos de la arquitectura funcional de edificios públicos de aquella época. Con el pasar de los años los edificios tomaron nuevos usos, siendo actualmente el Instituto de Enseñanza Media San Blas y la Escuela Universitaria de Óptica. Dentro de la misma parcela también están los institutos de enseñanzas medias Carlos III, San Blas y el colegio El Sol.

En el Gran San Blas había 43 vigilantes que cuidaban del barrio y cobraban los recibos al vecindario. Precisamente debido a estos vigilantes, y a otros muchos cobradores de las letras de los electrodomésticos que en los primeros años se vendían a domicilio, el Gran San Blas recibió el apelativo del «barrio sin madre», pues cuando llamaban los cobradores a las puertas de las casas el niño que abría decía: «Mi madre no está». Y cómo no, también estaba el refrán adaptado: «En el Gran San Blas, la cigüeña verás», por el elevado número de niños que nacían en el barrio. Otro dicho algo despectivo era «San Blas *city*, ciudad sin ley», debido a que la comisaría más cercana era la de Ventas y para todo el barrio solo se contaba con un coche patrulla.

Página anterior:

A falta de columpios las piedras eran una distracción para jugar, por ejemplo a las casitas. Año 1965. Foto: *Análisis Sociourbanístico de un Barrio Nuevo Español.*

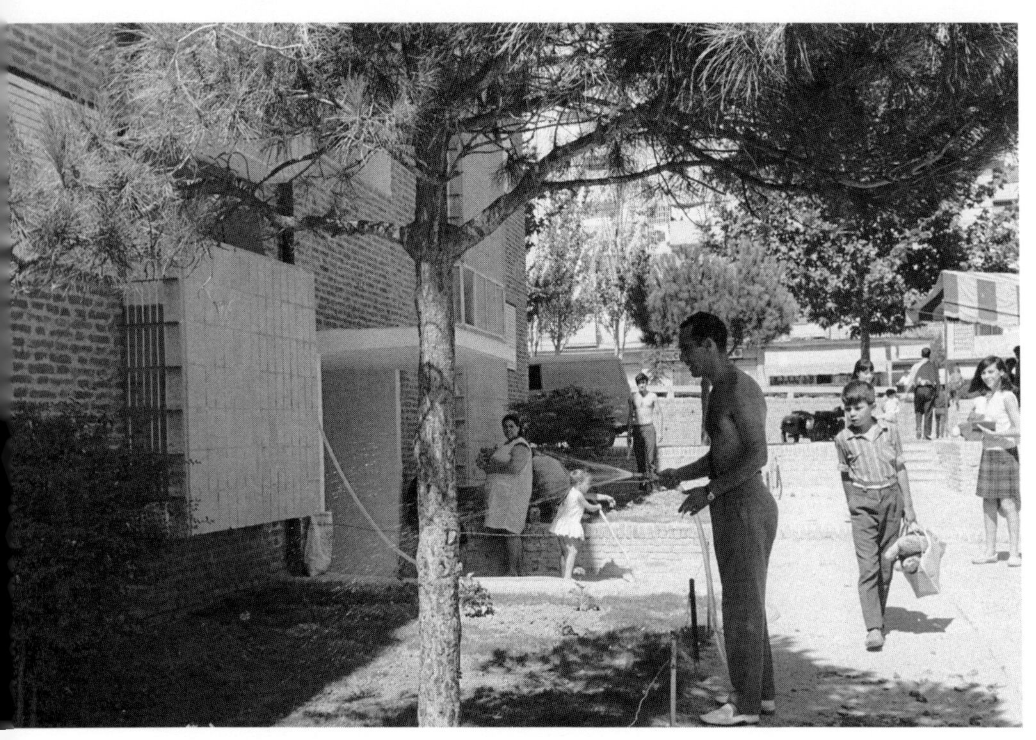

Los vecinos hicieron los jardines junto a los edificios y los cuidaban ellos mismos. Calle Marineros, parcela G. Año 1966. Fotos: © Paco Gómez / Fundación Foto Colectania.

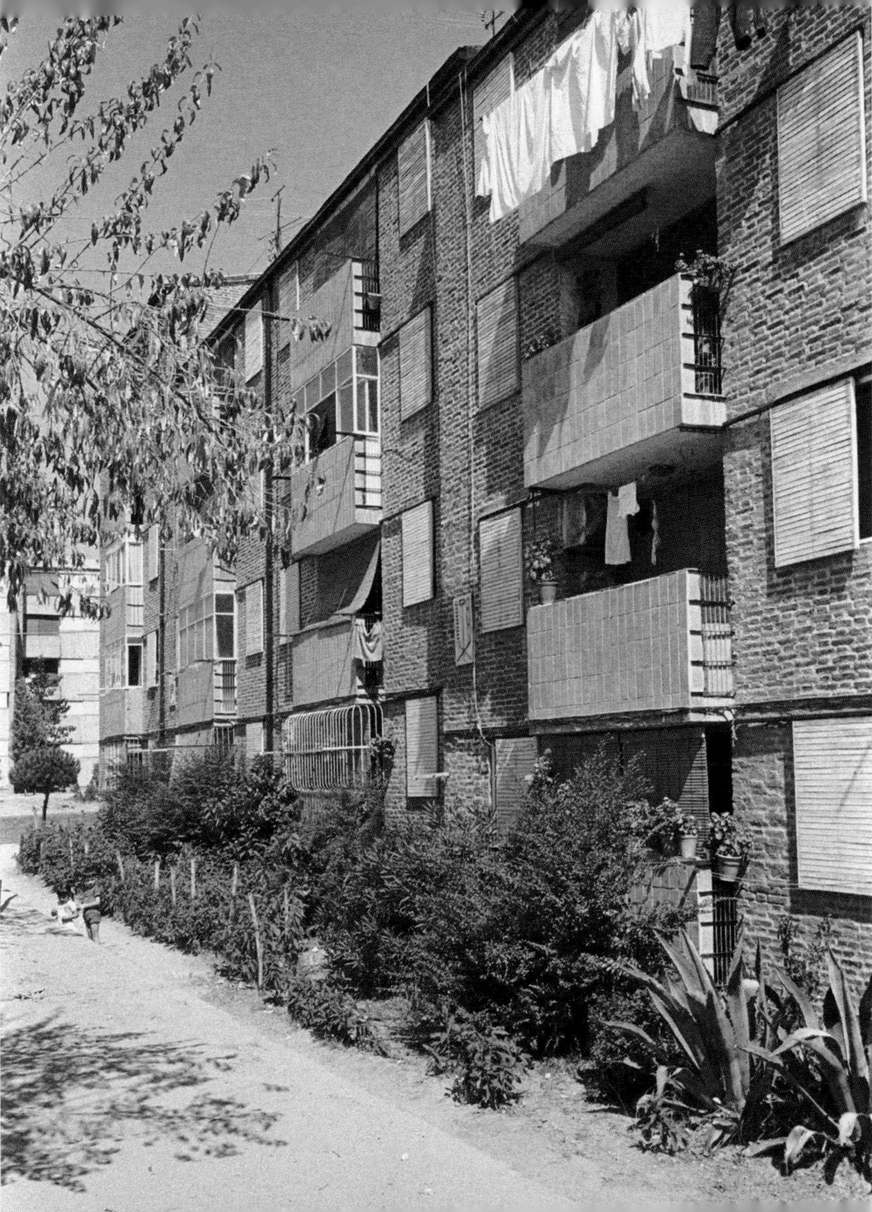

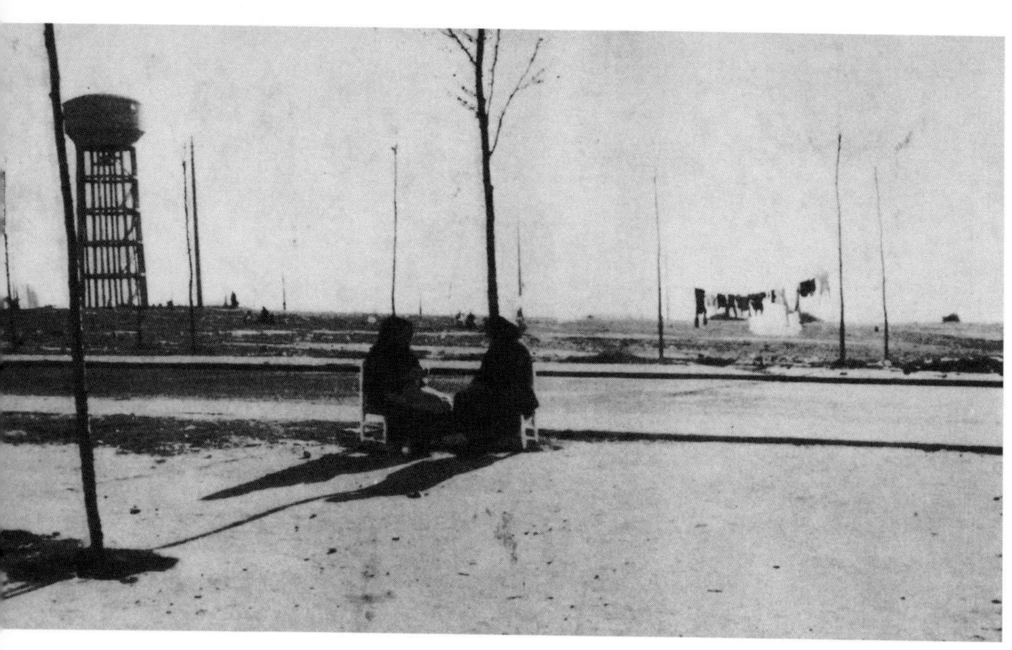

El depósito de agua de la calle Hermanos García Noblejas. La falta de centros para la tercera edad hacía que muchos abuelos salieran a tomar el sol con sus sillas, como en sus pueblos de origen. Año: 1965. Foto: *Análisis Sociourbanístico de un Barrio Nuevo Español.*

► Una de las verbenas del barrio, detrás la Casa Sindical. Año 1976. Foto: Espasa.

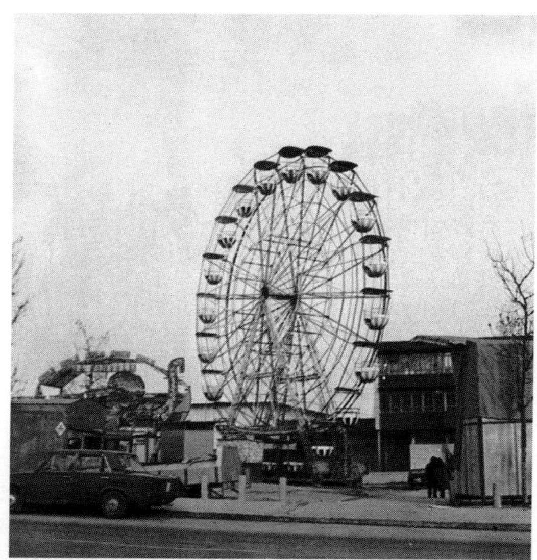

▼ La Casa Sindical tras la remodelación de 1986. Foto: *Villa de Madrid,* Informativo Quincenal.

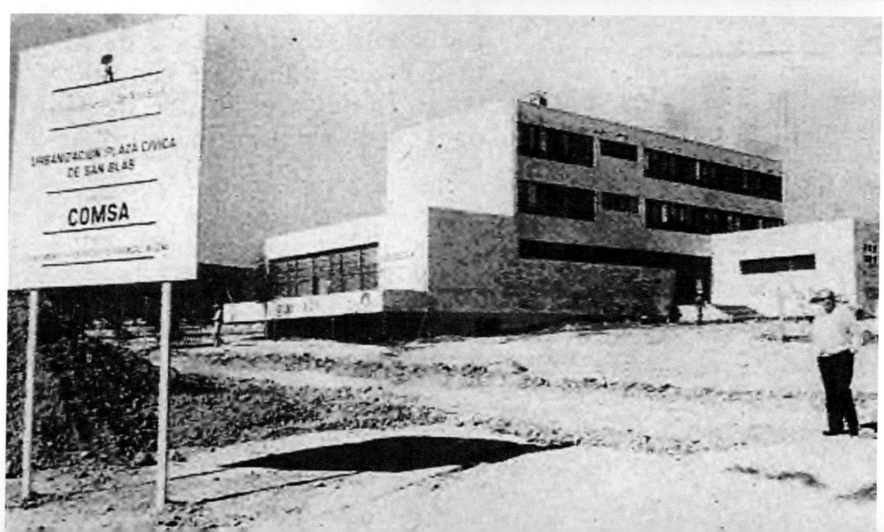

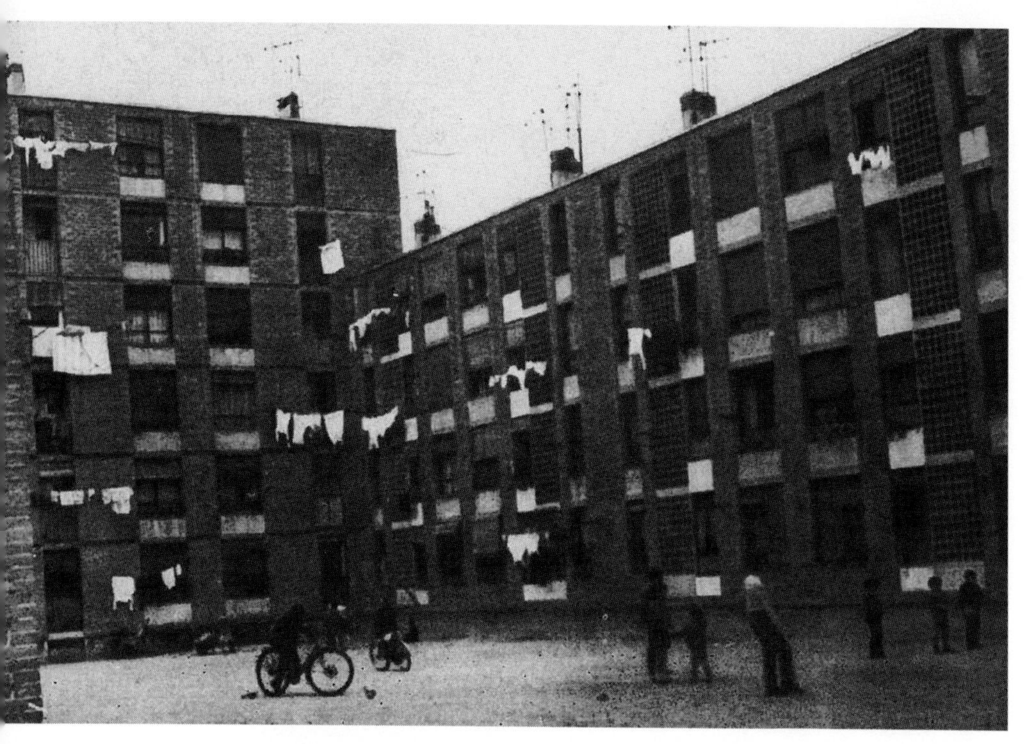

Cualquier rincón era bueno para jugar. Calle Sastres, parcela E. Año 1966. Foto: *Análisis Sociourbanístico de un Barrio Nuevo Español.*

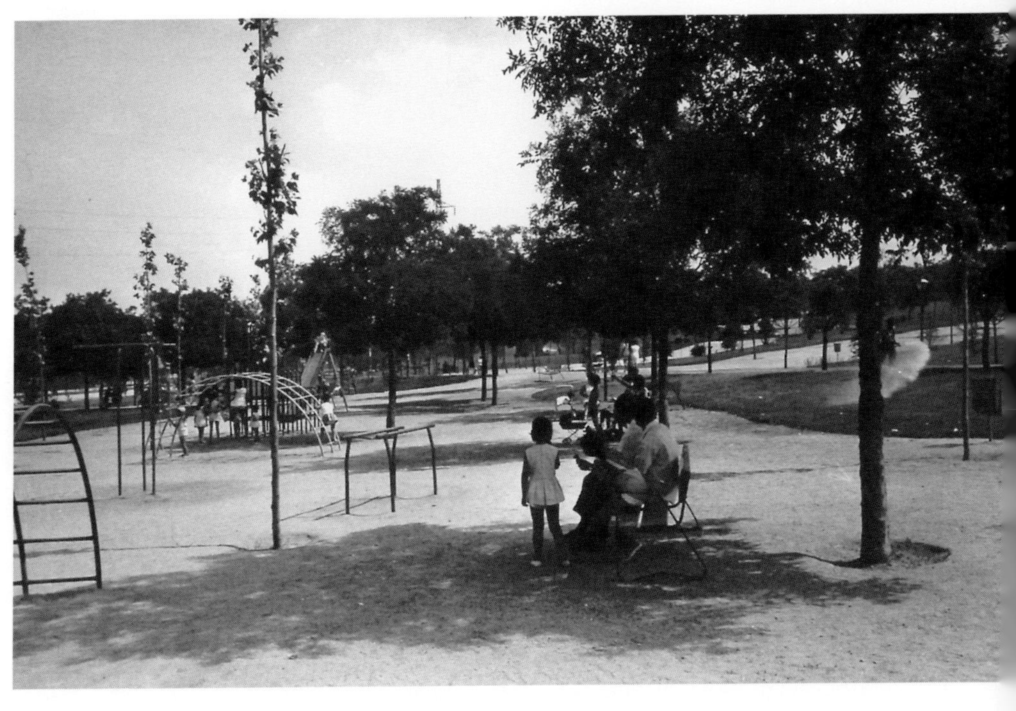

Niños en el parque El Paraíso. 17 de julio de 1971. Fondo Portillo. Archivo Regional Comunidad de Madrid.

Por su condición de barrio sindical había muchos mutualistas, que eran trabajadores que estaban incapacitados para el trabajo y cobraban unas pensiones muy bajas con las que apenas tenían para hacer frente a los gastos. Se calcula que el número de mutualistas llegó a ser de unos 500 en el Gran San Blas.

El Paraíso fue en un principio un kiosco instalado para dar bebidas y comidas a los albañiles que construyeron el Gran San Blas. Después pasó a ser un bar-restaurante, donde muchos vecinos celebraban las comuniones y reuniones importantes, incluso con baile por las tardes. También era utilizado por los vecinos para hacer reuniones a fin de tratar los problemas del barrio. Curiosamente antes de que hicieran el parque, el cual tomó su nombre, había unos álamos en el lugar que aprovechaban la humedad del arroyo de La Viña. Allí iban los vecinos con sus sillas a tomar el fresco a la sombra de los árboles y pasar un agradable rato, como si de «un paraíso» se tratara.

El día 28 de enero de 1966, Telefónica puso en funcionamiento 40 cabinas telefónicas, así como la centralita de Pobladura del Valle, siendo una buena noticia para el barrio que recogió la prensa en sus páginas.

En junio de 1968 se inauguró el Mercado de San Blas en la calle Alberique, número 16, que con sus 94 puestos vino a reemplazar a las tiendas que existían en el zoco de la parcela H y a los mercadillos que proliferaban en los descampados del barrio. Fue la galería comercial más grande de Madrid cuando abrió sus puertas –7633 metros cuadrados y 5 plantas– y tenía una escalera mecánica, la primera instalada en un mercado madrileño.

Hacia 1968 existía la Asociación de Cabezas de Familia de los barrios de el Gran San Blas, Hermanos García Noblejas y Canillejas; que tenía su sede en el Centro Sindical. Tan solo estaba autorizada la Asociación de Vecinos de la parcela H, aunque de una forma muy particular pues solo se autorizaba un delegado por portal y no tenían presidente. Gracias a estos «jefes de escaleras», y la coordinación entre los vecinos, se consiguió pintar las escaleras de los bloques y obtener la autorización de la Administración para hacer pequeños

Página siguiente:
Los terrenos entre Simancas y San Blas donde después se hizo el parque El Paraíso. A la izquierda el cine San Blas en construcción. 28 de mayo de 1963. Fondo Portillo. Archivo Regional Comunidad de Madrid.

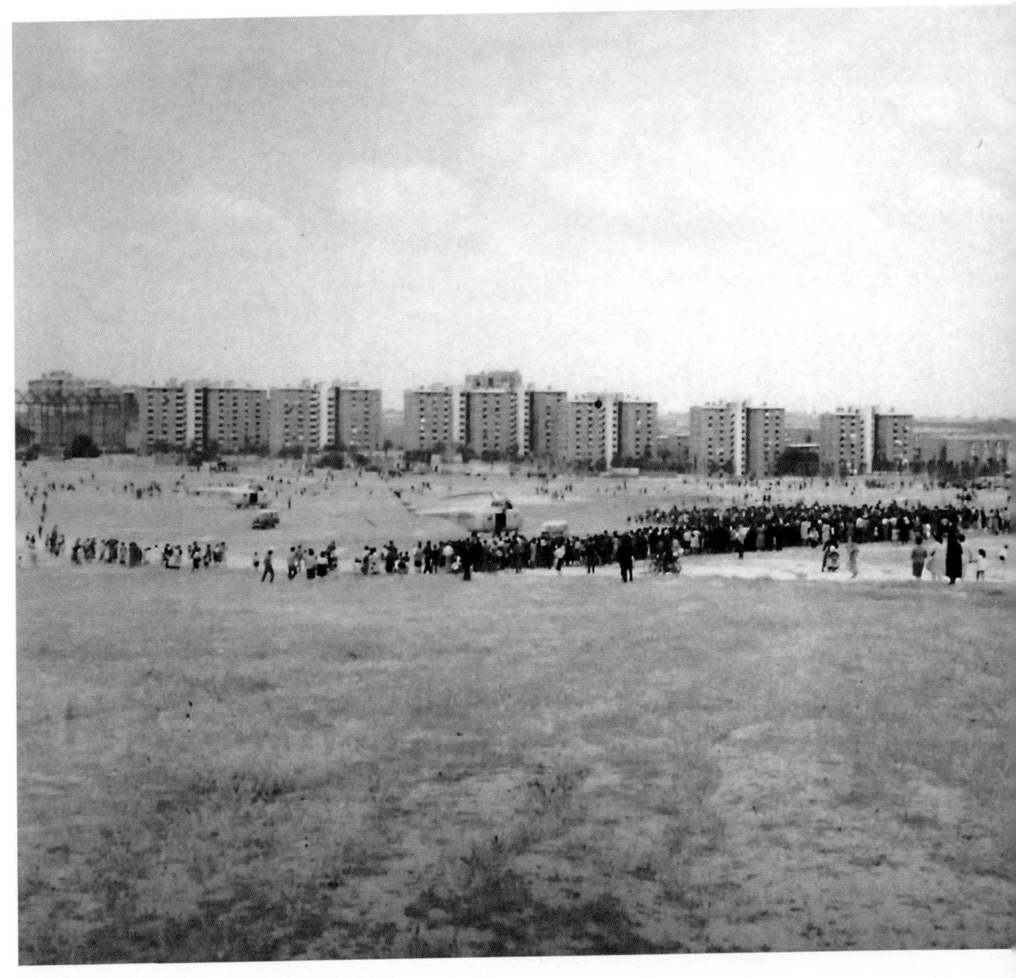

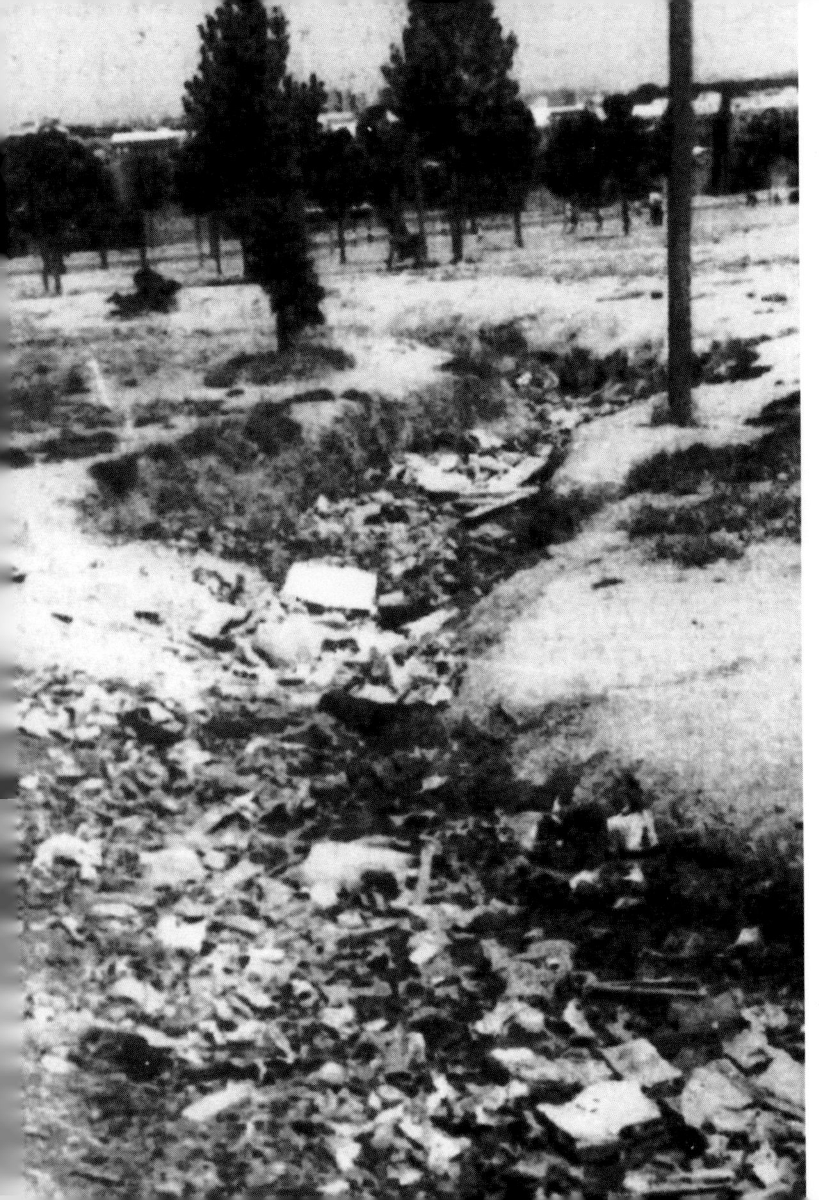

Curso del arroyo lleno de basura y algunos de los árboles que había donde está actualmente el parque El Paraíso. Año 1965. Foto: *Análisis Sociourbanístico de un Barrio Nuevo Español*.

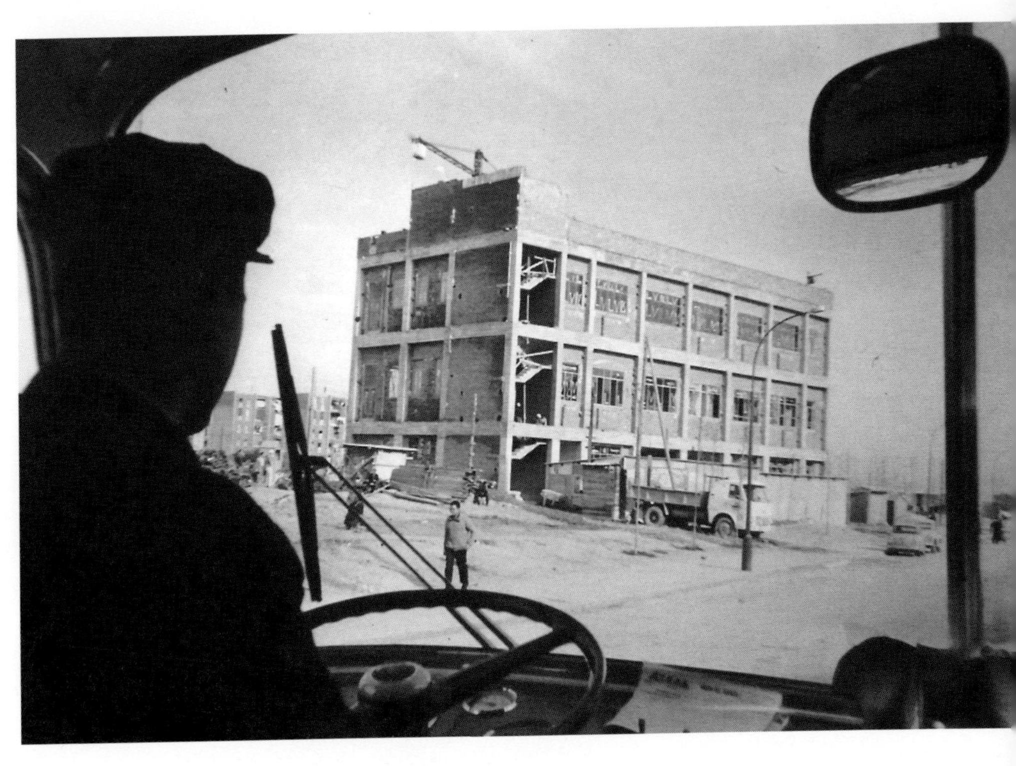

La centralita de Telefónica en la esquina de la calle Pobladura del Valle con la avenida de Hellín. 28 de enero de 1966. Fondo Portillo. Archivo Regional Comunidad de Madrid.

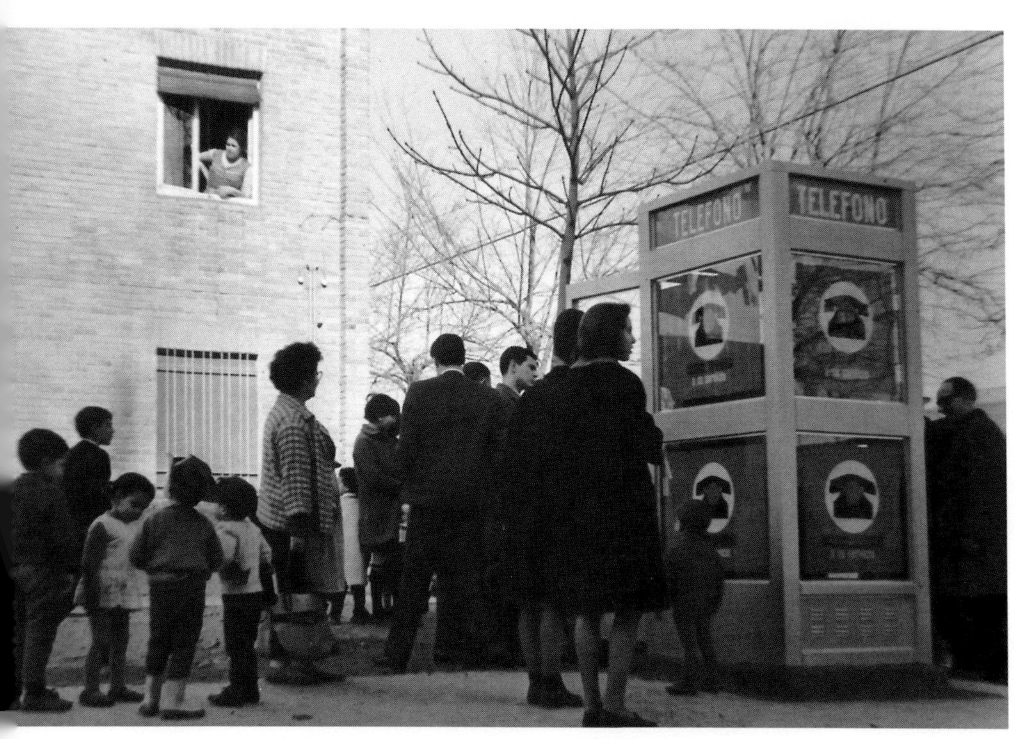

La mayoría de los vecinos acudieron a las nuevas cabinas telefónicas. 28 de enero de 1966. Fondo Portillo. Archivo Regional Comunidad de Madrid.

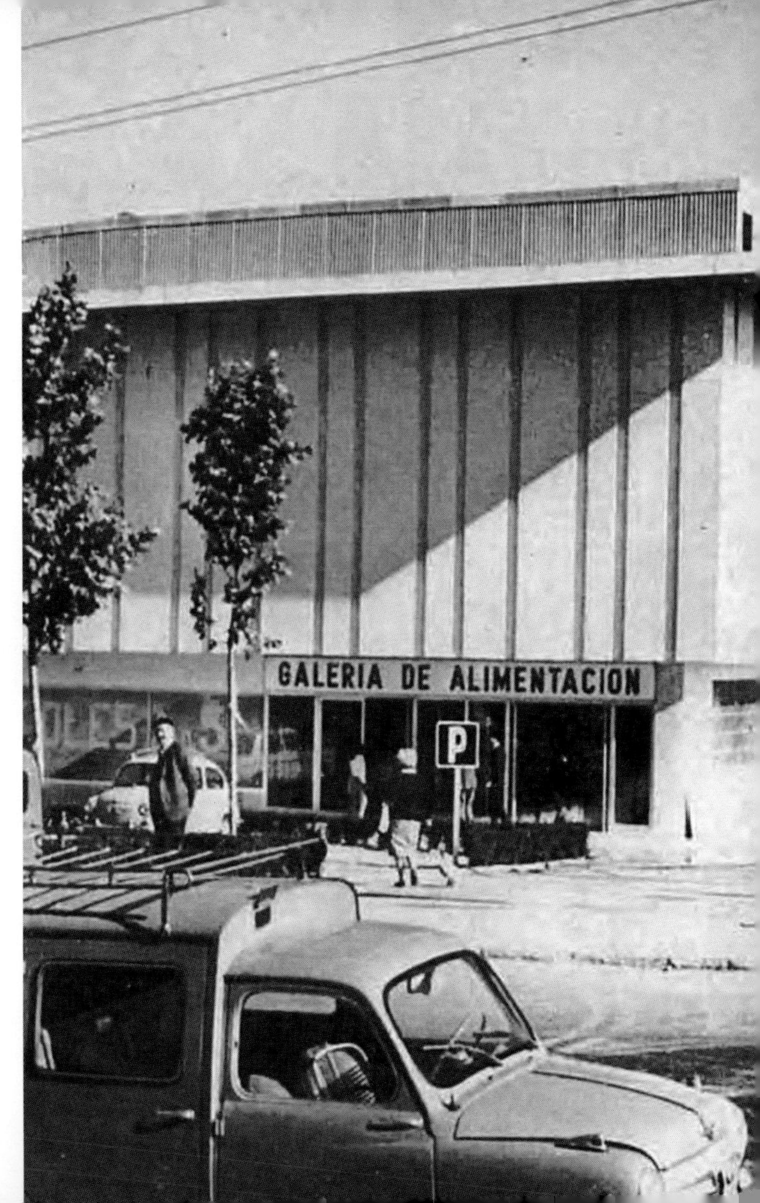

Mercado de San Blas. Año 1968. Revista *Villa de Madrid*.

jardines. Dos años después, en 1970, ya existía la Asociación de Vecinos San Blas-Simancas, e incluso editaban una revista. Sin duda la presencia de los sindicatos del Movimiento facilitaron la legalización de la asociación de vecinos.

Otro hecho muy curioso es que el cantante y compositor Manolo Díaz hizo en 1968 una canción protesta titulada «El barrio de Dindás». El nombre fue cambiado por la censura de la época pues en realidad la letra original decía el barrio de San Blas.

El día 1 de enero de 1971 se hizo la nueva división administrativa de los distritos de Madrid, y San Blas se agrupó con Hortaleza, siendo uno de los llamados distritos secundarios dobles, sirviendo esta unión temporal para una posterior separación en el momento adecuado. Por su parte Correos asignó en noviembre de 1971 a San Blas, hasta la M-30 incluida, el distrito postal 17, lo que da una idea de la importancia que había tomado el barrio.

Por desgracia en estos años se daban noticias de robos y peleas en las que intervenían jóvenes del barrio, incluso niños. Los problemas de la delincuencia juvenil, las llamadas entonces bandas, habían sido predichos, incluso desde la prensa del Movimiento, pues tenían claro que la falta de escolarización traería consecuencias de orden social.

El día 17 de julio de 1971 fue inaugurado el parque de San Blas, El Paraíso, aunque en un principio oficialmente no tenía este nombre. Sobre 19 hectáreas y ciñéndose a la orografía del terreno se plantaron unos 1200 árboles, miles de flores y unos 90000 metros cuadrados de césped. En la parte más baja del parque se construyó un estanque muy grande. Hacia 1980 se abrió un primer auditorio en el centro del parque.

Gracias a la intervención de la Asociación de Vecinos de San Blas-Simancas en 1973 el barrio del Cerro de la Vaca desapareció definitivamente cuando fueron realojados en nuevas viviendas los residentes por parte del Ministerio de la Vivienda. En aquel entonces el Cerro de la Vaca estaba compuesto por 350 chabolas, con una media de 13 metros cua-

Páginas siguientes:
Diversas imágenes de El Paraíso el día de su inauguración, 17 de julio de 1971. Fondo Portillo. Archivo Regional Comunidad de Madrid.

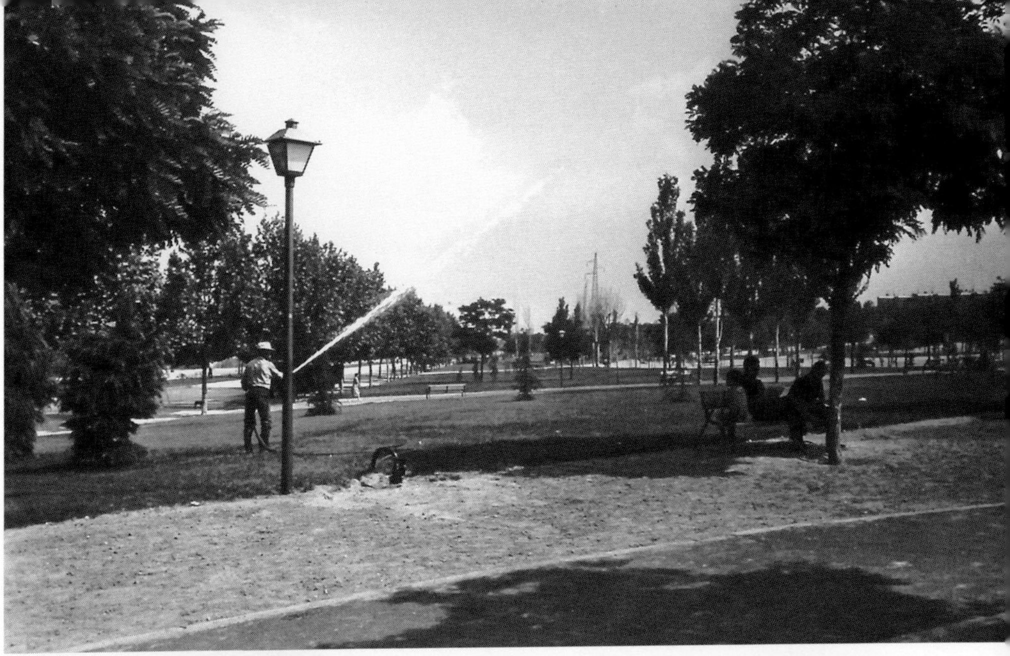

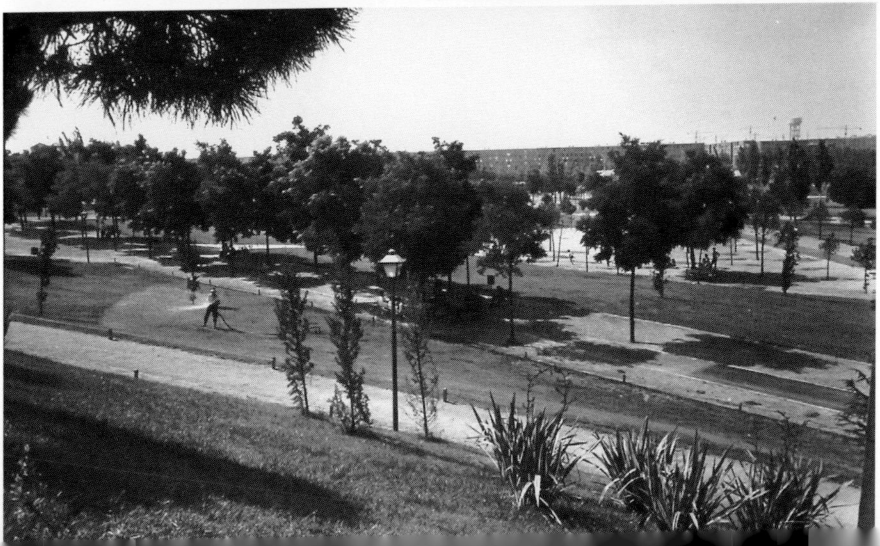

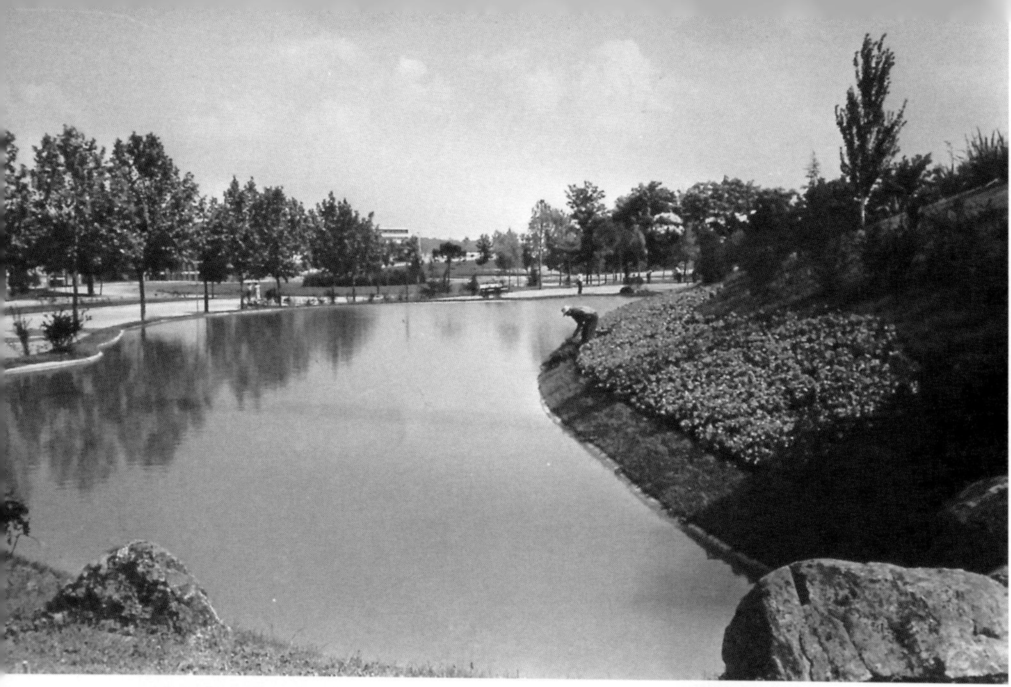

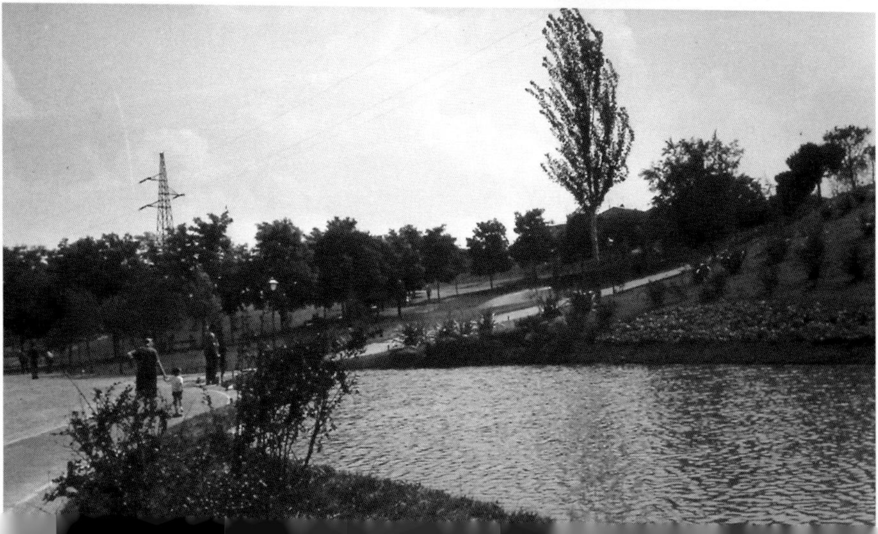

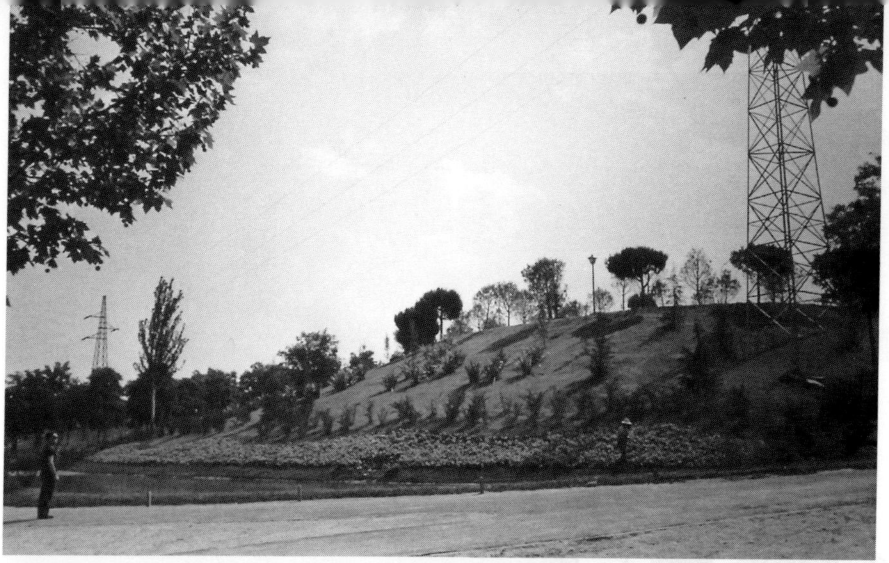

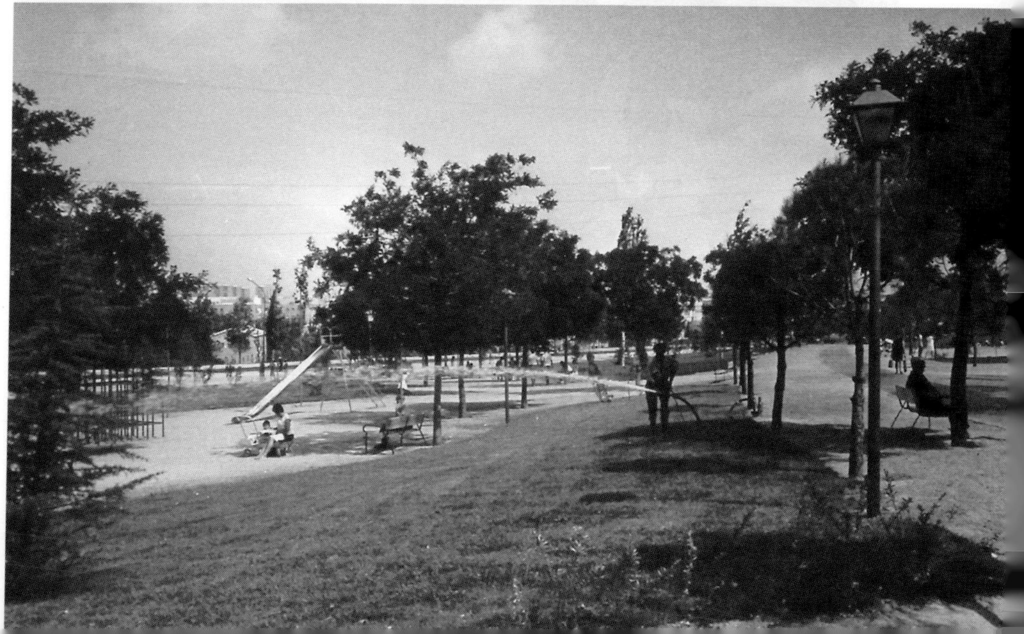

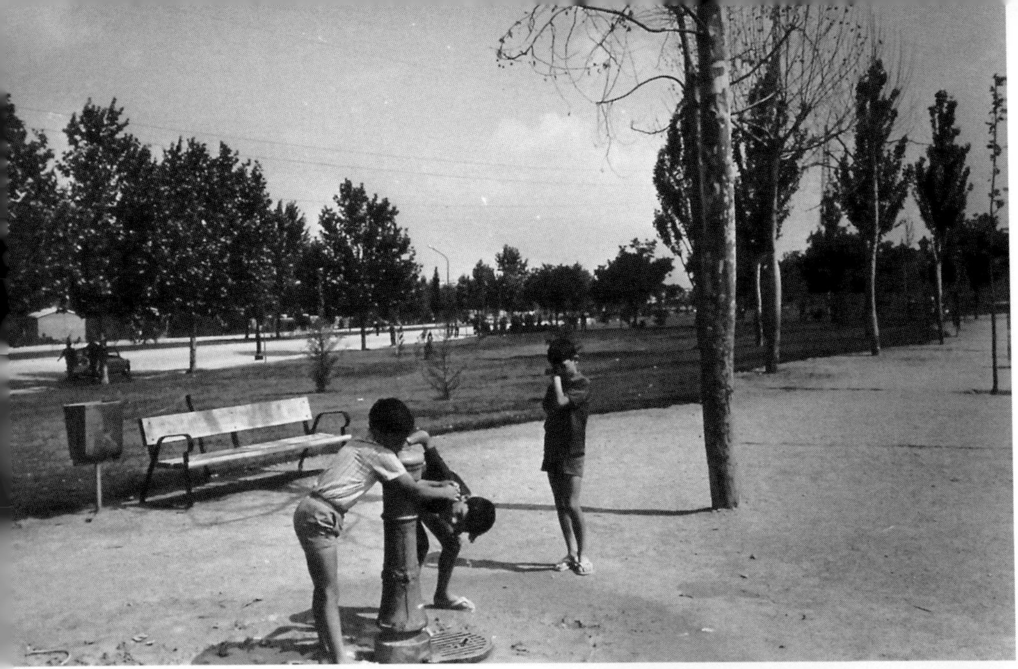

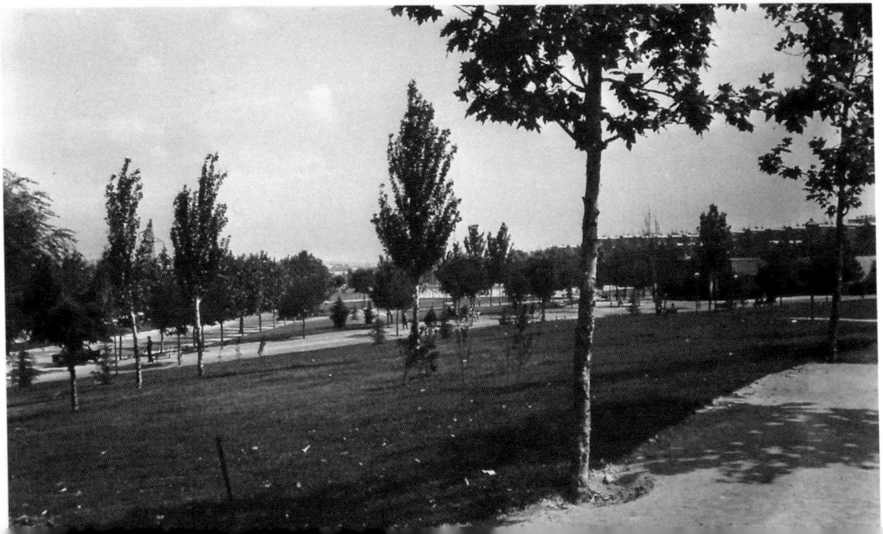

drados, siendo todas verdaderas infraviviendas de las más marginales de Madrid. La problemática era muy grande, pues además de lo caótico del barrio, se daban alquileres en los que los inquilinos eran explotados por los caseros, llegando a publicarse en la prensa casos verdaderamente escandalosos. También existían otros dos emplazamientos chabolistas en Hermanos García Noblejas en los que se contaban 340 chabolas, los llamados poblados de El Pozo y Las Moreras.

En el verano de 1973 fueron abiertas las piscinas del polideportivo. Anteriormente el polideportivo tan solo contaba con el gimnasio cubierto –desde 1971–, pero con la apertura de las piscinas, campos de tenis, balonmano..., se consiguió la integración al acercar definitivamente el polideportivo al barrio.

En mayo de 1974 se hizo la remodelación total de la calle Hermanos García Noblejas para dejarla igual que la calle Arturo Soria, tal y como la conocemos hoy en día. También en 1974 abrió la comisaría en la calle Alberique.

La Asociación de Vecinos San Blas-Simancas, a pesar de los graves problemas que tuvo en 1976 cuando fue detenido su presidente Antonio Villanueva, fue consiguiendo la remodelación del barrio. Así en 1977 se empezó a adecentar San Blas II, la parcela H, y el barrio de Simancas.

En 1979 se puso en marcha el Parque de Bomberos número 7 de San Blas en la avenida de Hellín.

En abril de 1986 se procedió a pavimentar y arreglar las aceras de Simancas y la Colonia Benéfica Belén.

El parque de San Blas ha tenido diversas reformas y ampliaciones, siendo una de las principales la que comenzó en 1996. En el año 2000 se inauguró un estanque con forma de luna creciente y con una longitud de 18 metros, a la altura del cruce de la calle Albaida con la avenida de Arcentales. Siete años después, en la parte central del parque, se inauguró un moderno auditorio al aire libre con cuatro cubiertas aladas (conocidas popularmente como sillas de montar), y tres aulas para la educación artística, que fueron utilizadas durante los primeros años para dar clase y que hoy en día son usadas como salas de ensayo para grupos musicales del barrio.

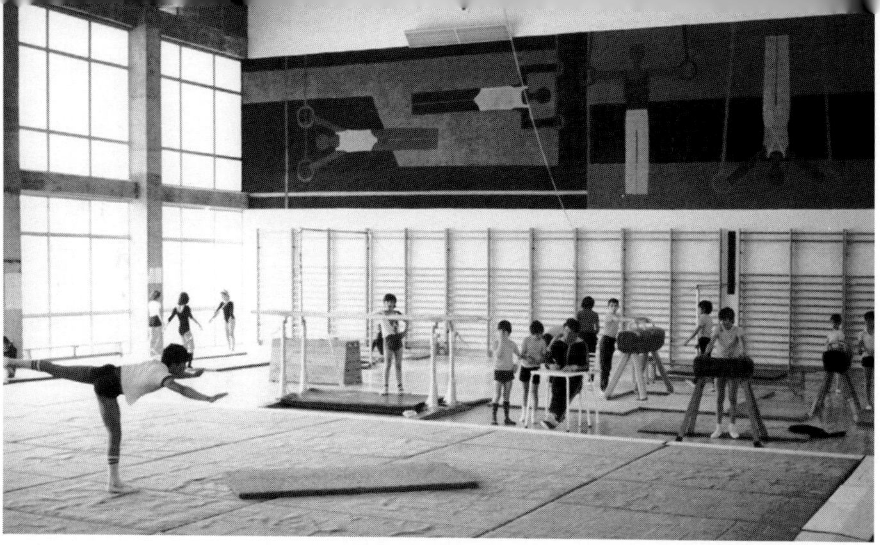

▲ Clases de gimnasia. Año 1972. Foto: Club Gimnástico San Blas.

▼ El pabellón cubierto del polideportivo. 27 de julio de 1973. Fondo Portillo. Archivo Regional Comunidad de Madrid.

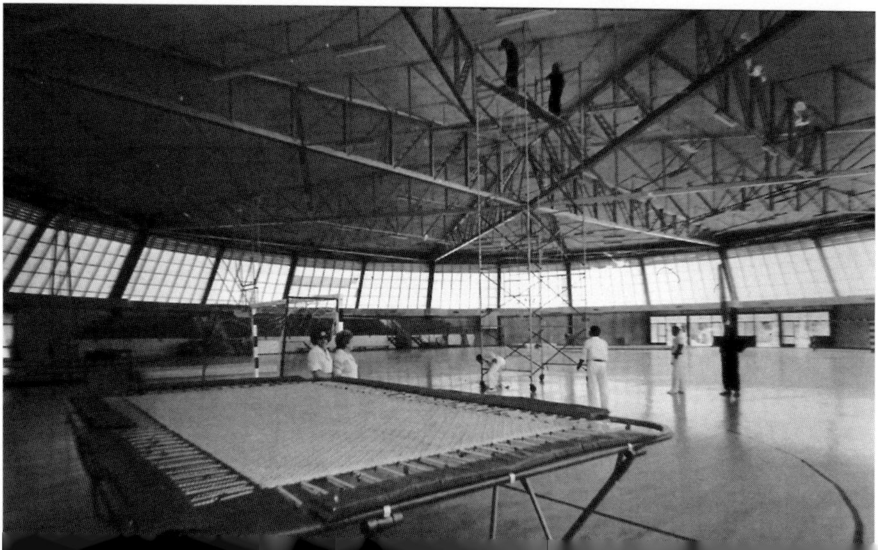

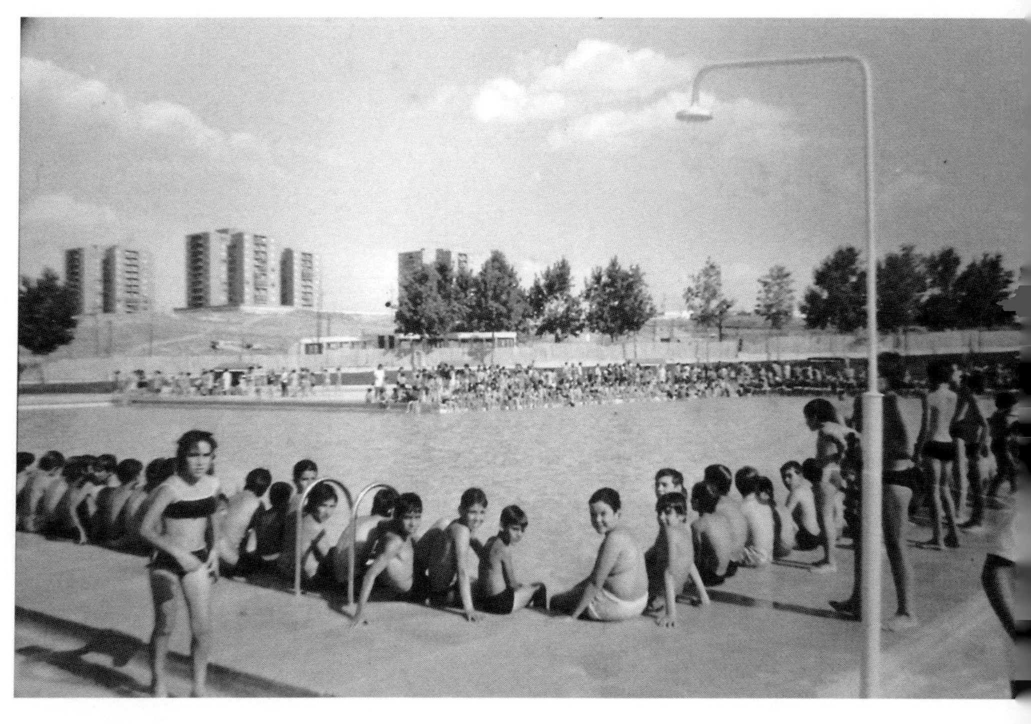

La inauguración definitiva del polideportivo. Para los chavales lo más importante era la piscina. Julio de 1973. Fondo Portillo. Archivo Regional Comunidad de Madrid.

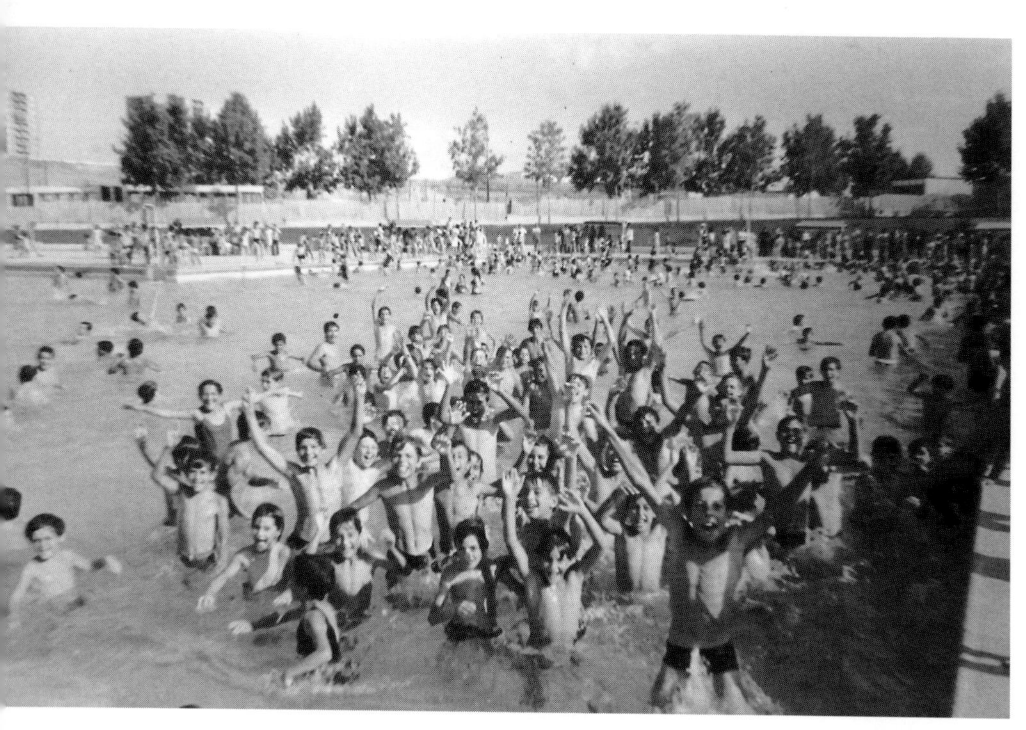

Inauguración del polideportivo, julio de 1973. Fondo Portillo. Archivo Regional Comunidad de Madrid.

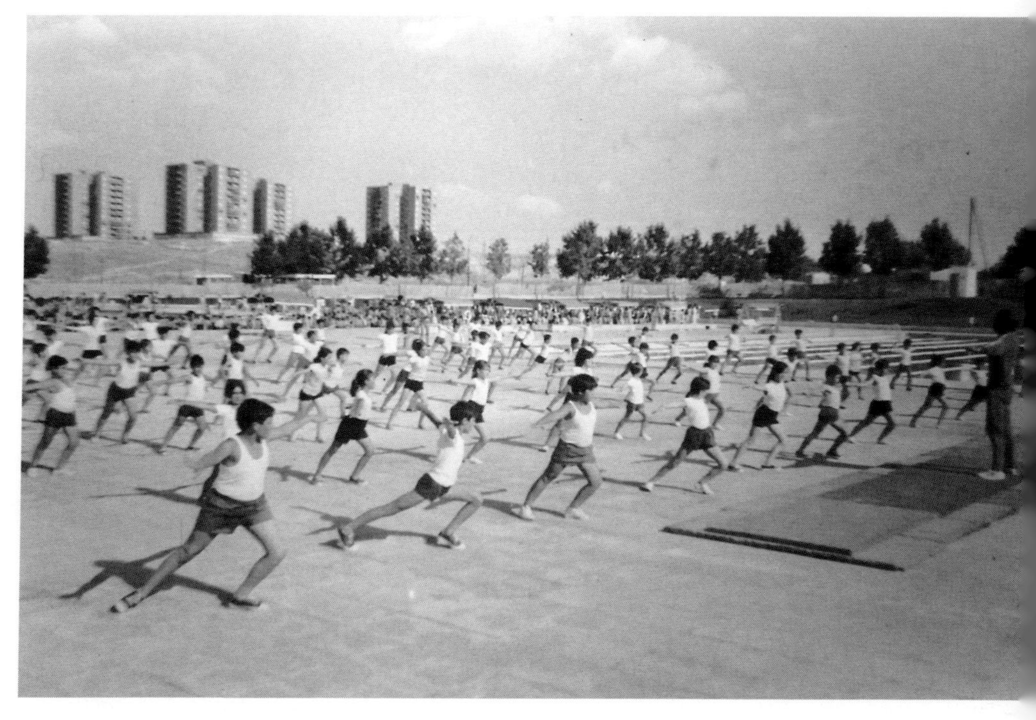

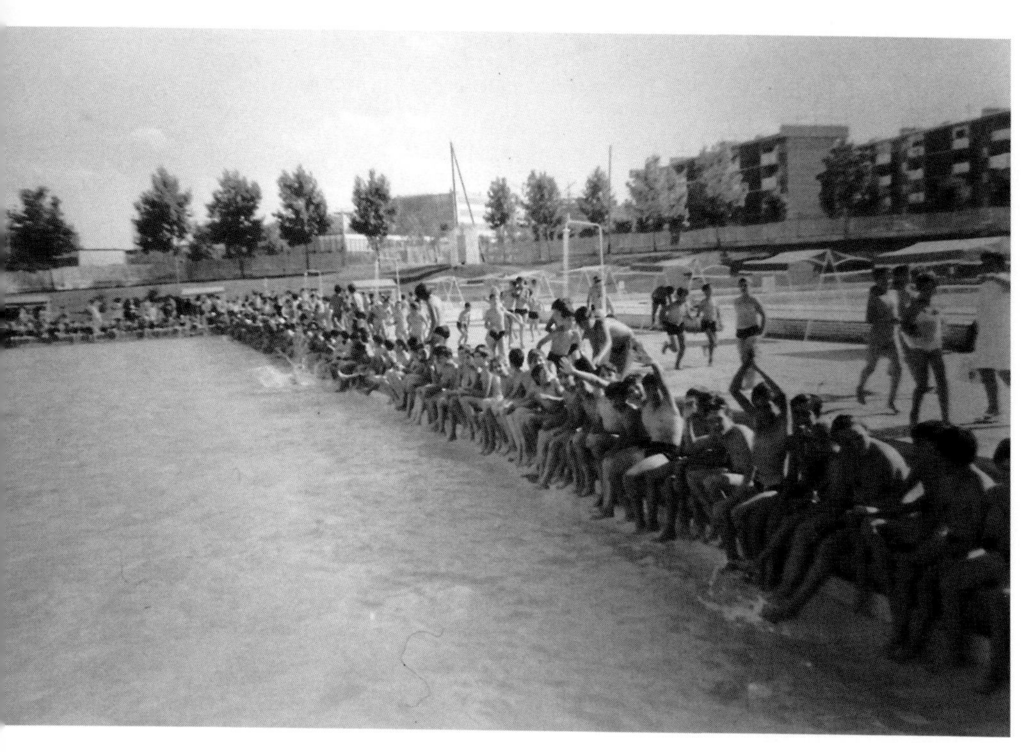

Inauguración del polideportivo, julio de 1973. Fondo Portillo. Archivo Regional Comunidad de Madrid.

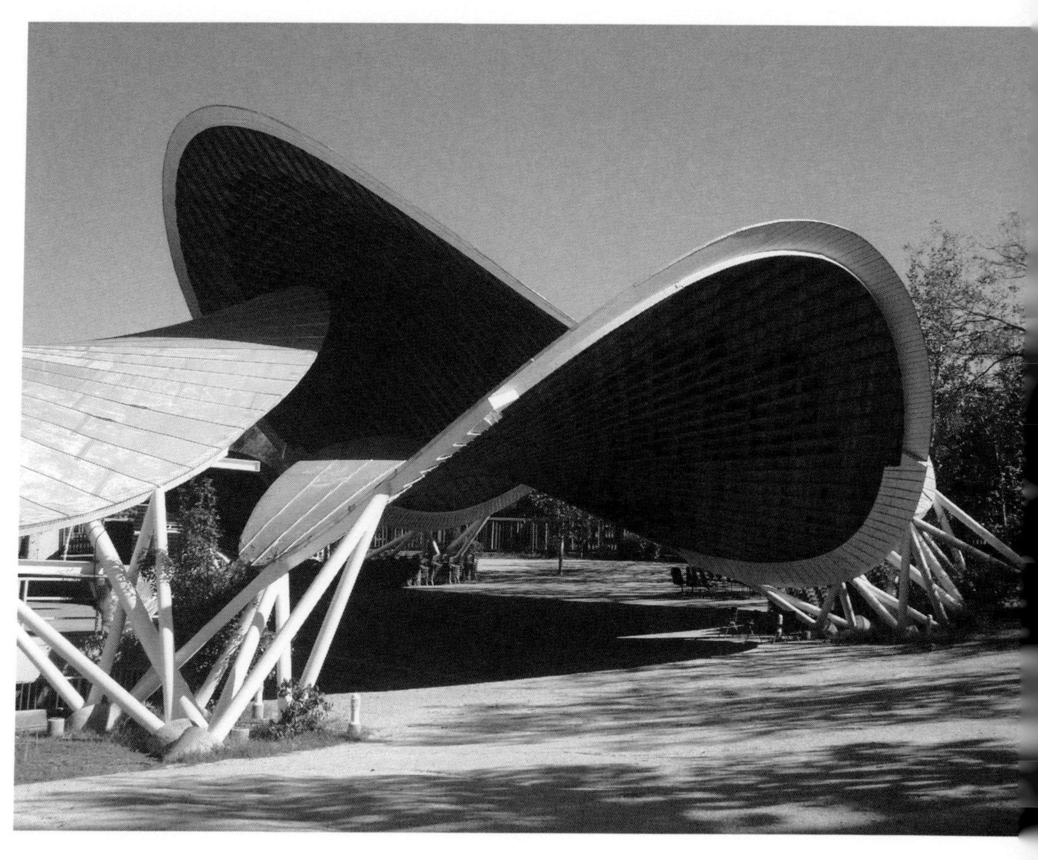

El auditorio de San Blas. Año 2014. Foto: R. Márquez.

COLEGIOS

En los primeros años del Gran San Blas solo había una escuela pública para unos 780 alumnos en San Blas 2, el colegio Santa Marta. El día de la inauguración hubo disturbios debido a la protesta de los vecinos por la falta de plazas escolares –año 1961–.

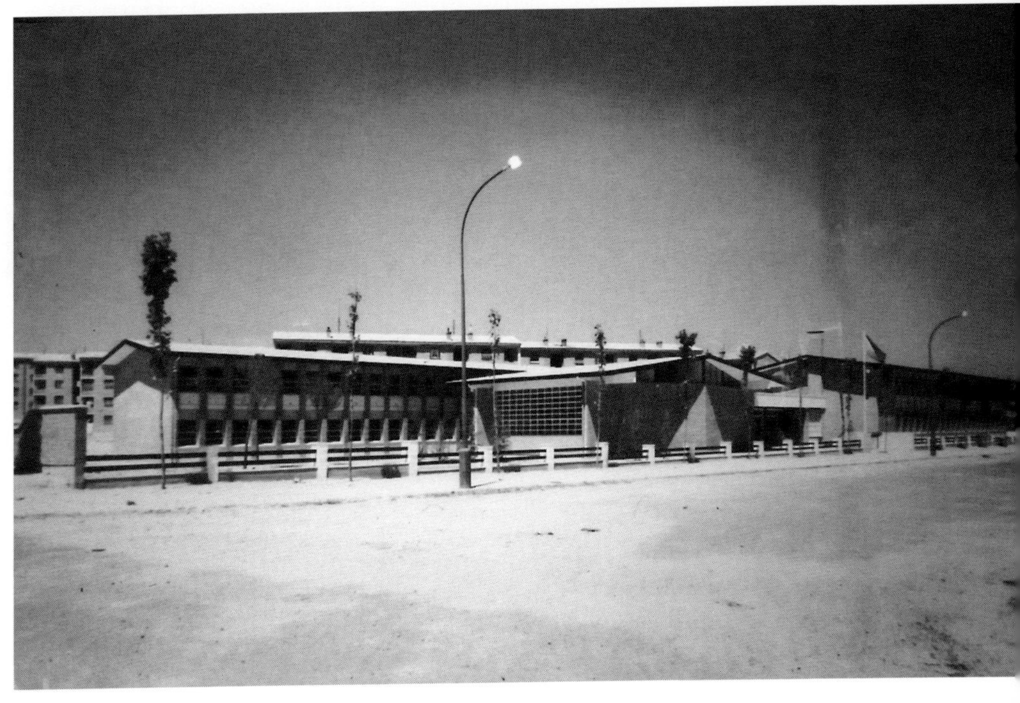

Colegio Santa Marta en la calle Amposta. 6 de junio de 1963. Fondo Portillo. Archivo Regional Comunidad de Madrid.

Para camuflar este descontento, cuando Franco inauguró el Gran San Blas en la parcela F en julio de 1962, aparecieron carteles en los solares y locales donde decían: «Adquirido para colegio de niños», «Local para guardería»..., fue una curiosa forma de engañar al Jefe del Estado y que viera «cuantos colegios se iban a construir».

En el discurso pronunciado por el entonces Ministro de la Vivienda, señor Sánchez-Arjona, dijo que el barrio de San Blas contaría con: «15 parroquias, 27 grupos escolares de 12 grados, 8 centros de enseñanza media y laboral, un centro comercial y 14 secundarios, 332 locales para oficinas, un hotel, un ambulatorio del seguro de enfermedad, 14 consultorios, 62 guarderías de infancia...,». Muchas de estas cosas no fueron construidas, y otras se hicieron muchos años después.

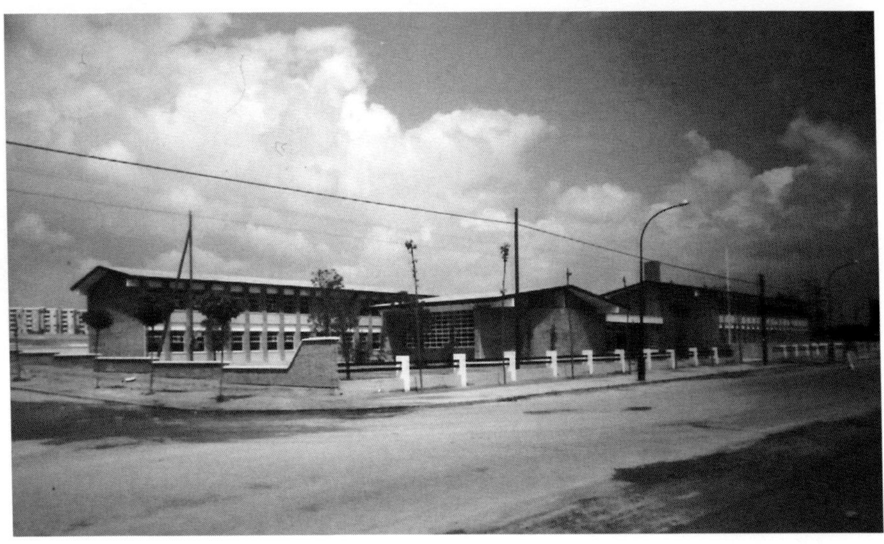

Colegio Alberto Alcocer, en la avenida de Canillejas a Vicálvaro. Obsérvese la similitud con el Santa Marta. 6 de junio de 1963. Fondo Portillo. Archivo Regional Comunidad de Madrid.

En 1967, según la detallada encuesta hecha para el estudio Gran San Blas, Análisis Sociourbanístico de un Barrio Nuevo Español, había cerca de 11000 niños en edad de escolarización, contando tan solo con 4017 plazas en colegios públicos, y aún sumando la oferta de la educación privada, hacían falta unas 4600 plazas para dar educación a todos los niños.

Los colegios públicos no tenían escuela para parvulitos, menores de seis años, ateniéndose estrictamente a lo mínimo que marcaba la ley de enseñanza y así poder dedicar todas las aulas a los niños entre los 6 y los 14 años. Paradójicamente la falta de plazas escolares para la enseñanza primaria fue esgrimida por el Ministerio de Educación para construir solo colegios a fin de alcanzar la escolarización total, y no guarderías o escuelas infantiles hasta no tener resuelto el problema de la educación primaria.

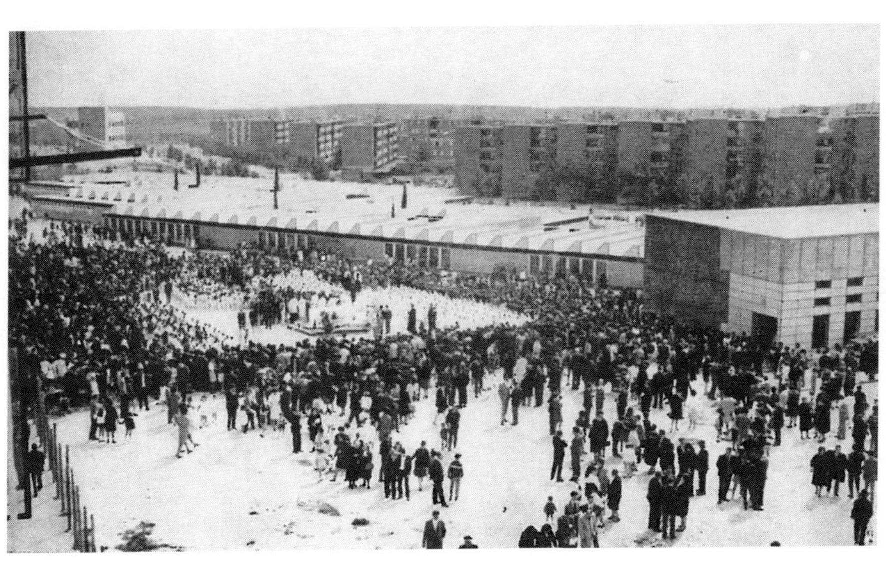

Colegio XXV Años de Paz. Año 1966. Foto: *Análisis Sociourbanístico de un Barrio Nuevo Español.*

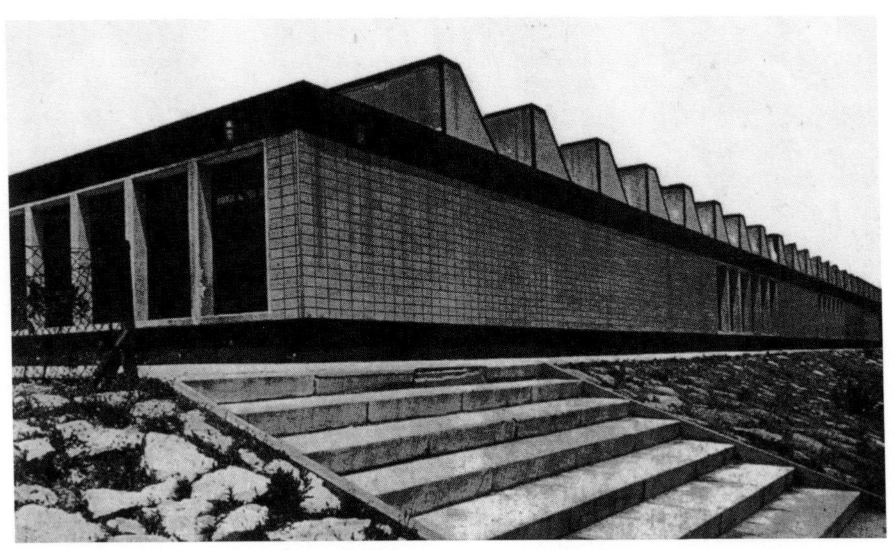

Vista del XXV Años de Paz. Hacia 1969. Foto: *Arquitectura de Madrid 3*. COAM.

Los colegios públicos en el Gran San Blas eran: XXV Años de Paz en la parcela E, con capacidad para 2400 niños; el Santa Marta que estaba en San Blas 2 que tenía 780 plazas; el Panamá 1 y 2, en la parcela F para 1500 alumnos; y en la parcela H el colegio Alberto Alcocer, con 837 plazas. Como media cada clase tenía 60 alumnos.

Como colegios privados estaban de mayor a menor: el Pío XII, para 1900 alumnos, seguido del Cid, San José, Porta Bella, María Auxiliadora...

Para hacernos una idea de la falta de centros educativos, el colegio XXV Años de Paz era abierto por las noches para dar educación a los trabajadores de ambos sexos mayores de 14 años, bajo el nombre Centro López Vicuña, contando con 16 profesores para unos 850 alumnos.

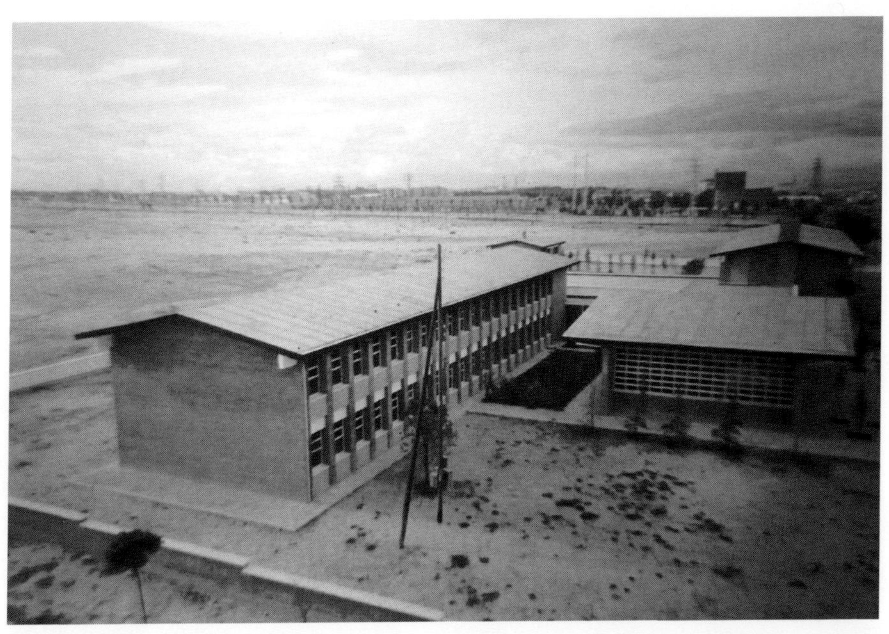

Vista de conjunto del colegio Alberto Alcocer. 12 de septiembre de 1963. Fondo Portillo. Archivo Regional Comunidad de Madrid.

Por su parte en el barrio de Simancas estaban en la calle Castillo de Uclés los colegios públicos República de Chile y Agustín de Foxá, inaugurados en 1963, y el más antiguo el Carmen Cabezuelo, así como los colegios privados de la calle Hermanos García Noblejas.

El único instituto de enseñanza media en la zona era el Simancas, dependiente del Beatriz Galindo, pero este difícilmente podía atender la demanda de los barrios de Francisco Franco, Simancas, García Noblejas, San Blas 1 y la colonia Belén.

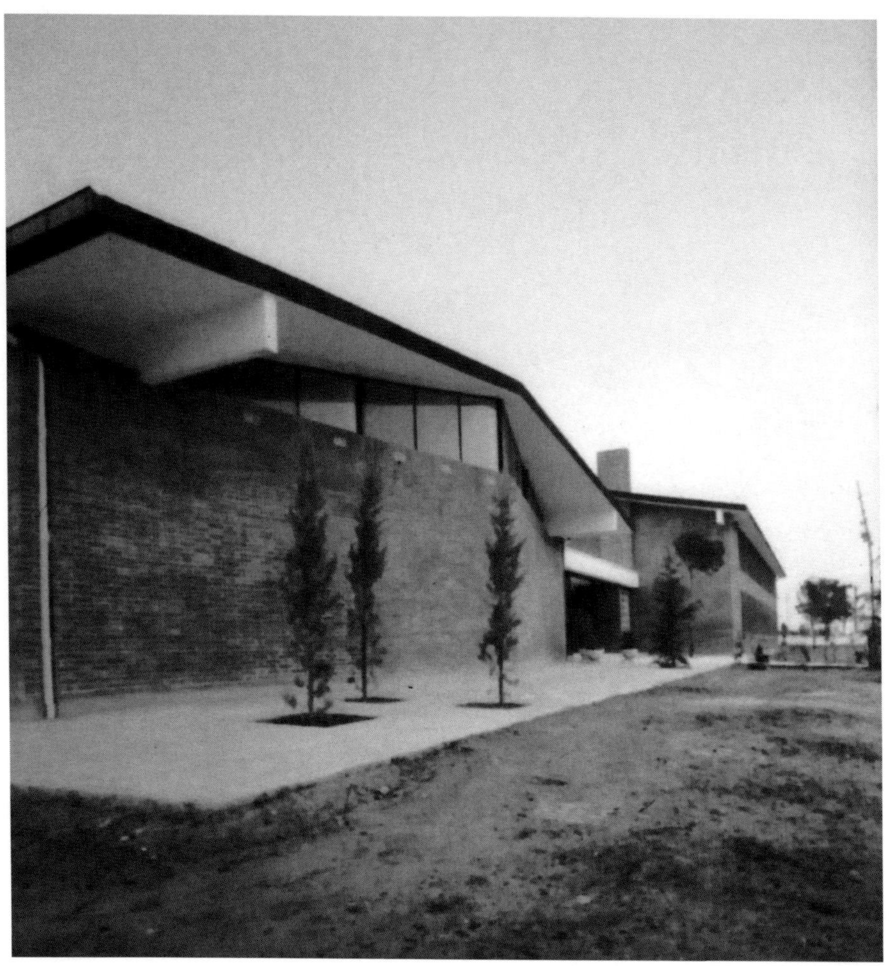

En la calle Castillo de Uclés, junto a la iglesia de Jesús Divino Obrero y el colegio República de Chile, abrió sus puertas en 1971 el colegio «La Purísima» de las Hermanas Franciscanas de la Inmaculada especializado en niñas con deficiencias auditivas, en lo que hoy en día es el colegio Nazaret.

Por su parte de las 17 guarderías previstas para el barrio en el proyecto, tan solo había una pública abierta en el año 1971 a cargo de Cáritas, apoyada por la Asociación de Vecinos y la Junta de Distrito, con 200 plazas, cuando se calculaba una necesidad de 1200 plazas solo para mujeres que trabajaban y tenían hijos entre los 4 meses y los 3 años.

A partir de 1970, con la construcción de la segunda fase del Gran San Blas, se empezaron a edificar mas centros educativos, sobre todo institutos. Así en la calle Arcos de Jalón se abrieron los colegios: Fundación Goyeneche, Instituto Quevedo, Instituto Gabriela Mistral –ahora integrado en el Quevedo–, colegio Julio Cortázar (antes Ministro Lora Tamayo), Instituto Carlos III, Instituto San Blas, colegio El Sol..., y en la parcela H el Instituto Gómez Moreno. En 1976 se abrió en el centro de la parcela G el colegio Valle Inclán.

Pero aunque parezca mentira de nuevo los planes de escolarización fallaron estrepitosamente, y se dio el caso que al inicio del curso 1979-1980 faltaban 2500 plazas para Educación General Básica, y sin embargo en Bachillerato sobraban 2750. La explicación es que con la segunda fase del Gran San Blas aumentó considerablemente el número de niños en edad escolar y, por desgracia, no muchos jóvenes seguían en la enseñanza media.

Debido a la disminución de alumnos en los años noventa comenzó la reestructuración de los colegios, así se cerró el colegio más grande, el XXV Años de Paz –entonces ya era el Pablo Casals–; y se unió el Santa Marta al Julio Cortázar formando el colegio María Moliner en 1999, aunque el Santa Marta ha seguido siendo conocido hasta nuestros días con el mismo nombre y en la práctica es un complemento del María Moliner. Por cierto, el María Moliner fue uno de los primeros colegios públicos en poner el uniforme escolar a sus alumnos.

Página anterior:
Detalle del frontal del colegio Alberto Alcocer. 6 de junio de 1963. Fondo Portillo. Archivo Regional Comunidad de Madrid.

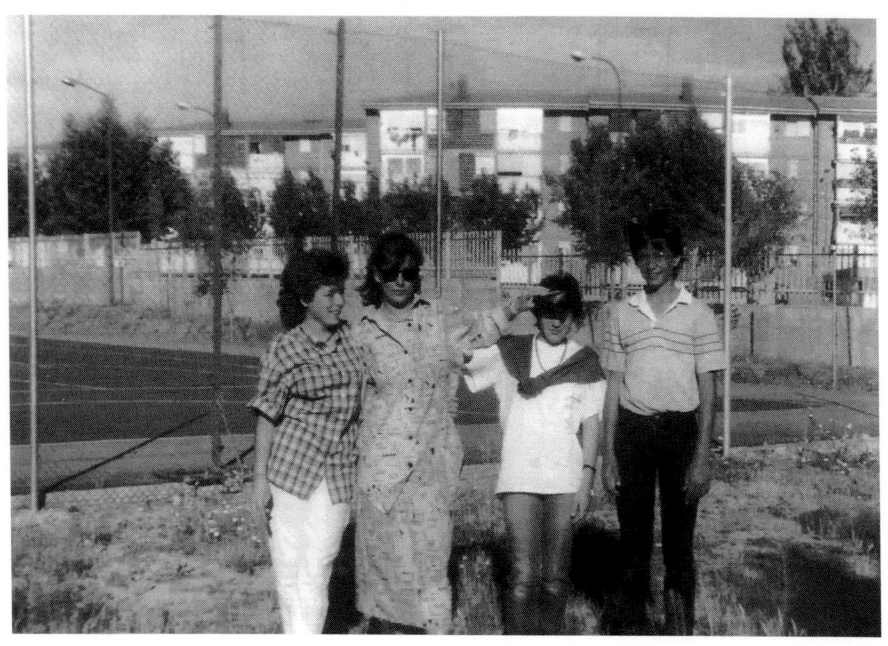

Grupo de amigos en el patio del instituto Carlos III. Década de 1980. Foto: Plataforma Vecinal de San Blas-Simancas.

Otros ejemplos de uniones son el Instituto Quevedo con el Gabriela Mistral, o el colegio El Sol que es la fusión de los colegios: Educación Especial para Sordos y Ana María Matute. Hay que destacar el gran proyecto educativo que lleva a cabo este centro para la integración de niños sordos y oyentes con enseñanza bilingüe en castellano y LSE (Lengua de Signos Española), siendo hoy un ejemplo de innovación reconocido por muchos estamentos educativos.

CINES Y OCIO

El Simancas fue el primer cine en abrir sus puertas en 1962, en la calle del Castillo de Madrigal de las Altas Torres, número 9, dentro de la urbanización hecha por José Banús. Era el clásico cine de barrio de sesión continua, un local 100% funcional con sus butacas de entresuelo. Hacia finales de los años ochenta el cine cerró y pasó a ser un plató de Telemadrid, y posteriormente un supermercado.

Un año después se inauguró el cine San Blas, en la calle Hermanos García Noblejas, 79. Con sus 1703 localidades era realmente grande y fue durante años el cine con mayor número de espectadores de todo el barrio. La construcción del cine y del edificio de 10 plantas corrió a cargo de la constructora Jotsa. A mediados de los ochenta el cine cerró también sus puertas, permaneciendo el local sin uso. Hacia el año 2006 el cine fue demolido, levantándose en su lugar bloques de viviendas.

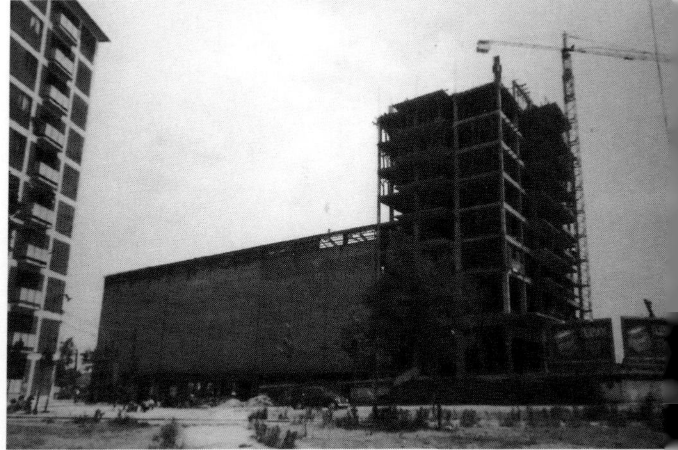

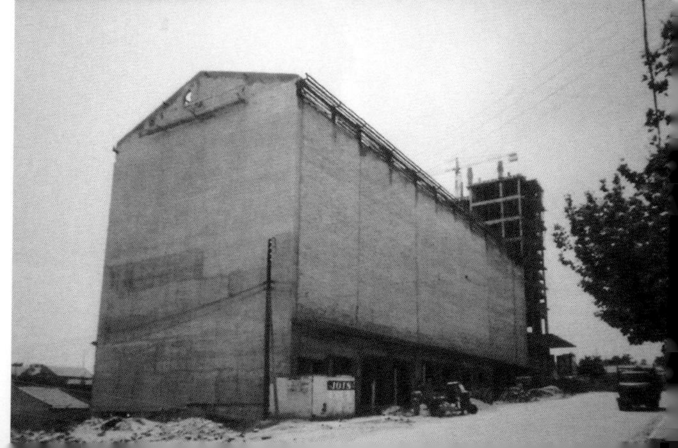

Construcción del cine San Blas. 28 de junio de 1963. Fondo Portillo. Archivo Regional Comunidad de Madrid.

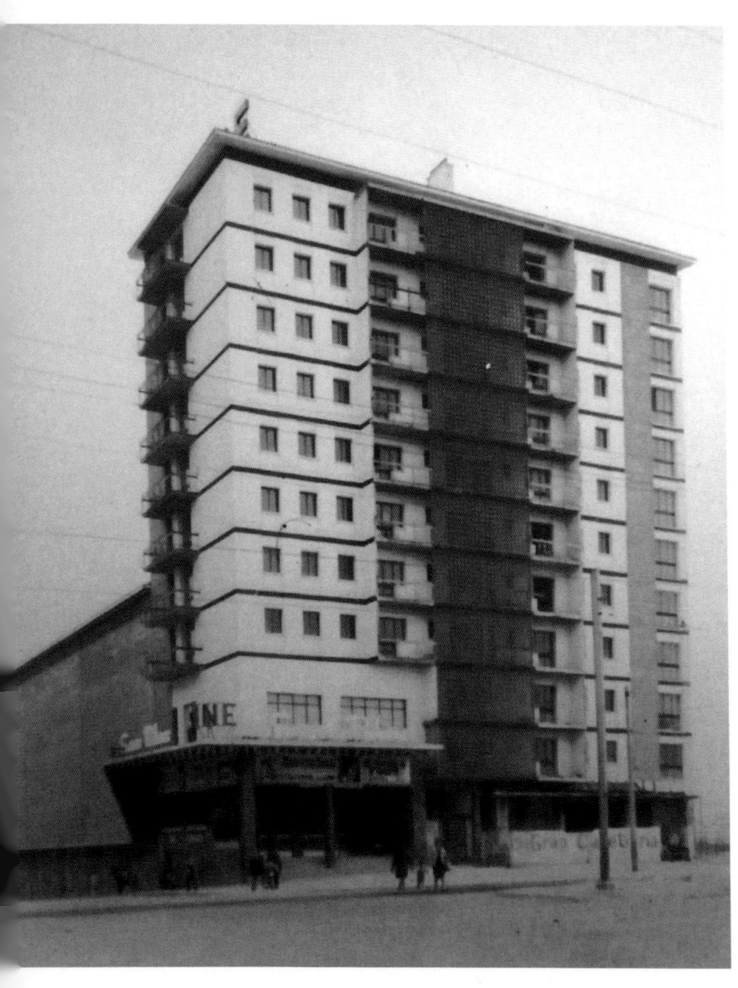

Por último el cine Argentina abrió sus puertas en la calle Pobladura del Valle, número 21, en el año 1971. Tenía una capacidad para 1384 espectadores. Al igual que los anteriores tenía entresuelo y era de sesión continua, perteneciendo a la cadena Reyzábal, la misma que el cine San Blas. En 1987 cambio su actividad, pasando a ser una de las salas para conciertos de Heavy Metal más famosas de Madrid.

Las primeras fiestas del barrio se celebraban el 3 de febrero, onomástica de San Blas; el día de San Isidro –15 de mayo–; y el día 16 de

El edificio del cine San Blas. Abril de 1964. Fondo Portillo. Archivo Regional Comunidad de Madrid.

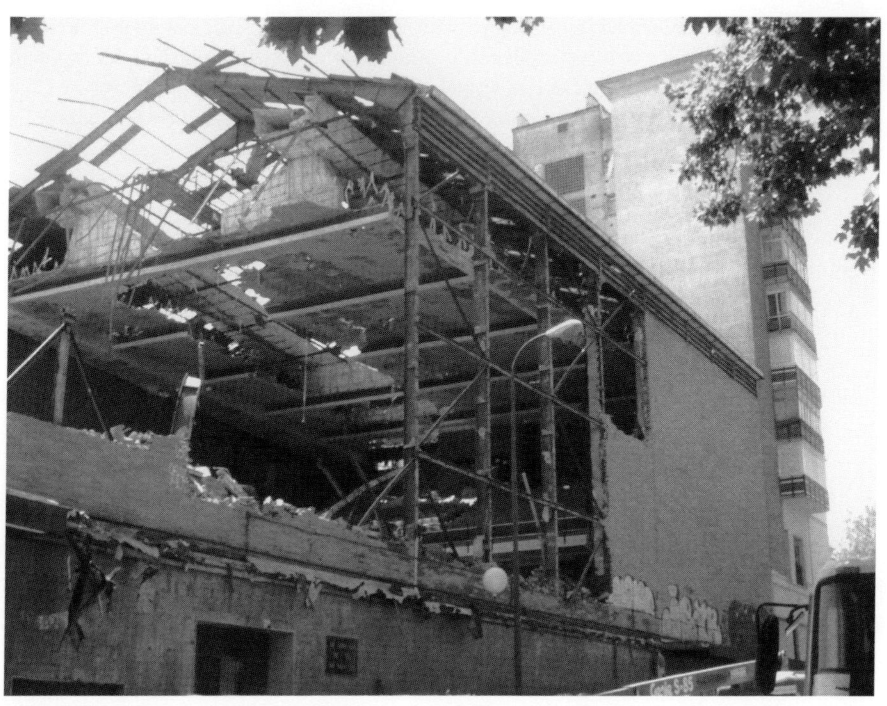

Derribo del cine San Blas. Foto David Miguel Sánchez Fernández.

agosto –San Joaquín–; siendo las dos últimas las más populares pues se ponían verbenas en cualquiera de los solares existentes, se organizaban concursos de «Misses», desfiles a caballo de la Policía Municipal, demostraciones de la OJE, y en las placitas de la F se hacían competiciones y guiñoles para los más pequeños.

La plaza de Roma, actualmente Manuel Becerra, era el nexo principal de unión con la capital, allí finalizaban casi todas las líneas de autobús y camionetas, y no solo las que iban a San Blas, sino a otros barrios del este y pueblos cercanos, como La Elipa, Vicálvaro, Coslada..., siendo Manuel Becerra un «mini centro» para todos ellos. Por ejemplo, para ir de San Blas a Vicálvaro, a pesar de su cercanía, debían de ir hasta allí para coger otro autobús.

Otro lugar de salida y reunión era La Cruz de los Caídos, pues tanto Arturo Soria como la calle Alcalá contaban con numerosos locales de esparcimiento. Allí estaba el cine Las Vegas, una pequeña feria casi perpetua, con su tiovivo, coches de choque, buenas cafeterías como J5, pero sobre todo el tramo de Alcalá hacia Madrid contaba con muchas tiendas y numerosos cines de reestreno y sesión doble.

Los bares eran la principal distracción del barrio. Los domingos por la mañana se reunían muchas personas en los numerosos campos de fútbol para ver los partidos de cualquiera de los 12 equipos que había por la zona. Alrededor de los campos se hacían

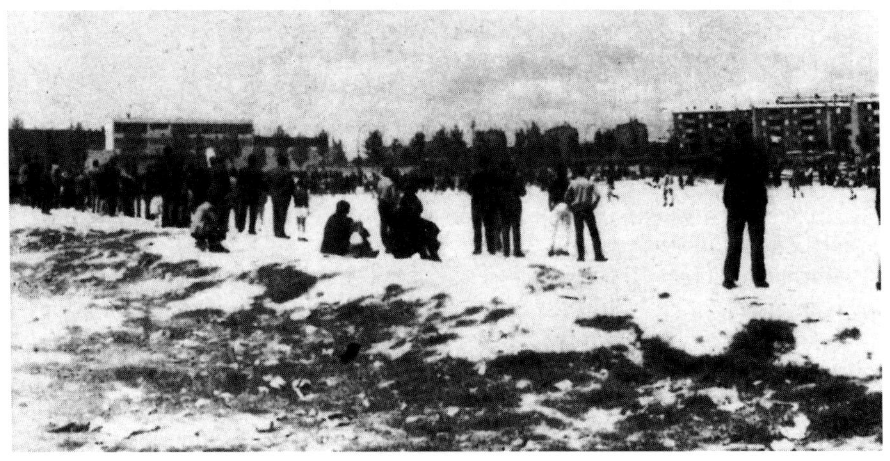

Uno de los campos en los que se jugaba al fútbol, en la plaza Cívica. A la izquierda la Casa Sindical. Año 1966. Foto: *Análisis Sociourbanístico de un Barrio Nuevo Español.*

rifas, verbenas, se vendían churros, y por supuesto, después del partido el aperitivo era obligatorio.

En la avenida de Guadalajara, frente al Migrans, a la vez que se construía la segunda fase del Gran San Blas se hizo un campo de fútbol vallado, el más profesional que tuvo el barrio. Allí se celebraron importantes mítines durante los primeros años de la Democracia y algunas ediciones del Festival de Rock *Villa de Madrid*.

Otro de los entretenimientos que tenían los vecinos los domingos en verano era pasarlos en los ríos cercanos, siempre en familia y aprovechando la capacidad de los vehículos a tope.

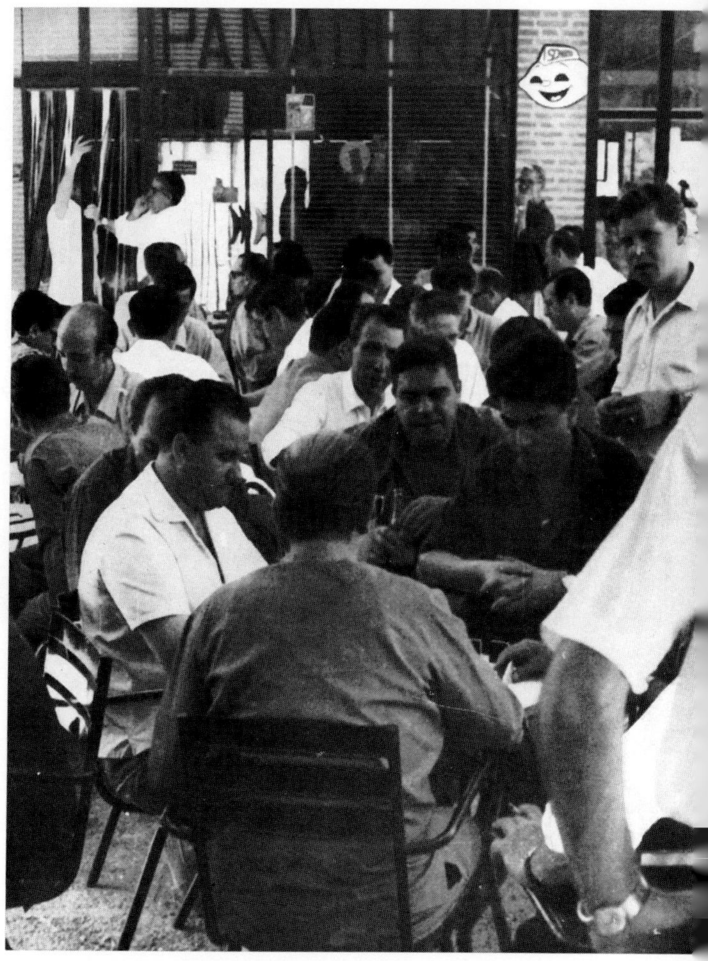

Las partidas y hablar en los bares era el clásico entretenimiento sin salir del barrio. Año 1966. Foto: *Análisis Sociourbanístico de un Barrio Nuevo Español.*

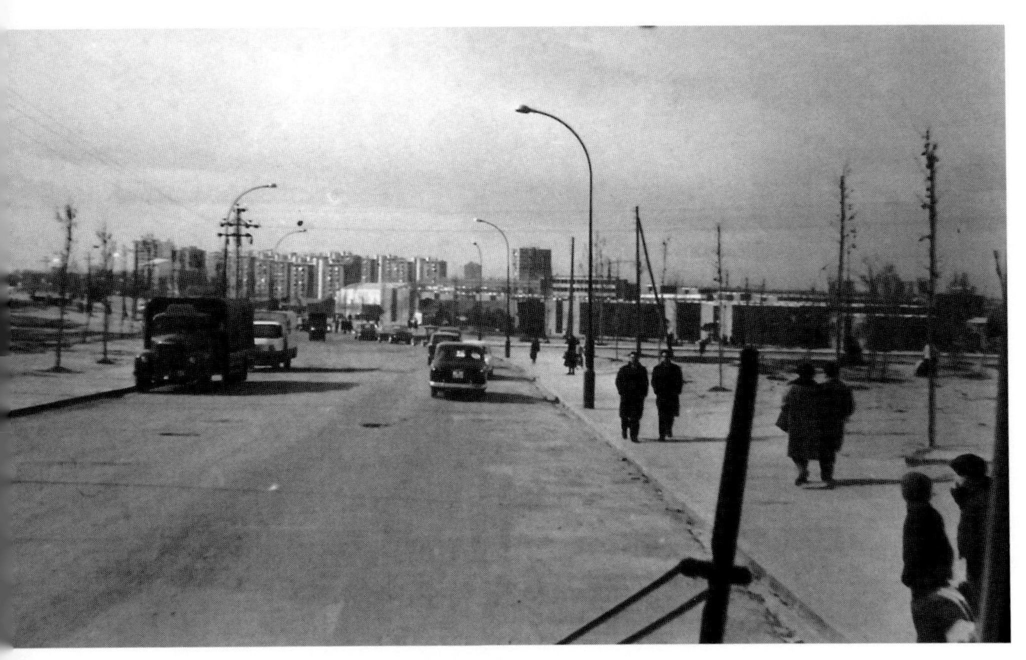

Los paseos entre el Gran San Blas y Simancas eran otro de los pasatiempos de los vecinos. Calle Alberique antes de llegar a Albaida. Al fondo se ve el cine Simancas. Enero 1966. Fondo Portillo. Archivo Regional Comunidad de Madrid.

Tranvías

El Ayuntamiento de Madrid aprobó en su reunión del día 11 de mayo de 1956 la instalación del tranvía entre la carretera de Aragón y el barrio de San Blas. Es así como el día 29 de julio de 1956 llegó el primer tranvía al barrio, la línea número 6, con el itinerario Pueblo Nuevo-San Blas (aproximadamente 1,5 kilómetros). El trazado era en vía única por la calle Hermanos García Noblejas, desde su inicio junto a La Cruz de los Caídos hasta la confluencia con la calle Castillo de Uclés. Los tranvías empleados eran el modelo «Charleroi», y como curiosidad el servicio lo prestaban dos tranvías que iban juntos pero no acoplados, es decir no formaban un convoy.

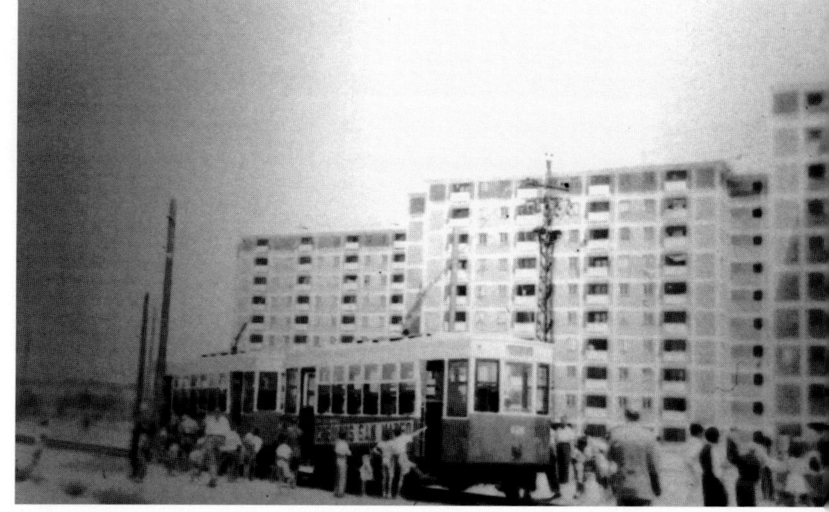

Llegada del primer tranvía a San Blas el día 29 de julio de 1956. Como se ve llegaban de dos en dos. Al fondo el grupo de viviendas Francisco Franco. Fondo Santos Yubero. Archivo Regional Comunidad de Madrid.

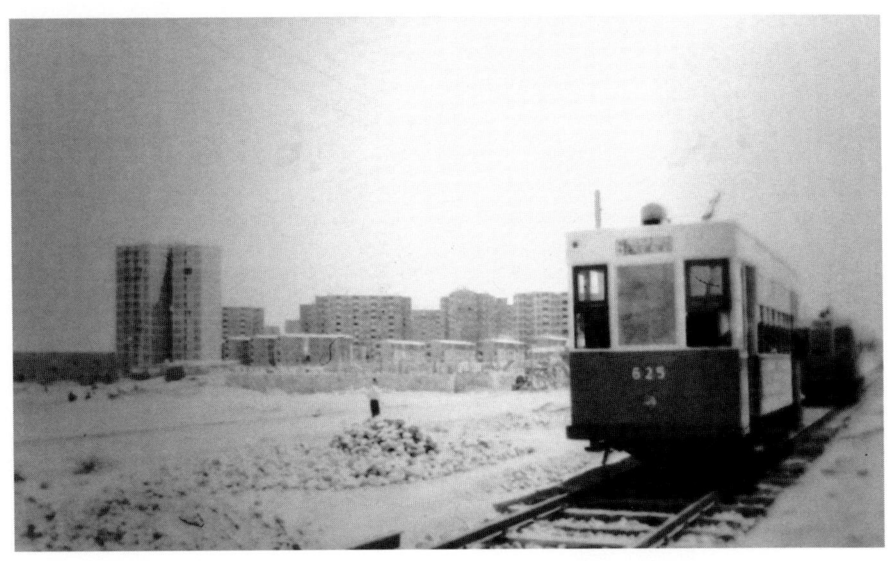

Los tranvías disco 6 haciendo su primer viaje hacia «La Cruz». 29 de julio de 1956. Fondo Santos Yubero. Archivo Regional Comunidad de Madrid.

Precisamente la parte final de esta nueva línea fue utilizada para rodar una amplia escena de la película *El Pisito*, con el genial José Luis López Vázquez, en la que se ven los bloques del grupo de viviendas Francisco Franco de la calle Castillo de Uclés y el entorno de Hermanos García Noblejas.

En «La Cruz» tenían paradas los tranvías de la línea 5 (Goya-Pueblo Nuevo), el 12 (Manuel Becerra-Canillejas), y el 1 (Plaza de Castilla-Manuel Becerra). Muy pronto, el día 4 de Agosto de 1956, tuvo que ser reforzada la línea 5 con un servicio de recorrido corto especial que cubría solo el itinerario entre Manuel Becerra y Pueblo Nuevo.

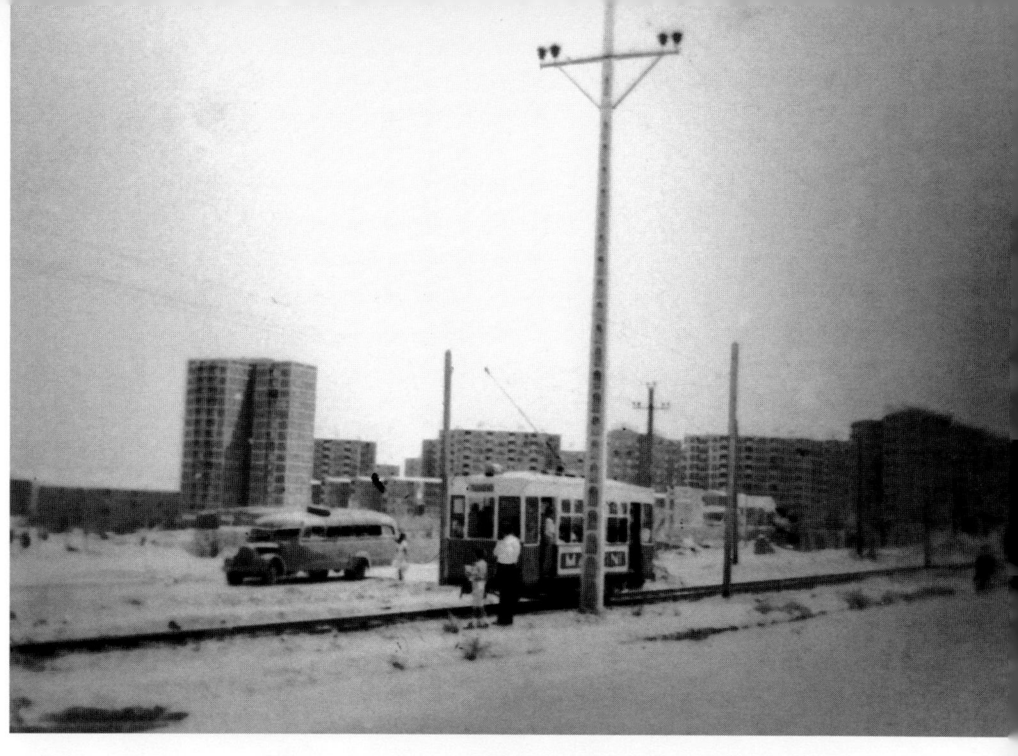

Los tranvías camino de San Blas. El autocar particular de la foto que daba servicio al barrio veía un competidor claro a su negocio. 29 de julio de 1956. Fondo Santos Yubero. Archivo Regional Comunidad de Madrid.

El 18 de Abril de 1957 se puso en funcionamiento la doble vía en la calle Hermanos García Noblejas y una «raqueta» en el final, junto a Castillo de Uclés, lo que permitió aumentar el número de coches en servicio en la línea 6 de San Blas. La línea 5 pasó definitivamente a tener solo el recorrido corto entre Manuel Becerra y Pueblo Nuevo, y además entraron en funcionamiento los tranvías Fiat PCC en la línea 5 y en la 12, la de Canillejas, con lo que se incrementaba considerablemente la capacidad de viajeros y la rapidez entre

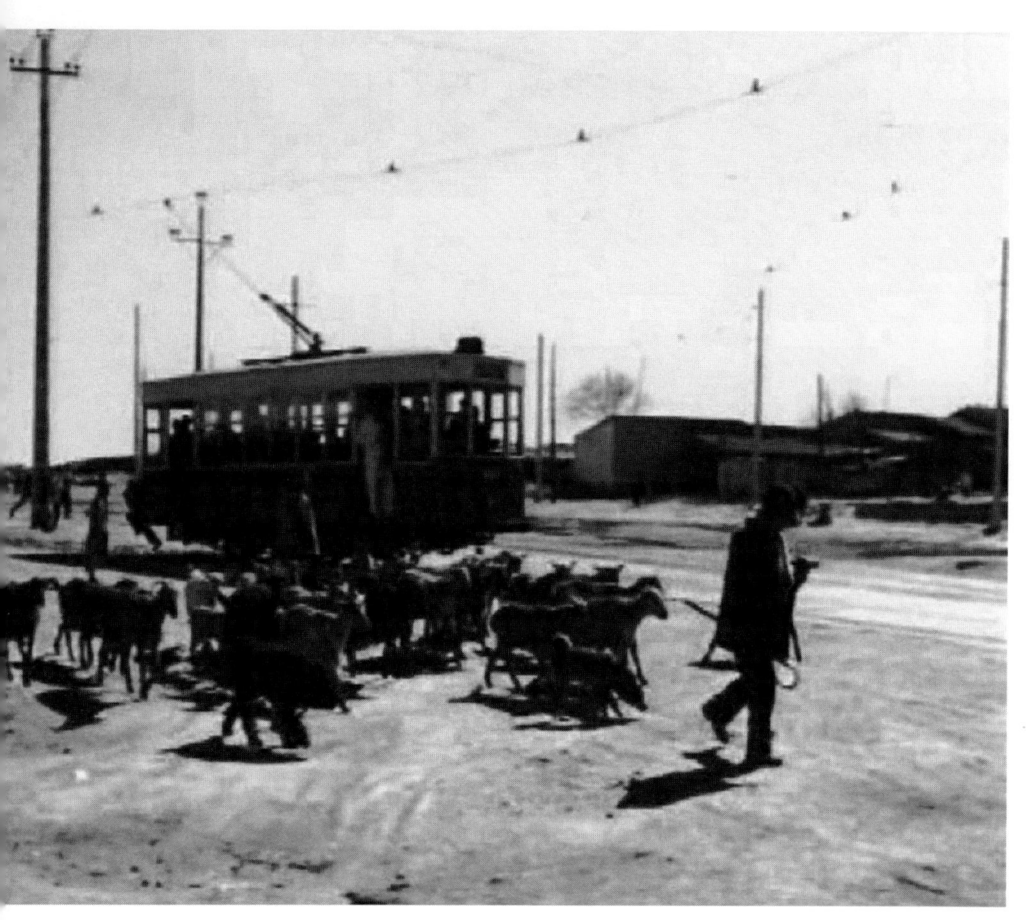

Fotograma de la película *El Pisito*, el tranvía con cabras y ovejas, una imagen muy bucólica. Hacia 1959.

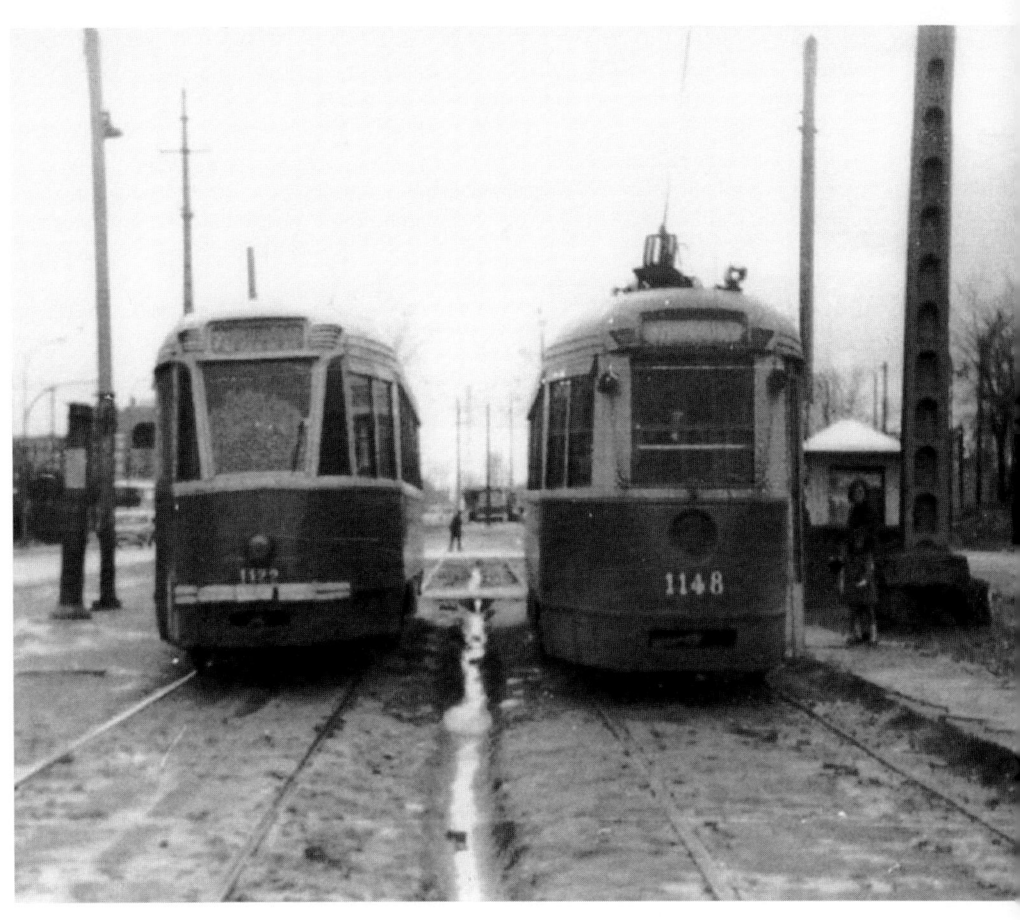

Foto de la cabecera de la línea 70 tomada de norte a sur. Hacia 1970.

«La Cruz» y Manuel Becerra. Sin embargo la línea 1 acortó su recorrido, siendo Plaza de Castilla-Pueblo Nuevo y se cambiaron unos tranvías más modernos (unificados) por los más antiguos (los quinientos), en definitiva, un paso atrás.

A finales de 1959 se desdobló la línea 12 de Canillejas, permitiendo poner más tranvías en servicio en el tramo más demandado desde Pueblo Nuevo a Manuel Becerra. La línea 6, Pueblo Nuevo-San Blas, desapareció y se unificó con la línea 5, siendo el nuevo recorrido Manuel Becerra-San Blas, como decíamos antes ya atendida por los modernos tranvías PCC.

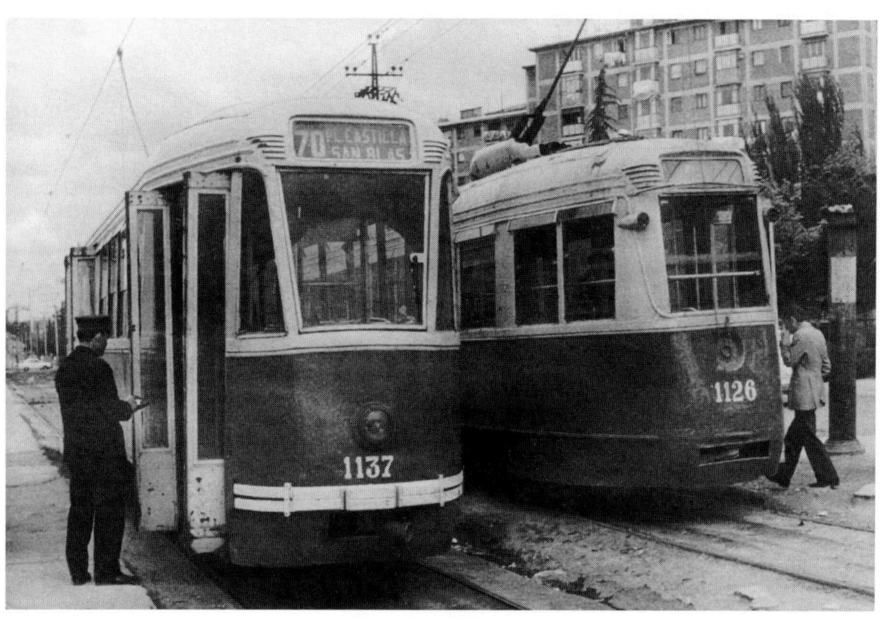

El supervisor de línea ordenando los tiempos en la cabecera de San Blas. De fondo los bloques de Castillo de Uclés.

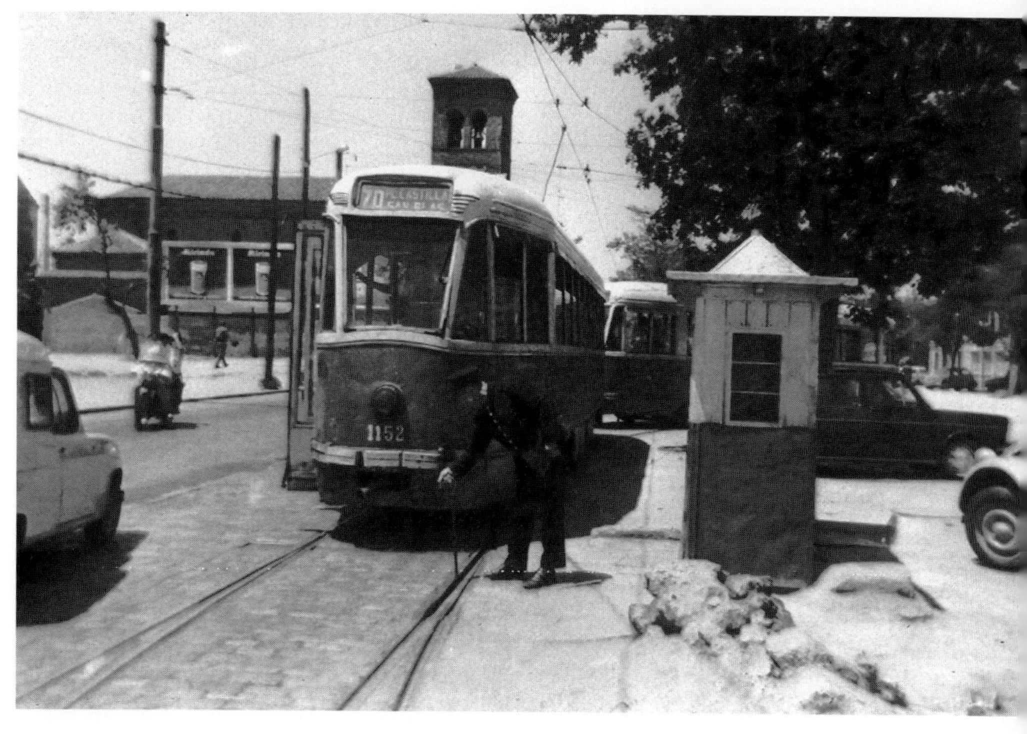

Maniobra de tranvías en «La Cruz».

El día 5 de Julio de 1964 la línea 1 de tranvías cambió su recorrido siendo Plaza de Castilla-San Blas, y la línea 5 Ventas-San Blas (la 5 llegaba solo hasta Ventas, calle Colomer, desde enero de 1962, cuando dejó de circular por la calle Alcalá e iba por el barrio de la Concepción debido a las obras de construcción del Metro de la Ciudad Lineal).

En agosto de 1965 todas las líneas de tranvías que circulaban por Madrid son renumeradas para distinguirlas de los autobuses, de esta forma la línea 1 pasó a ser la 70, Plaza de Castilla-San Blas, y la 5 la 75, Ventas-San Blas. Poco más de 3 años después, el día 17 de noviembre de 1968, la línea 75 quedó suprimida siendo sustituida por el autobús número 48 Pueblo Nuevo-San Blas, que prolongó su recorrido hasta Diego de León pasando a ser Diego de León-San Blas. Así es como a finales de 1968 solo llegaba el tranvía 70 a San Blas.

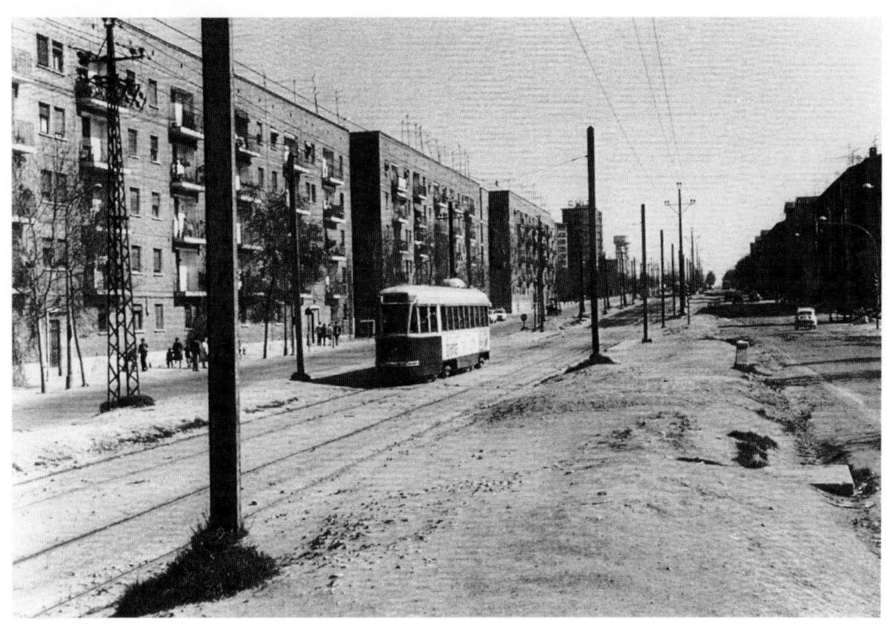

El tranvía por la calle Hermanos García Noblejas a la altura de Castropol, Simancas.

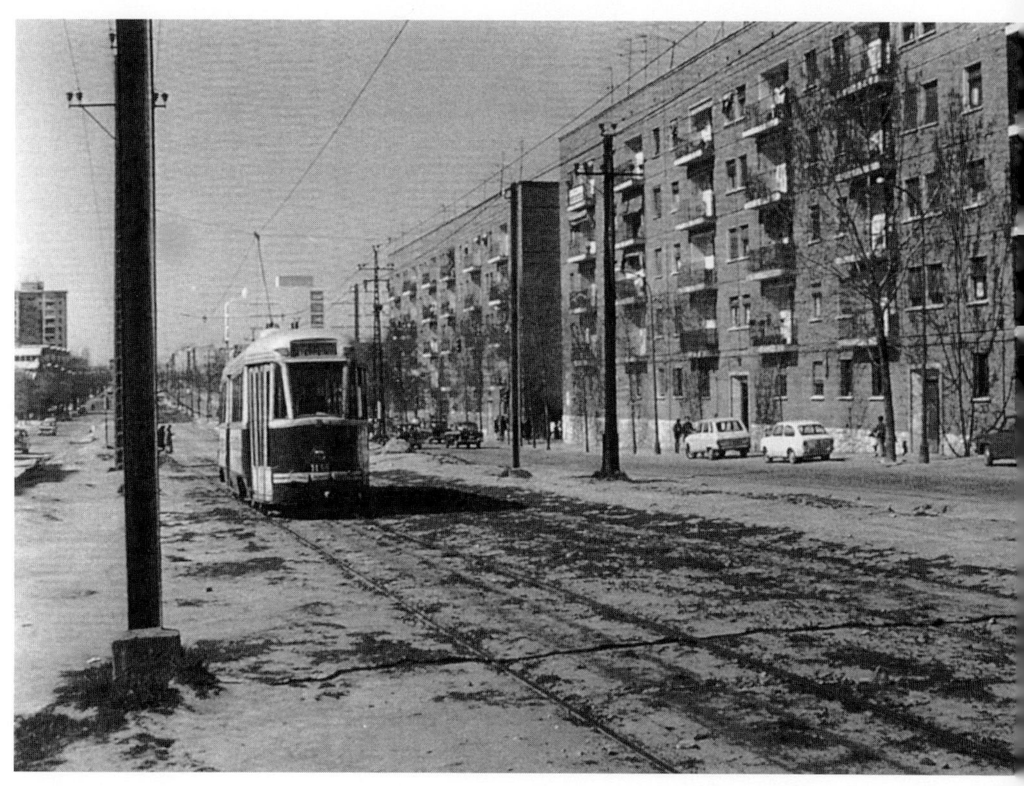

El día 1 de Junio de 1972 circuló por última vez un tranvía por Hermanos García Noblejas, y por ende por San Blas, siendo la línea 70 junto a la 77, que iba a la Ciudad Pegaso, las últimas líneas de tranvías de Madrid. La línea 70 de tranvías fue sustituida por la línea de autobuses con el mismo número, siendo los vehículos largos articulados, conocidos popularmente como «orugas» los que daban el servicio.

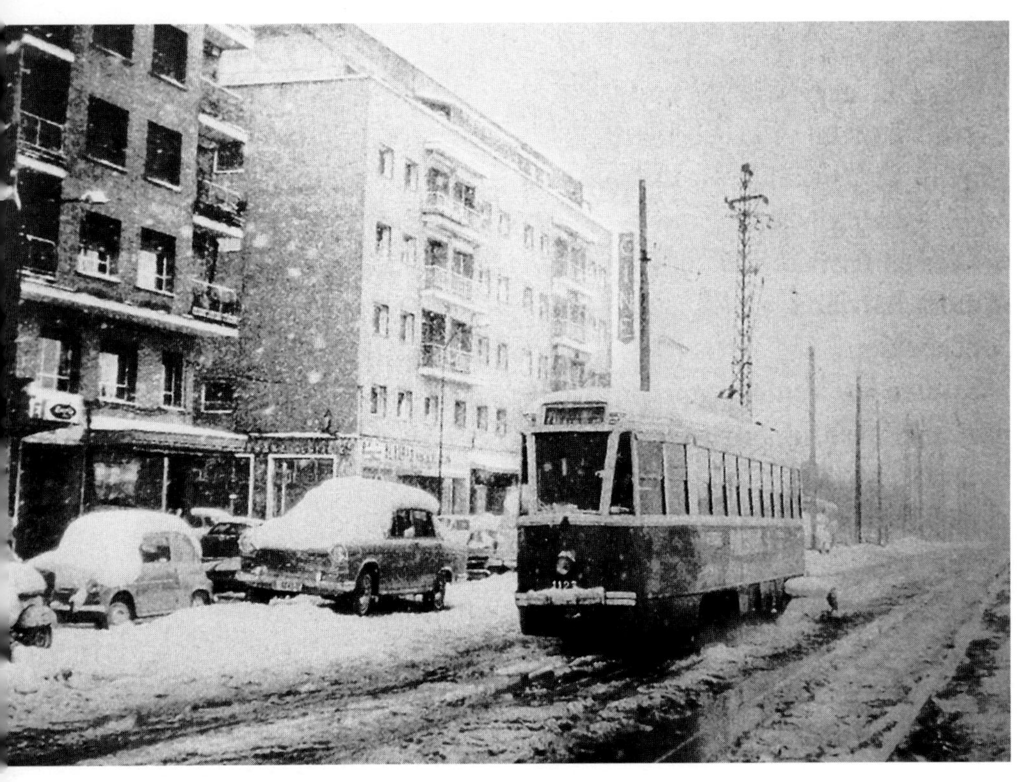

El último año del funcionamiento del tranvía cayó una copiosa nevada en Madrid. En la foto el tranvía a la altura del cine Las Vegas, llegando a «La Cruz». 8 de marzo de 1971.

La prolongación de la línea 2 del Metro de Madrid desde Ventas hasta Ciudad Lineal supuso un impulso muy importante para el barrio. La estación de Ciudad Lineal fue inaugurada el día 25 de mayo de 1964. El 20 de julio de 1970 el tramo de la línea 2 de la Ciudad Lineal fue integrado en la línea 5 que en aquel entonces pasó a ser Ciudad Lineal-Carabanchel.

El primer tramo de la línea 7 de metro fue inaugurado el día 17 de julio de 1974, entre Las Musas y Pueblo Nuevo, con paradas en el propio barrio: San Blas, Simancas y García Noblejas. El 17 de marzo de 1975 la línea 7 fue prolongada hasta avenida de América.

Pero la línea 2 no cejaría en su empeño de llegar hasta San Blas, así el día 16 de marzo de 2011 se inauguró la prolongación desde La Elipa hasta Las Rosas, teniendo paradas al sur del barrio en el intercambiador de Alsacia, y en la avenida de Guadalajara.

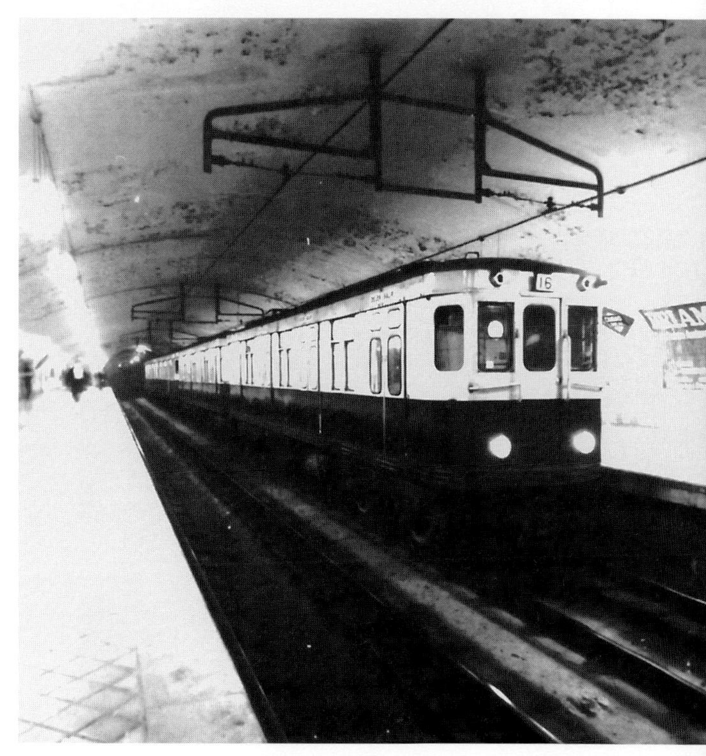

El metro llegando a la estación de Ciudad Lineal. Año 1964. Fondo Portillo. Archivo Regional Comunidad de Madrid.

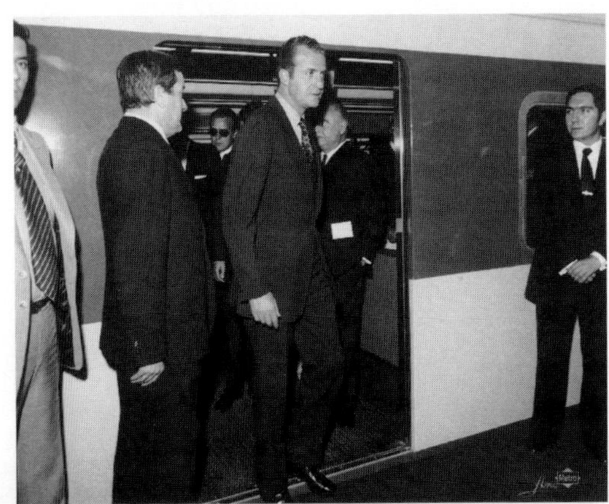

Inauguración de la línea 7 por el entonces príncipe don Juan Carlos. Foto: César Mohedas. Metro de Madrid.

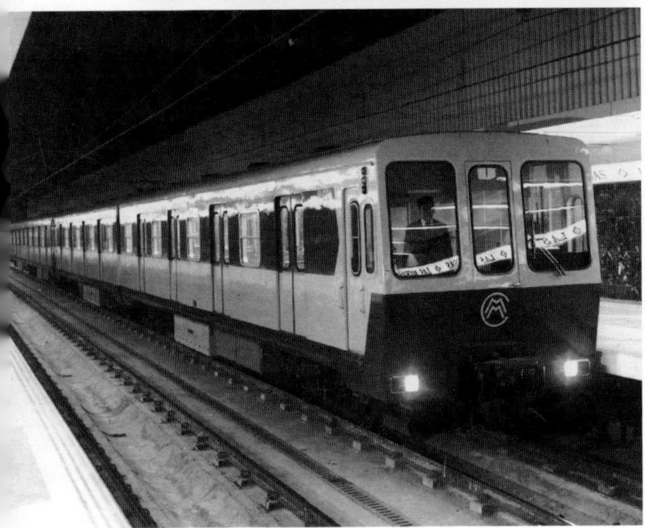

Convoy listo para salir en la estación de Las Musas. Foto: César Mohedas.

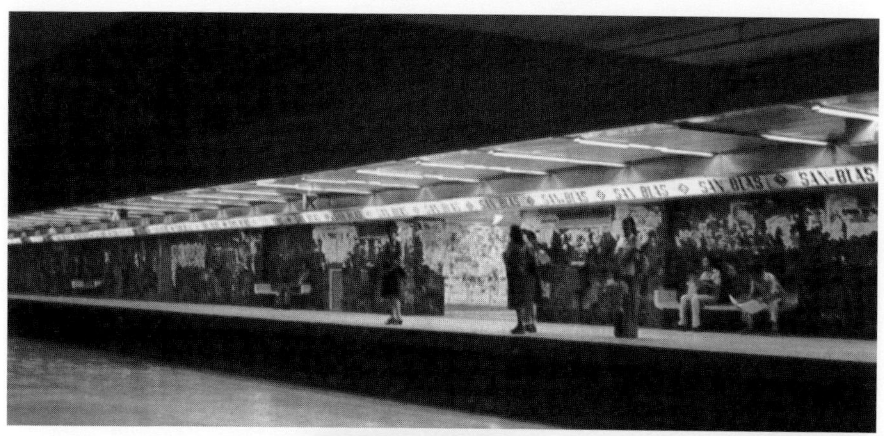

Andén de la estación de San Blas. Año 1976. Foto: Espasa.

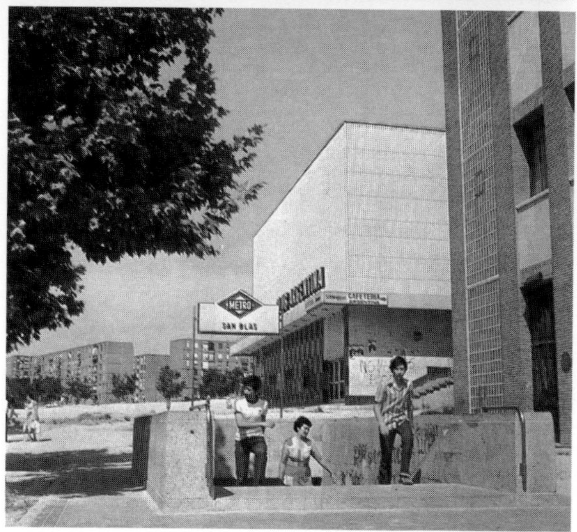

Boca del metro de San Blas. Detrás se ve el cine Argentina. Año 1976. Foto: Espasa.

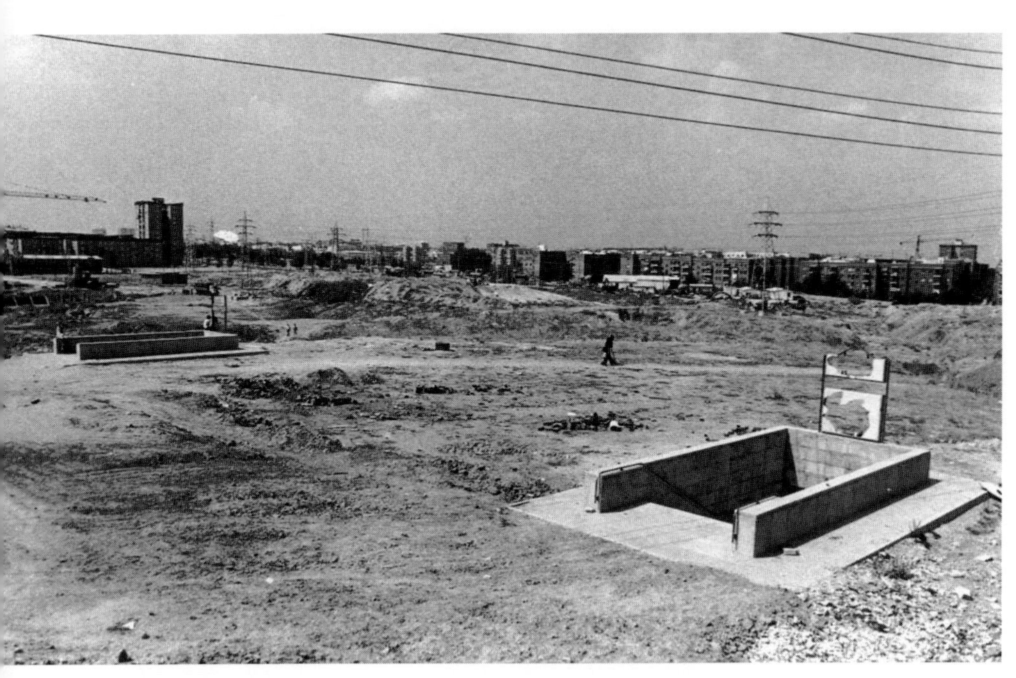

Las bocas del metro de Las Musas eran un lugar fantasma en medio de un barrizal. De fondo la Colonia Vilma de la parcela H. Hacia 1975. Foto: César Mohedas.

Periféricas

Al igual que en otros nuevos barrios del extrarradio de Madrid la EMT era incapaz de dar servicio a toda la demanda de transporte público con su flota de autobuses, por lo que se hacía la vista gorda y se permitía que empresas particulares operaran en los barrios recién nacidos.

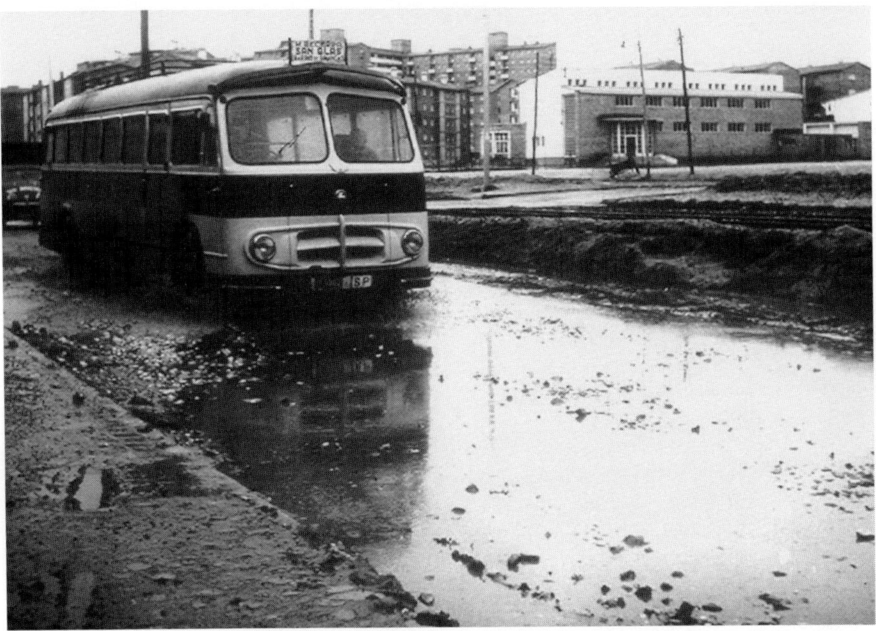

Una de las camionetas que daba servicio entre San Blas y Manuel Becerra a principios de los años sesenta. Detrás se ve el colegio Blasco Vilatela y los bloques de la calle Valleguerra. La vía elevada del tranvía hacía, en este tramo de la calle Hermanos García Noblejas, de presa para las aguas. Foto: Manuel Cayola.

Ante ello el Sindicato Provincial de Transporte y Comunicaciones hizo una propuesta para formalizar este servicio en 1955, proponiendo 8 líneas para todo Madrid. Para la EMT no suponía un negocio rentable llevar sus autobuses hasta las urbanizaciones nuevas, en las que en muchos casos los viarios estaban a medio hacer, y si estaban terminados solían encontrarse llenos de barro y baches.

Por fin el Ayuntamiento de Madrid sacó a concurso las llamadas líneas periféricas, cuya numeración iba precedida de una P, empezando a operar el 1 de octubre de 1967, y con

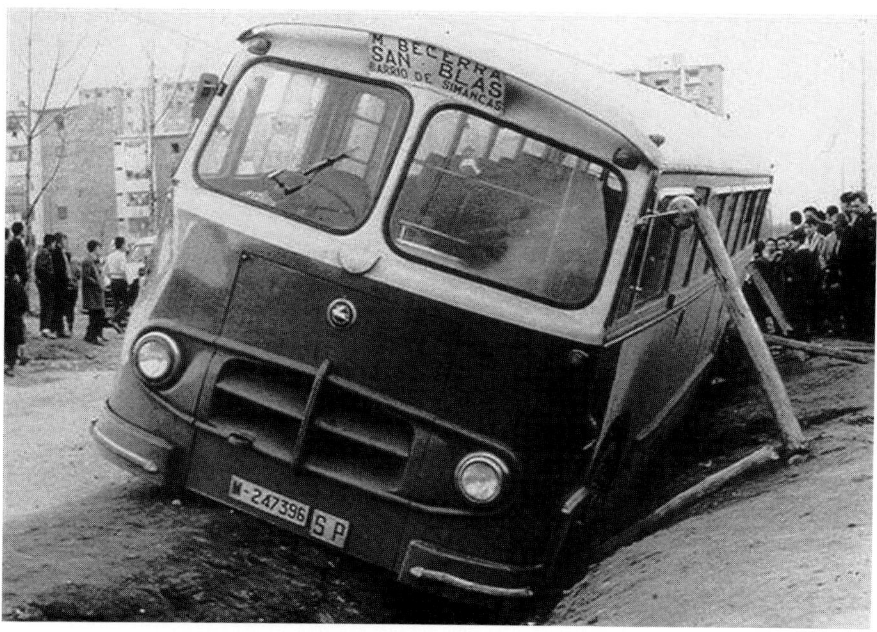

El peligro era latente por los taludes existentes en la calle Hermanos García Noblejas. Este vehículo era uno de los predecesores de las periféricas, «las P». Hacia 1966. Foto: Manuel Cayola.

una duración de las concesiones para 12 años, pero con la posibilidad de rescisión anticipada a los 9 años por si el negocio pasaba a ser rentable.

Las periféricas asignadas a San Blas fueron la P-8 cuyo recorrido era Ventas-Barrio de Simancas (calle Alcalá, «La Cruz», García Noblejas, Castillo de Uclés y Barrio de Simancas); y la P-9 que iba de Quintana a la parcela H y Vicálvaro por calle de Alcalá y la avenida de Canillejas a Vicálvaro. Además la P-9 tuvo dos ramales: una a la cercana Colonia de los Taxistas, y otra al Poblado de Absorción de Canillejas que daba servicio al polígono industrial y al pasar por Julián Camarillo era también utilizada por los vecinos de Simancas. Igualmente la P-6 (Ventas-Vicálvaro) pasaba relativamente cerca, por la avenida de Daroca.

La P-9 principal dejó de funcionar en 1979, y la P-8 y los ramales de la P-9 lo hicieron el 28 de febrero de 1980.

Autobuses

El día 7 de julio de 1962 se puso en funcionamiento la línea de autobús número 38 de la EMT, entre la plaza de Manuel Becerra y San Blas, aunque insuficiente en su cadencia, sí daba un buen servicio al barrio del Gran San Blas al penetrar desde la calle Hermanos García Noblejas por la calle Pobladura del Valle hasta la avenida de Hellín. Con posterioridad, el día 13 de marzo de 1963, se puso también en servicio un ramal corto de la línea 38 solo hasta «La Cruz».

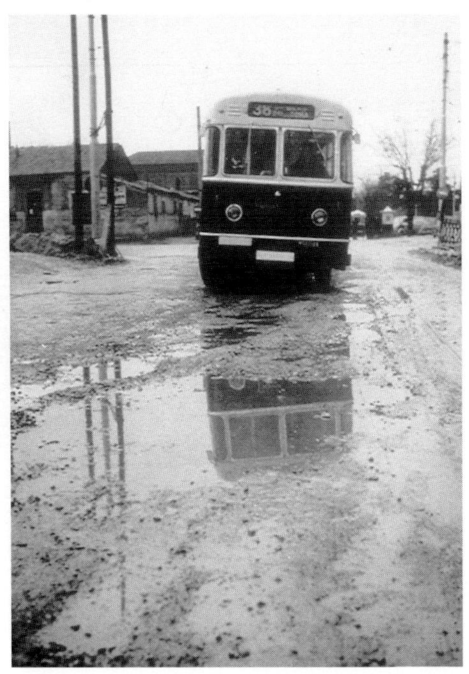

Un 38 esquivando charcos en Hermanos García Noblejas. Foto: Manuel Cayola.

El día 27 de noviembre de 1966 se estableció la 48 Pueblo Nuevo-San Blas, para diferenciar el servicio corto de la línea 38. Como decíamos antes, la línea 48 de autobús sustituyó a la 75 del tranvía –noviembre 1968– prolongándola a Diego de León, y el autobús 70 al tranvía del mismo número –junio de 1972–.

La línea 28 de autobuses prolongó su recorrido el día 6 de junio de 1968, cambiando la cabecera desde Emilio Ferrari a la calle Emilio Muñoz, un desahogo para el barrio de Simancas y el polígono industrial.

Con la entrega de la segunda fase del Gran San Blas y la urbanización del barrio en su parte sur se fueron incorporando más líneas de autobuses al barrio, como la 4 que iba a

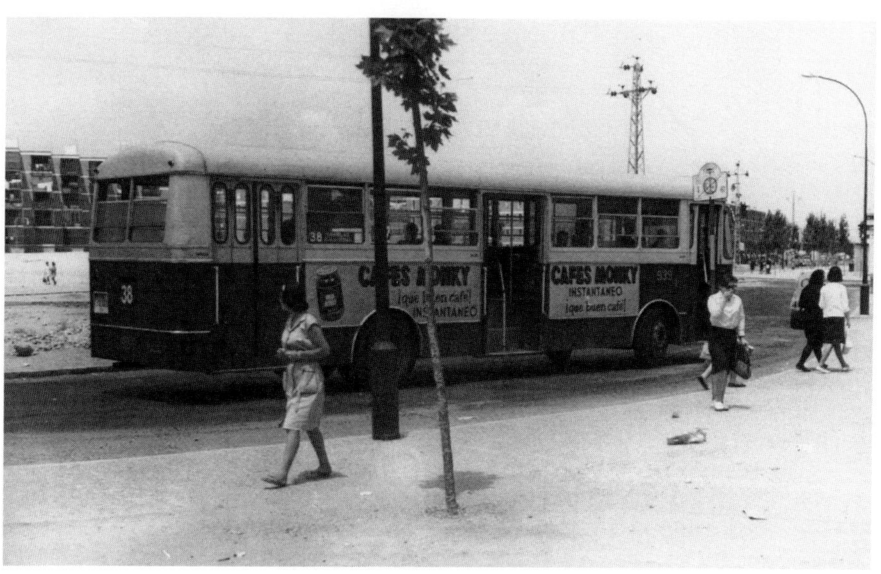

El 38 en la plazoleta de la calle Amposta, a su espalda vemos los edificios de la calle Ebanistería y Carpintería de la parcela D. Foto: Manuel Cayola.

En las horas puntas el 38 siempre iba hasta los topes y era complicado subirse en él. Fondo Santos Yubero. Archivo Regional Comunidad de Madrid.

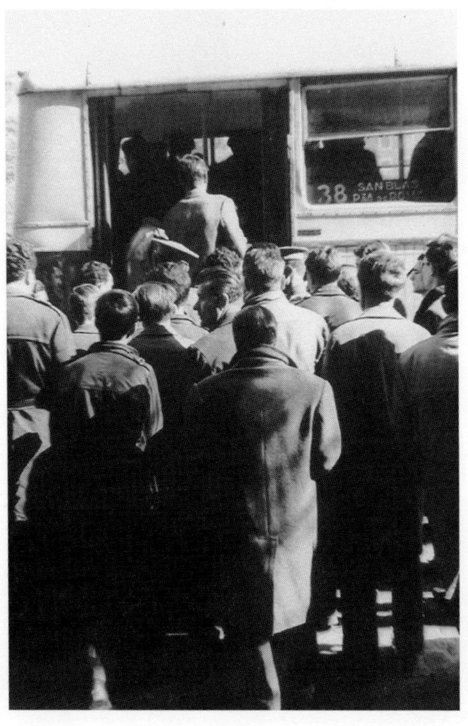

Vicálvaro desde La Cruz de los Caídos por García Noblejas y que fue puesta en funcionamiento el día 19 de agosto de 1973.

Asimismo por la avenida de Guadalajara entró en servicio la línea de autobús 106 (Vicálvaro-Manuel Becerra), abril de 1980, en sustitución de la periférica P-6, que cubría el trayecto entre Ventas y Vicálvaro.

Para las nuevas promociones de Las Rosas se inauguró en marzo de 1998 la línea 140 (Canillejas-Pavones), también por la avenida de Guadalajara y por la avenida de Canillejas a Vicálvaro. El día 23 de octubre de 2004 entró en funcionamiento la línea 153 entre Mar de Cristal y Las Rosas, que hace un recorrido muy extenso por el barrio: avenida Canillejas a Vicálvaro, San Romualdo, avenida de Arcentales y avenida de Guadalajara.

En julio de 2010 la línea 109, que había sido creada en sustitución de la antigua P-9, con modificaciones posteriores de cabecera hasta establecerla en el barrio de Bilbao, amplió su recorrido en San Blas callejeando por el barrio hasta Castillo de Uclés.

Madrid, 5 de febrero de 2015

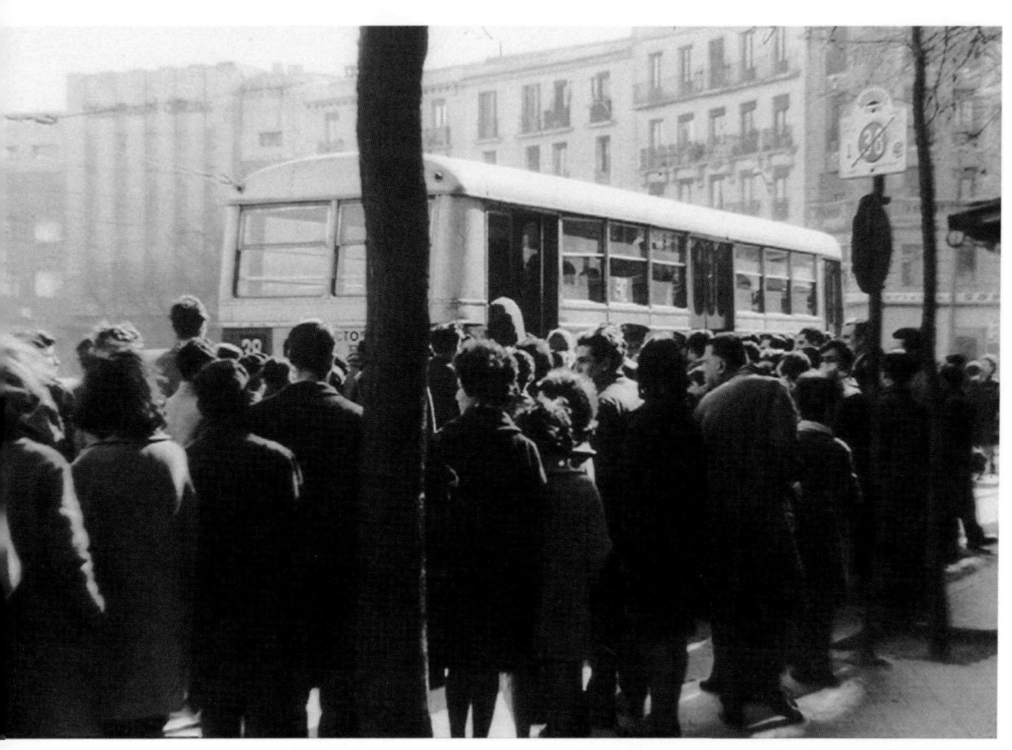

La cabecera del 38 en la plaza de Manuel Becerra. Se formaban grandes colas y hasta la Policía Armada tenía que hacer guardar el orden en las horas punta. Fondo Santos Yubero. Archivo Regional Comunidad de Madrid.

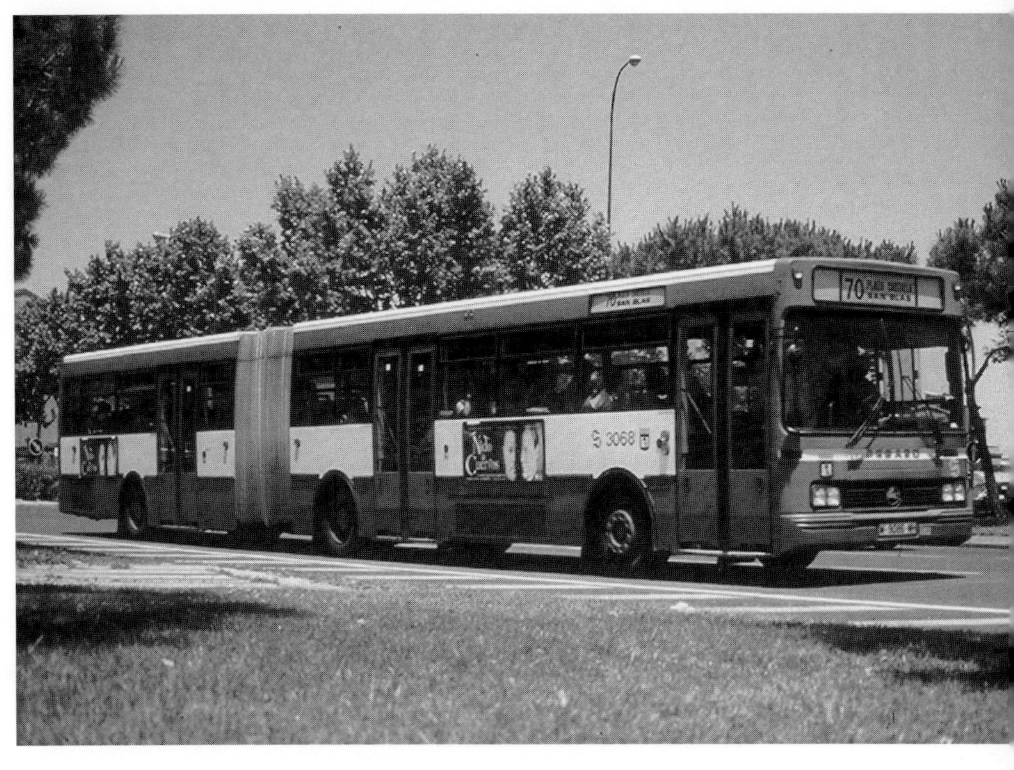

Uno de los clásicos autobús-oruga de la línea 70 en la calle Hermanos García Noblejas en la rotonda de unión con la avenida de Arcentales. Foto: Manuel Cayola.

BIBLIOGRAFÍA:

— Archivo D. Carlos López Bustos.

— *Arquitectura de Madrid 3 - Periferia*. Colegio Oficial de Arquitectos de Madrid.

— Club Gimnástico San Blas. http://www.clubgimnasticosanblas.com/

— *De la ciudad al campo*, libro de la CMU de 1925. Departamento de investigación. Archivo Regional Comunidad de Madrid.

— El blog de David Miguel Sánchez Fernández, *¿Dónde están los cines de Madrid?*, http://cinesdemadrid.blogspot.com.es

— *Gran San Blas. Análisis Sociourbanístico de un Barrio Nuevo Español*, investigación dirigida por Mario Gaviria. Separata de la Revista *Arquitectura*, número 113-114, mayo-junio 1968.

— Gutiérrez Caridad, Crescencio: *La parroquia de Ntra. Sra. de la Concepción Pueblo Nuevo y Ciudad Lineal. Visión panorámica de un itinerario.*

— Hemeroteca digital del diario *ABC*.

— Hemeroteca digital del diario *El País*.

— Hemeroteca digital del diario *La Vanguardia*.

— Hemeroteca digital del diario *Madrid*.

— http://www.guanelianos.org

— http://www.memoriademadrid.com

— http://www.monumentamadrid.es

— http://www.salesianosdosa.com/

— *La vivienda en Madrid en la década de los 50 - Plan de Urgencia Social*. ISBN: 84.8156-224-0.

— *Madrid Alcalá - Una diócesis en construcción*. ISBN: 84-85.998.06-5.

— Moya González, Luis: *Los barrios de promoción oficial de Madrid* - Tesis Doctoral de. E.T.S. de Arquitectura de Madrid. Diciembre 1796.

— Plataforma Vecinal de Simancas San Blas.

— Revista *Triunfo*.

— Revista *Villa de Madrid*.

— *Villa de Madrid* - Informativo Quincenal.